华南農業大學
国家农业制度与发展研究院（NSAID）系列丛书

财务管理案例分析：

中国农业境外投资与绩效分析案例集

李尚蒲 等 编著

中国农业出版社

北 京

图书在版编目（CIP）数据

财务管理案例分析：中国农业境外投资与绩效分析案例集 / 李尚蒲等编著. -- 北京 ：中国农业出版社，2024. 10. -- ISBN 978-7-109-32141-0

Ⅰ. F323.9

中国国家版本馆 CIP 数据核字第 2024DT6844 号

中国农业出版社出版

地址：北京市朝阳区麦子店街 18 号楼

邮编：100125

责任编辑：王秀田　　　文字编辑：张楚翘

版式设计：小荷博睿　　责任校对：吴丽婷

印刷：北京中兴印刷有限公司

版次：2024 年 10 月第 1 版

印次：2024 年 10 月北京第 1 次印刷

发行：新华书店北京发行所

开本：700mm×1000mm　1/16

印张：16.75

字数：266 千字

定价：89.00 元

感谢国家社科基金面上项目：集体经营性建设用地改革成效与风险防范研究（24JBL007）以及广东省农业农村厅对本研究的支持。

目　　录

第一章　导　论[①]

第一节　研究背景

党的二十大报告指出，推进高水平对外开放。依托我国超大规模市场优势，以国内大循环吸引全球资源要素，增强国内国际两个市场两种资源联动效应，提升贸易投资合作质量和水平。在当前国际生产格局中，国际投资和贸易既是国际生产的重要组成部分，也是全球经济治理的两大支柱。特别是在经济全球化的世界经济发展趋势下，投资已经超越贸易，传统贸易形成的条件发生根本变化。农业"走出去"不仅是中国构建国内国际双循环新发展格局的重要组成部分，而且是保障国家粮食安全和全面推进乡村振兴的重大举措，还是促进中国农业企业主动融入全球农业产业链、供应链和价值链的有力支撑。

一、我国对外直接投资概述

中国积极推动"一带一路"建设，"走出去"体制不断完善，企业主动融入经济全球化进程。2002 年以来我国对外直接投资（简称 OFDI）位列全球第 26，此后持续增长。2014 年，中国对外直接投资额首次超过外商投资额，位列全球第三。2015 年，投资存量首次超过万亿美元，位列全球第二。2022 年，中国对外直接投资流量 1 631.2 亿美元，为全球第二位，连续十一年列全球前三，连续七年占全球份额超过一成。2022 年末，中国对外直接投资存量达 2.75 万亿美元，连续六年排名全球前三（中国对外直接投资统计公报，2016—2022）。

---

① 主要执笔人：李尚蒲。感谢崔波、刘文娟、黄芋华等同学的资料搜集帮助。

我国对外直接投资呈逐年上升的趋势，符合邓宁的对外投资发展路径，该理论指出当人均 GNP 处于 2 000～5 000 美元时，国家经济实力有所提高，国内企业具有一定比较优势时，一国的对外投资规模迅速增加。同时，中国对外直接投资风险居高不下，相关报道屡见不鲜，大国间贸易摩擦问题让中国对外投资企业乃至全球经济发展蒙上阴影，"一带一路"沿线国家的对外直接投资历史失败案例也提醒我们，企业对外直接投资面临的风险问题不容忽视。图 1-1 为 2002—2021 年中国对外投资存量及流量。

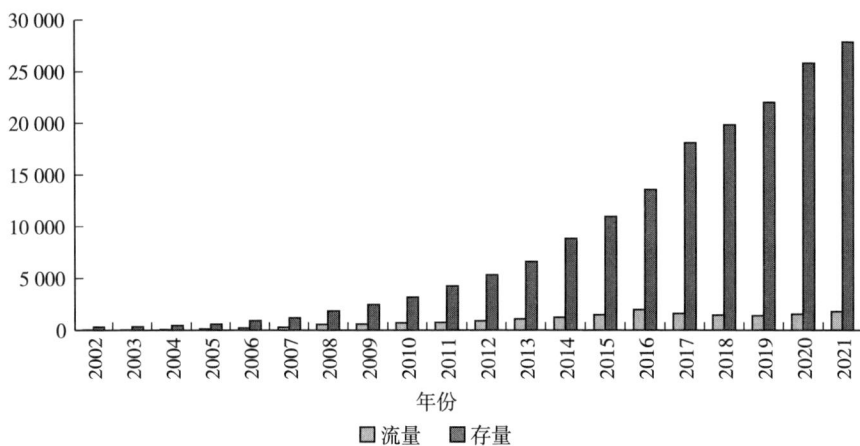

图 1-1　2002—2021 年中国对外投资存量及流量（亿美元）

数据来源：《2021 年度中国对外直接投资统计公报》。

二、我国农业对外直接投资量

农业"走出去"是中国实施"走出去"战略的重要组成部分，也是保障中国主要农产品有效供给和保障国家粮食安全的重大举措。我国的农业生产正面临着土地资源不足，耕地面积逐年减少，水资源缺乏等问题，农业发展受资源短缺的约束势必导致对境外资源的需求。目前，中国利用境外资源还处于初级阶段，离真正"走出去"还差得远。如何深化与"一带一路"沿线国家和地区农产品贸易、农业投资关系，培育具有国际竞争力的大粮商和农业企业集团，积极参与全球粮食安全治理和农业贸易规则制定，有助于促进形成更加公平合理的农业国际贸易秩序。

农业部于 2006 年颁布的《农业"走出去"发展规划》是我国农业"走出去"战略实施的起点。2007 年，中央 1 号文件首次提出"加快实施农业'走出去'战略"后中国在 2012 年成为全球范围内最大规模的农业对外投资国，农业对外投资企业数量为 379 个，农业"走出去"效果显著。2019 年，中国农业对外直接投资存量达到了 196.7 亿美元，流量超过 24 亿美元，均比十年前增长了十倍以上（中国农业对外投资合作分析报告，2019）。2020 年，中国农业对外投资流量为 22.25 亿美元，存量为 302.19 亿美元，覆盖 108 个国家及地区，共在境外设立企业 1 010 家（中国农业对外投资合作分析报告，2021）。2021 年，在全球疫情不断蔓延和地区冲突带来的诸多不确定的背景下，中国农业对外投资总量为 16.62 亿美元，存量为 271.15 亿美元，覆盖 117 个国家及地区，共有 810 家境内企业在境外开展投资，在境外设立企业合计 1 120 家（中国农业对外投资合作分析报告，2022）（图 1 - 2）。

需要关注的是，农业对外直接投资存量不断增加，近年来农业投资流量却在不断减少（图 1 - 2a 和 b）。2015 年农业对外直接投资流量持续增长，2015—2016 年达到投资流量高峰，2017 年后农业对外直接投资流量出现下降趋势（排除 2019 年流量数据异常值[①]），新冠疫情给农业"走出去"带来了明显的负面影响，根据农业农村部针对新冠疫情对农业"走出去"企业影响的专题调查可知，约三分之二的境外农业项目处于停业或半停业状态（于敏等，2023）。逐年下降的农业对外直接投资不利于发挥农业在对外投资领域的重要作用，也不利于提升农业国际竞争力和国际规则话语权（仇焕广，2023）。

三、中国农业境外投资的地区分布

2021 年，我国农业对外投资范围覆盖了六大洲（除南极洲）。2021 年我国农业对外投资范围覆盖了 117 个国家及地区。亚洲地区的投资存量最

[①] 《中国农业对外投资合作分析报告（2022 年·总篇）》指出：2019 年投资流量数据陡增，主要是因为对印度尼西亚的投资量高达 50.91 亿美元，占到 2019 年流量（79.36 亿美元）的 64.2%。

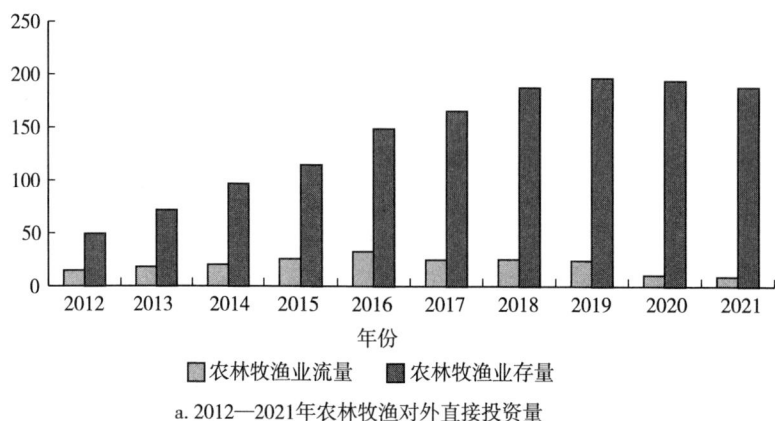

a. 2012—2021年农林牧渔对外直接投资量

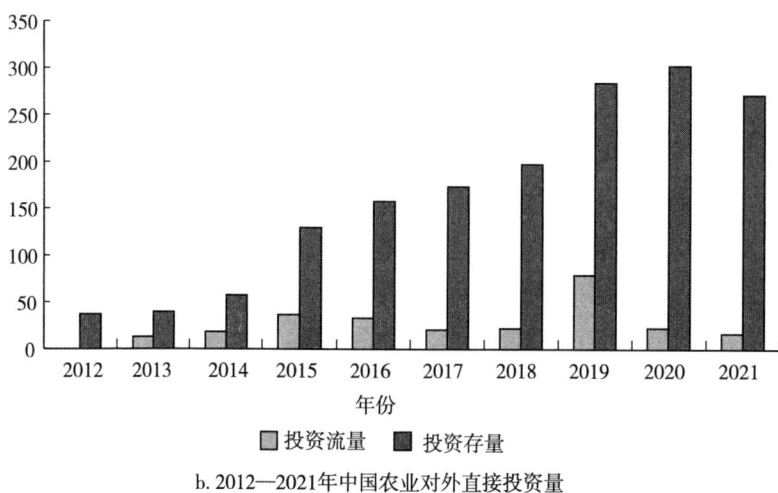

b. 2012—2021年中国农业对外直接投资量

图1-2　2002—2021年中国农业对外直接投资量（亿美元）

数据来源：根据《2021年度中国对外直接投资统计公报》、历年《中国农业对外投资合作分析报告（总篇）》统计所得。

高，其次是欧洲和大洋洲。2021年，中国农业对外投资存量位列前五的国家分别是瑞士、印度尼西亚、老挝、澳大利亚和新西兰。截至2021年底，中国境外投资设立农业企业共1 120家，较2020年增加了110家。其中，亚洲609家、非洲176家、欧洲140家、大洋洲89家、北美洲70家、南美洲36家。

表1-1为2012—2021年中国农业对外投资覆盖情况。表1-2为2021年中国农业对外投资存量前十位的国家。

表 1-1　中国农业对外投资覆盖情况（2012—2021 年）

年份	投资国家和地区数（个）	投资覆盖率（%）
2012	71	28.98
2013	80	34.69
2014	85	38.30
2015	95	42.40
2016	107	47.80
2017	100	44.82
2018	102	43.78
2019	106	45.49
2020	108	46.35
2021	117	50.21

表 1-2　2021 年中国农业对外投资存量前十位的国家

序号	国家	投资存量（亿美元）	百分比（%）
1	瑞士	54.04	19.93
2	印度尼西亚	22.62	8.34
3	老挝	22.59	8.33
4	澳大利亚	19.88	7.33
5	新西兰	15.75	5.81
6	以色列	15.26	5.63
7	巴西	13.93	5.14
8	新加坡	11.53	4.25
9	缅甸	9.09	3.35
10	法国	7.89	2.91

四、农业对外直接投资的企业情况

农业对外直接投资的主体呈现多元化特征。根据美国传统基金会数据统计得到 2005—2022 年参与大型对外农业投资的企业农业 OFDI 投资额（图 1-3）。近几年，许多企业加大对外投资力度，如中粮集团，累计投资 6 360 百万美元。同时，由表 1-3 关于 2019 年我国境外农业企业投资存量分布情况可看出，境外农业企业投资存量在 500 万美元以下的小规模企业个数占比达 56.39%。

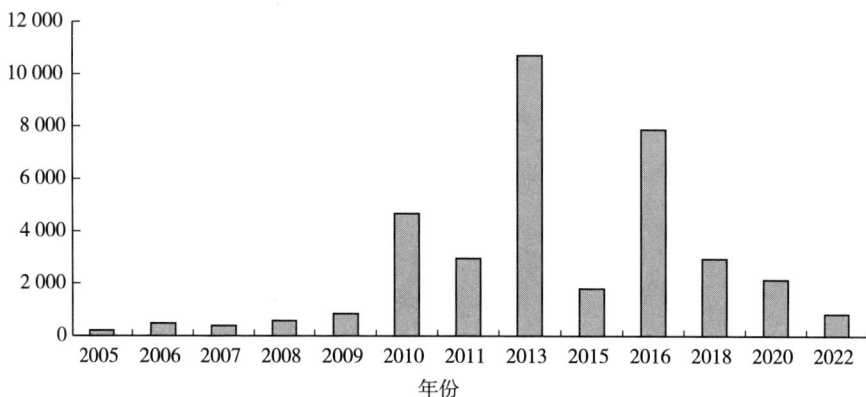

图 1-3　2005—2022 年大型企业农业 OFDI 投资额（百万美元）

对外农业投资与合作的主体不再局限于单一的中央和地方国企，越来越多的民营企业竞争力不断增强。根据美国传统基金会对规模以上的农业 OFDI 投资记录显示，2018 年非国有企业占比已经高达 41.16%。2005—2022 年，双汇集团作为非国有企业的代表，在美国传统基金会统计的大规模投资中占比最高，累计 75.8 亿美元。当"走出去"农业企业一半以上存在着规模较小、自身抗风险能力差、风险管理能力有限的特点时，面对日益严峻的国际形势时，也可能会减缓农业"走出去"步伐。

表 1-3　2019 年境外农业企业投资存量分布

投资存量范围（万美元）	企业数量（个）	百分比（%）
≤500	556	56.39
501~1 000	150	15.21
1 001~2 000	128	12.98
2 001~5 000	86	8.72
5 001~10 000	32	3.25
10 000 以上	34	3.45

数据来源：根据《中国农业对外投资数据汇编（2020）》统计所得。

五、产业分布情况

农业境外投资以种植业为主。2021 年，中国对外农业投资投向种植业的投资流量为 6.47 亿美元，占 38.93％，畜牧业为 3.97 亿美元，占 23.89％；林业为 0.29 亿美元，占 1.74％；渔业为 0.17 亿美元，占 1.02％；农资产业为 3.85 亿美元，占 23.16％；其他产业为 1.87 亿美元，占 11.25％（图 1-4）。截至 2021 年底，中国对外农业投资投向种植业投资存量为 136.53 亿美元，占 50.35％；畜牧业为 43.19 亿美元，占 15.93％；林业为 16.94 亿美元，占 6.25％；渔业为 14.76 亿美元，占 5.43％；农资产业为 12.12 亿美元，占 4.47％；其他产业为 47.62 亿美元，占 17.56％。

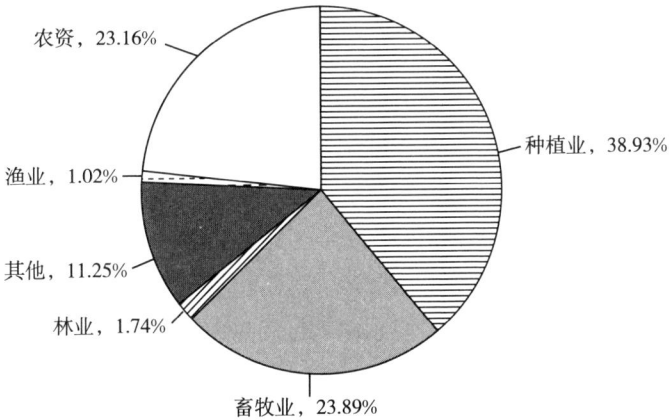

图 1-4　2021 年农业对外投资产业分布情况（流量）

数据来源：《2021 年度中国对外直接投资统计公报》。

第二节　农业对外投资的理论基础

一、马克思的国际对外投资理论

马克思对国际投资原因的解释，是从资本主义生产关系的角度进行的。对剩余价值的追求是资本主义生产的决定性动机和最高目的，为了获取更多的剩余价值，资本会努力提高劳动生产率，导致形成平均利润率下降的趋势。为了防止利润率下降，甚至为了追求超额利润，资本主义生产方式从其确立起就与对外贸易和对外投资关系密切。

当资本发现在国外能够获得更高的利润率时，资本就会输出投资。在社会化大生产和资本主义生产资料私有制之间的基本作用下，生产的相对过剩就成了资本主义生产方式本身无法克服的天然缺陷。对外贸易能够起到一定的补救作用，同时这一手段又成为资本主义生产方式在更大范围内出现问题的原因，这也是导致当前逆全球化的深层次问题的根源。

二、要素禀赋理论

要素禀赋理论首次由瑞典赫克歇尔在 1919 年提出，从进入企业资源配置的角度来解释进入模式的选择。该理论认为公司是一种独特的有形及无形资源的集合，这些资源使得公司能够以成本效益的方式进行运作，并为公司的竞争优势作出贡献。20 世纪 90 年代学者们基于战略资源观对企业境外投资进行了研究，该研究把企业境外扩张看成是企业利用已有的资源在境外市场寻租的结果，也有研究认为企业的国际化决策受母国多种制度因素的影响，发展中国家企业可能存在通过国际化来逃避国内制度制约的动机。该理论与现实相符，不同国家的资源差异不可以转移或者转移成本过高，导致企业选择低成本生产要素国家进行投资。

随着中国经济的发展，中国对外直接投资问题也逐渐备受关注。相关研究主要集中在以下几方面：①从母国的视角论述中国农业对外直接投资的影响因素（陈伟，2014）。②是否应该开展境外农作物种植。有学者认为境外生产粮食并运回国内如果仅从经济效益上考虑的话效益并不高，但如果从稳定国内粮价、粮食战略储备的角度上考虑，境外农作物种植还是具有积极的意义（钟甫宁，2008）。③境外农作物种植制约因素及对策（仇焕广等，2013）。④关于境外农作物种植区域选择，非洲、南美洲、东盟、俄罗斯、欧洲等。⑤其他国家境外农作物种植投资经验。⑥境外耕地投资，例如境外耕地投资模式、区位选择、风险识别等（周海川等，2011，卢新海等，2015，2016，2019，2022）。

三、垄断优势与内部化理论

对外投资是具有某种垄断优势的企业追求控制不完全市场的行为方式。垄断优势理论由美国学者斯蒂芬·海默和其导师（1969）首次提出，该理论认为对外投资的根本原因是市场的不完全性，包括生产要素、产品、规模经济以及由政府税收、利率和汇率等因素导致的市场不完全。垄断优势包括市场垄断优势、生产垄断优势和规模经济优势。厂商的"垄断优势"，即某种独占性的生产要素优势，如先进的技术与知识、组织管理技能、信息网络优势等。企业通过对外直接投资，可以在东道国充分利用这些垄断优势，从而实现超额利润。

内部化理论最早由英国里丁大学学者巴克莱、卡森和加拿大学者拉格曼于1976年在《跨国公司的未来》一书中提出，其认为市场的不完全使得企业的中间产品只能通过交易获得，但该模式无法保证企业的利润最大化。如果企业能够建立内部市场，利用给管理手段配置内部资源，避免市场的不完全信息对企业产生不利影响，对外投资便是在所有权基础上的企业控制权的扩张，是为了利用内部机制替代外部市场，降低交易成本。内部化理论认为某些无形资产（如知识产品、特有技术等）具有投资风险大、专用收益也较大而又易于无偿扩散等特性。由于国际市场存在"内生性"缺陷，这些产品难以合理定价，因此跨国公司会通过建立境外分公司，将一些中间产品的生产和交易转入组织体系内部、降低交易成本。

根据内部化理论，具备核心控制力和知识产权的中国农业企业应采取内部化交易的模式开展对外直接投资，稳步打造全球化组织网络，一方面降低核心知识产权外泄的可能性，强化垄断优势；另一方面将交易市场纳入企业内部，减少交易成本。

四、国际生产折衷理论

综合上述垄断优势和内部化理论观点的基础上，邓宁（1977）《贸易、经济活动的区位与跨国企业：折衷理论的探索》中提出国际生产折衷理论（OIL 范式）。其中，所有权优势（O）主要来源于企业在技术、品牌、组织管理、规模经济等方面特定的优势及跨国公司境外子公司在东道国市场管理和经营实践中积累的新所有权优势。内部化优势（I）是指具有产品多阶段生产特点的跨国公司，特别是从事技术密集型的产业，通过对外直接投资把其特殊的工艺或职能安排到国外，可以把母公司特定的所有权优势保留在国际生产纵向系统内部。区位优势（L）是指东道国在市场规模、资源禀赋、政府政策以及社会文化等方面的特点决定了外国投资企业在当地发挥所有权优势的成本和风险相对较低。

国际生产折衷所有权优势是对外直接投资的基础，内部化优势是实现所有权优势的途径，区位优势是发挥所有权优势的条件，对外直接投资决策是各类优势的综合考虑，而非单一因素所决定。第一，适应东道国的文化习俗、市场需求等特征，达到成本削减效应，是实现对外直接投资的首要前提。第二，内部化优势是指在外部市场无法充分利用的条件下，企业是否有能力架构内部交易网络，内部化优势是对外投资获益的根本保障。第三，跨国企业所有权优势，即交易性优势，是指对某项技术或产品具有的独占和拥有，类似于制造行业的垄断优势。理论认为，跨国企业多数情况下比东道国本土企业的生产成本更高，难以在东道国实现投资市场出清收益。相比于东道国企业，跨国企业是否具有创新引导力、专业人才优势等，是判定对外直接投资实施与否及投资收益能力的基础。

国际生产折衷理论较好地解释了 20 世纪 80 年代以后亚洲拉美一些新兴经济体的跨国公司发起的对外直接投资迅速增长。相对于发达国家，大多数发展中国家跨国公司并不具备发达国家跨国公司所具有的"垄断优势"，跨国企业多数情况下比东道国本土企业的生产成本更高，难以在东道国实现投资市场出清收益。事实上，许多发展中国家已经走上了对外直接投资之路，不少企业还直接向发达国家投资。关于发展中国家境外投资行为的分析研究受到了学术界的广泛关注。对发展中国家的 OFDI 划分为乐观论和悲观论，具体而言，乐观论的主要观点有跳板论、追赶论和颠覆论，悲观论的主要论点有分工论、瀑布效应论等。

该理论对中国农业企业境外投资具有指导意义，即在开展对外直接投资前，应透析自身现实条件，判断所具备的优势。如果缺乏区位优势和内部化优势，只拥有所有权优势，则企业不适宜涌入境外直接投资的浪潮中，例如，农业高科技企业仅占有核心技术的所有权，由于规模较小，缺乏内部消化所有权优势，并且东道国并未有特殊的区位优势时不易进行境外投资。企业如果选择的东道国与中国相邻，且掌控所有权优势，拥有构建全球生产网络的能力时可以开展对外直接投资，中国部分农业企业综合分析各种优势决定投资东南亚地区，就属于相对折衷选择。该理论也存在缺陷，其对外直接投资的动机和能力有待进一步阐释，有些农业企业采取蛙跳式而非渐进式的方式加速国际化进程，并不具备发达国家跨国企业的"所有权优势"。

五、生命周期理论

生命周期理论由雷蒙德·弗农（1966）提出，认为产品具有一定周期，分别是发展、成长、成熟和衰退四个时期，每个时期在不同国家是不同步的，因此可以利用该时间差在不同国家进行该投资。生命周期理论动态分析了整个国际投资，企业可以利用该理论制作分析框架。一般位于母国的企业具有技术优势，但产品处于成熟期或者衰退期，那么可以利用产品处于东道国发展或者成长期阶段进行投资，从而使产品重新获得生命力。

在产品研发和创新阶段，由于产品研发尚未完成且原材料易获取，交易费用较低。为借助国内市场"试错"，公司一般将生产和销售环节放于国内，以便为产品提供更多的技术支持，改进并完善产品。同时，新产品依靠垄断市场优势获取利益。产品成熟阶段则是技术相对成熟、新产品迈入规模化批量生产的阶段，此时国内市场需求逐渐饱和，企业获取的垄断利润需要抵消生产成本的增加，为继续发挥比较优势，公司决定将产品的生产、销售环节向国外适宜的地方转移，利用东道国的生产要素降低成本，并拓展消费市场。产品的标准化阶段是在国内市场得到基本满足的情况下，跨国公司通过产品标准化的生产技术开展复制推广，采用加盟、授权的方式利用东道国资源，挖掘全球市场。

产品生命周期理论的核心是跨国企业对外投资行为受到产品生产周期的影响，其投资决策由产品不同阶段的特征决定。该理论并未从生产要素成本角度解析对外直接投资动因，而是从产品差异化视角为跨国企业提供了对外直接投资阶段选择的参考依据。根据产品生命周期理论，中国跨国农业企业"走出去"要根据新产品研发成熟度和标准化程度，选择适合的生产环节移往国外，从而凭借产品差异化获取投资收益。

六、其他相关理论

1. ESG 理论与企业对外直接投资

国际投资折衷等理论以利润最大化动因为起点，随着社会性问题日益突出，可持续性逐渐成为共识。例如，《中欧全面投资协定》将双方约束为在可持续发展基础上的基于价值的投资（政策）。对可持续性的重视会逐渐重塑企业的经营目标，单纯以利润最大化作为唯一动机的企业，可能陷入经营困境。ESG 指环境、社会和公司治理，是绿色投资与负责任投资理念的延伸和丰富，也是目前国际社会衡量企业绿色可持续发展水平的重要标准。ESG 体系对于企业来说，可以改变企业的生产方式，让企业在生产过程中更加注重环境的保护，更加注重绿色生产，合理地处理企业与社会的责任，形成稳健的公司治理体系。2020 年，绿色复苏需求带动的全球责任投资规模不断攀升，签署联合国支持的负责任投资原则的机构数量激增 28%。

ESG 优势是可持续发展背景下促进企业对外投资的重要竞争优势。中国企业在跨国投资中遭遇的社会责任危机日渐频繁，事前的安全审查和事中的环境保护与消费者权益等系列隐性壁垒频现，使得境外投资企业在东道国面临更为严重的正当性挑战。企业 ESG 体系建设所展现的社会利益包容性有助于树立起负责任投资者的形象，克服外来者劣势。部分文献发现企业国际化有助于提升 ESG 水平（Attig et al.，2016；潘镇等，2020），近期研究表明国内 A 股的 ESG 优势能够显著而稳健地提升上市企业对外投资的可能性和规模（谢红军、吕雪，2022）。

2. 组织学习理论与企业对外直接投资

组织学习将企业境外投资视为企业增加其社会和技术知识的过程。Mathews（2006）认为新兴经济体国家的企业对外投资依赖于资源链接、杠杆利用和学习。其中，资源链接指可以在全球市场中获得的战略资产，杠杆利用体现了跨国公司管理和利用跨国公司国际网络的能力。通过连接和杠杆的过程，新兴经济体企业可以实现有效的学习。这与国际折衷理论相比，资源链接——杠杆利用——学习框架侧重于国际化的动态过程，强调外部资源对组织内部资源的重要作用。

3. 制度经济学与企业对外直接投资

交易成本理论最早由科斯在 1937 年提出，并将其定义为企业寻找交易对象、洽谈交易、订立合同、执行交易、监督交易等方面的费用和支出，由搜索成本、谈判成本、签约成本和监督成本构成。此外，威廉姆森（1996）等人也丰富了交易成本的内涵。交易成本理论关注的主要是不同组织结构的相对效率，以减少在跨国交易中的相关交易成本，如信息搜索成本和机会成本。为了减少机会主义行为的威胁，新进入企业最可能采取控制程度更高的进入模式，从这一理论出发，企业在进入国外市场时将选择在节约交易成本和减少资源承诺等方面最为有效的进入模式。如建立一个通过降低机会主义威胁以减少交易成本的工作操作系统。

新兴经济体企业在母国面临更加复杂和分散的制度环境，不完善的制度环境也提供了制度套利的机会。制度支持视角认为新兴市场制度支持企业对外直接投资，制度逃离视角认为企业境外投资的主要动机是逃避本国薄弱的制度，削弱制度约束并从发达市场获得新资源。制度距离视角认为国家之间的距离增加了企业境外运营成本。制度套利视角认为企业可以利用两种制度环境之间的差异来获得收益，有的研究认为由于在国内开展业务的成本相对较高，企业更有可能进入市场制度更发达的东道国，有的研究认为，企业可能更喜欢类似本土的外国制度环境，因为它们可以利用从本土运营中积累的现有能力。

4. 逆全球化、乌卡因素与中国方案

随着经济全球化的深入，发达国家获得大量全球化的红利因而内部分配不公平，产生严重的社会问题。同时，发达国家与发展中国家之间的矛盾冲突加剧，导致世界上出现了以发达国家为主的逆全球化趋势。具体表现为更多的贸易壁垒和投资限制政策，以及因此出现的全球对外投资和贸易的降速与萎缩。

反全球化政策、COVID - 19、乌克兰危机等事件使得国际环境处于更加动荡、不确定、复杂和模棱两可的乌卡环境。如何克服乌卡环境带来的不确定性挑战，部分研究强调了组织弹性在应对这些外部冲击中的作用，组织弹性有助于组织实现更低的波动性、更高的增长能力和更高的生

存机会，然而未来的解决方案值得进一步探究。

全球价值链已经把世界各国和人民联系在一起，不仅要求在市场化的基础上继续保障经济的合理自由流动与多边规则的公平性，同时强调多极共治，共同分享全球经贸投资治理的成果与收益。2017 年，联合国将"构建人类命运共同体"写入了联合国决议，中国向世界发出了"一带一路"倡议并推动了具体合作落实。截至 2023 年 8 月，中国已经同 152 个国家和 32 个国际组织签署共建"一带一路"合作文件。

第三节 财务管理案例分析的理论准备

一、财务信息与财务报告的基本要求

1. 我国会计信息质量要求

（1）可靠性。企业应当以实际发生的交易或者实现为依据进行确认、计量和报告，如实反映符合确认和计量要求的各项会计要素及其他相关信息，保证会计信息真实可靠、内容完整。

（2）相关性。相关性要求企业提供的会计信息应当与投资者等财务报告使用者的经济决策需要相关，有助于投资者等财务报告使用者对企业过去、现在或者未来的情况作出评价或者预测。相关的会计信息应当能够有助于使用者评价企业过去的决策，证实或者修正过去的有关预测，因而具有反馈价值。

（3）可理解性。企业编制财务报告、提供会计信息的目的在于使用，而要使使用者有效使用会计信息，应当能让其了解会计信息的内涵，弄懂会计信息的内容，这就要求财务报告所提供的会计信息应当清晰明了，易于理解。只有这样，才能提高会计信息的有用性，实现财务报告的目标，满足向投资者等财务报告使用者提供决策有用信息的要求。

（4）可比性。可比性要求企业提供的会计信息应当相互可比。一是同一企业不同时期可比。会计信息质量的可比性要求同一企业不同时期发生的相同或者相似的事项，应当采用一致的会计政策，不得随意变更。满足会计信息可比性并非表明企业不得变更企业会计政策，有关会计政策变更的情况，应当予以说明。二是不同企业相同会计期间可比。会计信息质量的可比性要求不同企业同一会计期间发生的相同或相似的交易或者事项，应当采用规定的会计政策，确保会计信息口径一致、相互可比，不同企业按照一致的确认、计量和报告要求提供有关会计信息。

（5）实质重于形式。实质重于形式要求企业应当按照交易或者事项的经济实质进行会计确认、计量、报告，不仅以交易或者事项的法律形式为依据。企业发生的交易或者事项在多数情况下其经济实质和法律形式是一致的。但在某些情况下会出现不一致。例如，企业按照销售合同销售商品但又签订了售后回购协议，虽然从法律形式上实现了收入，但如果企业没有将商品所有权上的主要风险和报酬转移给购货方，没有收入确认的各项条件，即使签订了商品销售合同或者已将商品交付给购货方，也不能确认销售收入。

（6）重要性。重要性要求企业提供的会计信息应当反映与企业财务状况、经营成果和现金流量相关的所有重要交易或者事项。在实务中，如果会计信息的省略或者错报会影响投资者等财务报告使用者提出决策，该信息就具有重要性。重要性的应用需要依赖职业判断，企业应当根据实际情况，从项目的性质和金额大小两方面加以判断。

（7）谨慎性。谨慎性要求企业对交易或者事项进行会计确认、计量和报告应当保持应有的谨慎，不应高估资产或者收益、低估负债或者费用。谨慎性的应用也不允许企业设置秘密准备，如果企业故意低估资产、收益，或者故意高估负债、费用，将不符合会计信息的可靠性和相关性要求，会损害会计信息质量，扭曲企业实际的财务状况和经营成果，从而对使用者的决策产生误导，这是会计准则所不允许的。

（8）及时性。及时性要求企业对于已经发生的交易或者事项，应当及时进行确认、计量和报告，不得提前或者延后。在会计确认、计量和报告过程中贯彻及时性，一是要求及时收集会计信息，即在经济交易或者事项发生后，及时收集整理各种原始单据或者凭证。二是要求及时处理会计信息，即按照会计准则的规定，及时对经济交易或者事项进行确认或者计量，并编制出财务报告。三是要求及时传递会计信息，即按照国家规定的有关时限，及时地将编制的财务报告传递给财务报告使用者，便于其及时使用和决策。

2. 财务报告目标

财务会计通过财务报告对外传递企业相关信息，因此财务报告的目标对财务报告披露信息的内容、方式和途径起决定性的作用。财务报告目标作为会计信息系统的重要组成部分，是指在特定的会计环境下，企业进行一系列的会计活动所期望达到的结果。财务报告目标是研究其他财务理论的前提，也是财务报告概念框架的逻辑起点，主要包括以下两种观点。

（1）受托责任观。财务报告的目标是向资源所有者（股东）如实反映资源的受托者（管理当局）对受托资源的管理和使用情况，财务报告应主要反映企业历史的、客观的信息。一是资源的受托方接受委托，管理委托方所交付的资源，受托方有有效地管理与使用受托资源，并使其保值增值的责任。二是资源的受托方承担如实向资源的委托方报告受托责任履行过程与结果的义务。三是资源受托方的企业管理当局负有重要的社会责任。

（2）决策有用观。决策有用观认为，财务报告目标是向会计信息使用者提供财务状况的信息、经营成果的信息和现金流动的信息等对他们决策有用的信息。一是关于企业现金流量的信息，二是关于经营业绩及资源变动的信息。

两类观点均基于所有权与经营权的两权分离的背景，两者的区别在于受托责任观认为必须有明确的委托受托关系存在，决策有用观则认为委托方与受托方的关系是通过资本市场建立的，并非直接联系。现行财务报表列报模式下，由于经济发展程度的不一致，受托责任观和决策有用观的取舍也不同。经济比较发达的国家侧重于决策有用观，经济欠发达国家则更加强调受托责任。随着经济发展的全球化和证券市场的进一步完善，信息使用者对决策有用信息的需求也会随之加大，财务报告的目标逐渐由受托责任观过渡到决策有用观。

二、信息披露、证券市场效率与上市公司财报

1. 信息披露的成本收益

我国财务报告的信息使用者包括投资人、债权人、政府部门、潜在投资人和其他利益相关方等。信息披露是连接股票市场资金供给方和需求方的重要纽带，信息披露的质量理应受到股票市场各类参与者的高度重视。

信息披露收益体现为，在其他条件既定的情况下，投资者要求的回报

率与预测的风险水平成正比。未来收益的不确定性越高，投资者要求的回报率就越高。公司通过提高披露质量，可以降低投资者评估股票价值时考虑的风险水平，从而降低投资者所要求的投资回报率。从股票市场资金需求方来看，公司通过增加信息披露可以减少与投资者之间的信息不对称，使潜在投资者更愿意投资于公司，或者使股票的交易成本降低，从而增强股票的流动性，降低投资者要求的回报率。

财务报告信息披露也会使企业承担一些成本，主要包括：处理和提供信息的成本、因信息披露而引起的诉讼的成本、披露导致竞争劣势而产生的成本、政治成本以及管理行为受到限制引起的成本等。

（1）处理和提供信息的成本。处理和提供信息的成本包括收集、处理、审计、传输以及解释财务报告信息过程中所发生的各项成本。企业为信息披露而发生的成本，最终是由其所有者承担。

（2）诉讼成本。诉讼成本是因有效信息的披露而导致的，由错误指控导致的诉讼成本，无论对于被起诉公司或者对于整个企业，都是一个消极因素。随着政府监管机构对上市公司财务报告信息披露的要求日益提高，公司财务报告信息披露的内容越来越多，也越来越具体，而信息披露越多越具体，就越容易引起错误指控。

（3）竞争劣势。财务报告信息的披露可能使企业处于竞争劣势。例如，有关技术、管理和创新方面的信息，包括生产过程、更为有效的质量改进技术以及营销技巧等；有关战略、计划及策略方面的信息，包括计划中的产品开发、新的市场目标等；有关经营的信息，包括分部门的销售和生产成本、生产效率等。

（4）政治成本。政治成本，是指当公司（尤其是垄断行业的公司）显示出过高的盈利水平时，政府就可以采取一定办法使公司积累的财富部分地转移至政府，并直接或间接地将其再分配给其他利益团体。为了避免发生政治成本，企业就会尽可能通过采取保守的会计政策等手段，使账面显示的盈利水平不至于过高。

（5）管理行为受限制。有些信息披露之后，可能会给上市公司管理层此后的管理行为带来一定的限制。例如，公司若在年初披露了预测的每股收益，就会给管理层带来一种压力，即必须在该年度采取措施以实现预测的每股收益。为此，管理层有时就可能不得不采取一些短期行为，如放弃某些有助于增加公司长期价值但会导致本年利润减少的战略行动。

2. 证券市场效率与上市公司财务报告

（1）证券市场效率分类。证券市场的效率是上市公司股票的价格所反映的与股票有关的所有公开或内幕信息的程度。一般可以将证券市场的效率划分为三种形态：弱形态的市场、半强形态的市场和强形态的市场。相较而言，美国和英国等西方资本市场比较成熟，基本上属于半强形态的市场。理论界普遍认为中国的证券市场属于弱形态的市场，即上市公司股价往往未能反映与其有关的所有公开信息。

（2）市场效率与上市公司财务报表分析。西方市场效率的极端拥护者认为：既然市场十分有效率，那么任何市场公布的关于股票的信息将被市场的分析师、投资者迅速高效地分析，并且作出交易决策，这些公开信息将瞬间反映在股票的价格上。沃伦·巴菲特基本上赞同市场效率观点，同时他提出："市场通常是有效率的，但并不总是有效率的。"由于分析者的能力是有差异的，不同的人对同一财务报表会得出不同的见解，通过超越他人的分析能力可以获取超越他人的股票投资业绩。

与西方成熟资本市场相比，中国证券交易市场从 1990 年成立至今才短短的 30 年，不可避免地存在着许多制度规范和公司监管等不足。从弱形态效率的市场向半强形态市场不断迈进的进程中，通过财务报告分析指导证券投资有助于获取超过市场平均回报的投资收益。

（3）价值投资。价值投资实际上就是要选择优秀的上市公司并长期持有股票，追求上市公司的经营业绩，以分享上市公司的利润为投资目标，而不是通过短期炒作来获得投机价差的利润。从本质上来说，价值投资的基础是对财产权利的尊重、对合同的保护以及对市场制度的坚定信念。

价值投资在我国 A 股市场上面临较多障碍。一方面，上市公司的资产负债表、利润表、现金流量表、所有者权益变动表的信息真伪难辨。对于频繁出现的市场操纵、财务造假等问题，亟待完善上市公司信息披露机制。另一方面，A 股中一些上市公司缺乏回报投资者的理念，长期不分红。这导致了秉承价值投资理念的投资者无所适从，只能靠博取价差来获利。随着国家监管力度强化、市场环境改善、法治不断健全，投资者正在逐步转变为价值投资。

三、企业会计准则体系与上市公司信息披露制度

1. 企业会计准则体系

财政部于 2006 年 2 月出台了会计准则体系，自 2007 年 1 月 1 日起施行。我国的企业会计准则体系由基本准则、具体准则、会计准则应用指南和解释公告等组成。其中，基本准则统领整个企业会计准则体系，具体准则是对具体交易或者事项会计处理的规范，应用指南是对具体准则的一些重点难点问题做出的操作性规定，解释公告是就实务中遇到的实施问题而对准则做出的具体解释。

2. 上市公司信息披露制度

中国已建立起具有国际水平的信息披露制度体系，即以《证券法》为主体，相关的行政法规、部门规章等规范性文件为补充的上市公司信息披露制度框架。按照《公开发行股票公司信息披露实施细则（试行）》的相关规定，股份有限公司公开发行股票并将其在证券交易场所交易，必须公开披露的信息包括：招股说明书、上市公告书、定期报告、临时报告、配股信息披露等。

上市公司信息披露制度的体系包括四个层次，具体而言：一是《中华人民共和国证券法》和《中华人民共和国公司法》等国家基本法律。二是《股票发行与交易管理暂行条例》《股份有限公司境内上市外资股的规定》等行政法规。三是《公开发行股票公司信息披露实施细则》等。四是中国证监会制定的，由沪深证券交易所发布的《上市规则》等。

四、财务数据的分析方法

1. 比率分析法

比率分析法是利用财务比率进行分析、揭示企业财务状况和经营成果的一种方法。

（1）相关比率。相关比率是同一时期财务报表及有关财会资料中两项相关数值的比率。这类比率包括：反映偿债能力的比率、反映营运能力的比率、反映盈利能力的比率和反映贡献能力的比率。

（2）结构比率。结构比率是财务报表中某项目的数值与各项目总和的比率。这类比率揭示了部分整体的关系，通过不同时期结构比率的比较还可以揭示其变化趋势。存货与流动资产比率、流动资产与全部资产的比率等都属于这类比率。

（3）动态比率。动态比率是财务报表及有关财会资料中某项目不同时期的两项数值的比率。这类比率又分为定基比率和环比比率，可分别从不同角度揭示某项财务指标的变化趋势和发展速度。

2. 比较分析法

比较分析法是通过某项财务指标与性质相同的指标评价标准进行对比，揭示企业财务状况和经营成果的一种分析方法。

（1）行业标准。行业标准是反映某行业水平的指标评价标准。与同行业平均水平、先进水平、公认标准指标对比。通过比较，揭示本企业在同行业中所处的地位及存在的差距。

（2）历史标准。历史标准是反映本企业历史水平的指标评价标准。包括期末与期初对比、本期与历史同期对比、本期与历史最高水平对比。通过比较，有利于揭示企业财务状况和经营成果的变化趋势及存在的差距。

（3）目标标准。常采用的预算标准是反映本企业目标水平的指标评价标准。当企业的实际财务指标达不到目标标准时，应进一步分析原因，以便改进财务管理工作。

3. 趋势分析法

趋势分析法是利用财务报表等提供的数据资料，将各期实际指标与历史指标进行定基对比和环比对比，揭示企业财务状况和经营成果变化趋势的一种分析方法。一是编制绝对数比较，即将一般财务报表的"金额栏"划分成若干期的金额，以便进行比较分析。二是编制相对数比较，即将财务报表上的某一关键项目的金额当作100%，再计算出其他项目对关键项目的百分比，以显示各项目的相对地位，然后把连续若干期按相对数编制的财务报表合并为一张比较财务报表，以反映各项目结构上的变化。

4. 事件研究方法

事件研究法是以影响金融市场的特殊事件为中心，通过研究事件发生对时序性数据的影响来检验市场对该事件的反应，一般是通过考察该事件前后的累积异常收益变化来判断事件的影响程度。事件研究法通常基于两个基本假设：第一，在事件研究窗口内，只有所研究的事件发生，即使发生了其他事件，也不会对价格产生显著影响；第二，事件的影响可通过异常收益率来度量。事件研究法步骤如下：

第一，界定事件窗口。事件窗口是指包含事件发生日在内的一个时间区间，估计窗口是用来计算正常收益率的一个时间区间，事后窗口是为了检验该事件对股价影响的一个时间区间。最后，将正常收益率与事件发生期间的收益率进行比较，确定事件带来的异常收益。

在事件研究法中，首先需要确定所研究事件的发生区间。其中 $t=0$ 表示事件日，即事件的公告日期。$t=T_0$ 到 $t=T_1$ 表示估计窗口，$t=T_1$ 到 $t=T_2$ 表示事件窗口，$t=T_2$ 到 $t=T_3$ 表示事后窗口（图 1-5）。

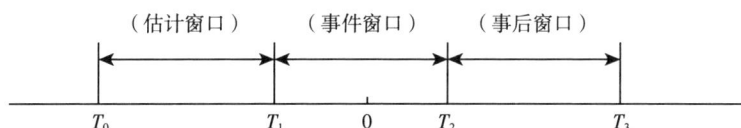

图 1-5　事件窗口界定

第二，选取研究样本。在选取研究事件时应考虑该样本选取的合理性。具体而言，就是从大量上市公司的股价中如何选取一个与该事件有关的样本，以便分析事件对股份的影响。

第三，计算正常收益，通常使用 CAPM 模型和市场模型计算正常收益。

（1）CAPM 模型。

$$NR_{it} - r_f = \beta_i(R_{mt} - r_f) + \varepsilon_{it} \qquad 式（1-1）$$

其中，NR_{it} 为机构 i 在时刻 t 的正常收益率，R_{mt} 为市场组合 m 在 t 时刻的收益率，r_f 为无风险收益率，β_i 是待估参数。

（2）市场模型。

$$NR_{it} = \alpha_i + \beta_i R_{mt} + \varepsilon_{it} \qquad 式（1-2）$$

其中，NR_{it}、R_{mt} 与 β_i 的意义与式（1-1）相同。

第四，计算异常收益率（AR）和累计超额收益率（CAR）。要评价某事件的影响需要计算异常收益率，计算方法为：在事件窗口内，用事后的实际收益率减去正常收益率，通常正常收益率用估计窗口内的相关数据进行估计，如在使用日数据与市场模型的事件研究中，市场模型参数可通过事件发生前 60 天、90 天或者 120 天的数据进行估计，再运用所估计的参数与事件窗口对应的数据计算 NR_{it} 的估计值。

在计算出异常收益率数据后，需对其进行加总，异常收益率的加总包括两部分：一是横截面上（各种证券间）的加总；二是时间序列（主要指事件窗口）上的加总。由于 AR_t 为整个样本在（t_1，t_2）期间内的累计异常收益率，则异常收益率的截面和时间序列加总分别表示为：

$$AR_t \frac{1}{N} \sum_{i=1}^{N} (R_{it} - NR_{it}) \qquad 式(1-3)$$

$$CAR(t_1, t_2) = \sum_{t_1}^{t_2} AR_t \qquad 式(1-4)$$

第五，评价异常收益率和累计超额收益率在时间窗口中的显著性。在计算出异常收益率后，需进一步检验其显著性。对于第四步得到的 AR 和 CAR，需检验其是否具有统计显著性。通常采用 t 检验统计量，即：

$$t = \frac{CAR_t}{\sigma_{CAR} / \sqrt{n}} \qquad 式(1-5)$$

其中，CAR_t 是 t 时刻的累计超额收益率，σ_{CAR} 是累计超额收益率的标准差，计算如下：

$$\sigma_{CAR} = \frac{1}{n-1} \sum \sqrt{(CAR_t - \overline{CAR})^2} \qquad 式(1-6)$$

其中，$\overline{CAR}$ 为累计超额收益率的均值。

检验中的假设设置为 H_0：$CAR = 0$，该事件并未造成显著影响；H：$CAR = 0$，该事件造成显著影响。若 $CAR < 0$，则造成负向影响；若 $CAR > 0$，则造成正向影响。比较计算出来的 t 统计量与某一显著性水平下的 t 值，如设 $t > t_{a/2}$，则拒绝原假设，认为事件造成了显著影响；反之则不能拒绝原假设，认为该事件并未造成显著影响。

第二章 中国农业"走出去"政策文本分析[①]

第一节 引 言

党的二十大报告指出，推进高水平对外开放，依托我国超大规模市场优势，以国内大循环吸引全球资源要素，增强国内国际两个市场两种资源联动效应，提升贸易投资合作质量和水平。在当前国际生产格局中，国际投资和贸易既是国际生产的重要组成部分，也是全球经济治理的两大支柱。特别是在经济全球化的世界经济发展趋势下，投资已经超越贸易，传统贸易形成的条件发生根本变化（张幼文，2020）。农业"走出去"不仅是中国构建国内国际双循环新发展格局的重要组成部分，也是保障国家粮食安全和全面推进乡村振兴的重大举措，还是促进中国农业企业主动融入全球农业产业链、供应链和价值链的有力支撑。自2007年中央1号文件首次提出农业"走出去"战略以来，中国农业对外直接投资规模不断扩大。2021年，中国农业对外投资流量为16.62亿美元，存量为271.15亿美元，覆盖117个国家及地区，共有810家境内企业在境外开展投资，在境外设立企业合计1 120家（中国农业对外投资合作分析报告，2022）。

全球气候环境变化、贸易保护主义抬头以及国际冲突和地区摩擦等风险挑战愈发严峻，农业对外直接投资面临着多重约束目标。首先，农业对外直接投资需要符合国际规则与惯例。例如：联合国粮农组织关注农业对外直接投资对全球粮食安全的影响，世界银行和国际农业发展基金会则关

[①] 本章节主要执笔人：李尚蒲、李骏文、马秋雅。感谢2019级金融2班同学们的资料搜集工作。

注其对全球反贫困的影响。其次，农业对外直接投资有助于企业积累国际业务经验。农业对外投资在短期内促进了企业全要素生产率的提高，有助于东道国摆脱贫困、农业技术推广、高效供应农产品（Chen et al.，2017，2019）。再次，亟须完善农业境外投资风险的理论与机制研究。前期研究表明金融服务支持可以降低对外投资风险（张晨，2015）；国家间地缘政治关系会影响中国企业境外耕地投资的东道国选择（韩璟等，2020）；投资审批程序、种质资源制度、产品检疫管理等增大了农业企业对外直接投资风险（李治等，2020）。

参与全球农业价值链是保障国家粮食安全、提高农业产业竞争力和影响力的重要举措，当前全球农业对外投资网络由发达国家主导（姜小鱼、陈秧分，2023）。作为新兴经济体的第一梯队，中国对外投资所实现跨越式发展部分得益于政府干预（Costinot，2009；何涌、陈之雨，2023）。中国农业"走出去"取得一定成效，要在顶层设计和各级地方政府层面进行整体规划和支持引导，培育和扶持优势企业，加快农业"走出去"的步伐。本章节对各级政府农业境外投资的文件进行整理分析，尝试梳理我国农业对外投资政策体系和政策导向。通过对比各省份农业境外投资支持政策文本，总结农业"走出去"支持政策的优势，以及探讨广东省农业"走出去"支持政策有待完善的部分。

本章节的相关政策文本主要通过在国家机关网站（包括国务院、农业农村部、商务部、海关总署、银保监会、证监会、人民银行、财政部、国家税务总局、中组部、中宣部等）以及全国各省（市）级政府网站检索"农业对外投资""农业对外直接投资""农业对外开放""农业走出去""农产品贸易""农业对外合作""一带一路"等关键词收集。使用政策文本分析方法对相应政策文件进行定量分析，揭示政策制定和实施过程中固有的规律，提高政策的准确性和效益性。所涉及的方法主要包括：基于形式特征的描述性文本分析、基于形式特征的因果性文本分析、基于内容特征的描述性文本分析和基于内容特征的因果性文本分析等。据此，梳理我国农业"走出去"的顶层设计脉络，探讨广东省农业"走出去"未来政策的着力点与可能的方向。

第二节　中国农业"走出去"扶持政策的顶层设计

一、中央1号文件关于农业"走出去"的政策梳理

2007—2023 年，中央 1 号文件中共涉及 16 条有关农业"走出去"的政策（表 2-1），重点围绕农产品国际贸易和品牌质量体系构建。具体政策导向有三个方面，一是依据农业"走出去"比较优势理论鼓励优势农产品出口，提出推进建立农产品出口质量保证体系和农业出口信用保险体系，防范农业"走出去"风险；二是重点推动建立国际农产品市场信息服务交流平台，完善农业服务体系，并鼓励和提出相应的扶持政策，包括完善税收调控政策，农产品"走出去"规模化的低息贷款支持政策等；三是提出着重培育具有国际竞争力的大粮商和农业企业集团，加强农产品反走私综合治理。

表 2-1　2007—2023 年中央 1 号文件关于农业对外投资的政策梳理

时间	主要内容
2007 年	提出加快实施农业"走出去"战略，加强农产品出口基地建设，实行企业出口产品卫生注册制度和国际认证，推进农产品检测结果国际互认，支持农产品出口企业在国外市场注册品牌。
2008 年	提出要鼓励优势农产品出口，推进出口农产品质量追溯体系建设，支持发展农产品出口信贷和信用保险，驻外机构特别是我国驻农产品主要贸易国使领馆要加强国际农产品市场信息服务和农业合作交流。
2009 年	加强国际农业科技和农业资源开发合作，制定鼓励政策，支持有条件的企业"走出去"，引导外资投向鼓励类产业，建立健全农产品和农用物资进出口监测预警机制。
2010 年	提高农业对外开放水平，提供出口通关、检验检疫便利和优惠。推进农产品质量可追溯体系建设，加强国际农业科技和农业资源开发合作，制定鼓励政策，支持有条件的企业"走出去"。
2011 年	提出加强水利国际交流与合作，建立健全水利行业技术标准，加快水利重点领域和关键环节改革攻坚，破解制约农业"走出去"的水利发展的体制机制障碍。
2012 年	加强国内外农产品市场监测预警，综合运用进出口、吞吐调剂等手段，稳定国内外农产品市场，抓紧建立全国性、区域性农产品信息共享平台，完善农业"走出去"体系。

（续）

时间	主要内容
2013 年	提出完善农产品出口税收调控政策，加强出口关税配额管理，加强和完善农产品信息统计发布制度，建立市场调控效果评估制度，扩大农资产品储备品种，加快农业"走出去"步伐。
2014 年	合理利用国际农产品市场，培育具有国际竞争力的粮棉油等大型企业，支持到境外特别是与周边国家开展互利共赢的农业生产和进出口合作，探索建立农产品国际贸易基金和境外农业发展基金。
2015 年	提出统筹利用国际国内两个市场两种资源的能力，创新农业对外合作模式，重点加强农产品加工、储运、贸易等环节合作，支持开展境外农业合作开发，开展技术培训、科研成果示范、品牌推广等服务。
2016 年	完善农业对外开放战略布局，加强与"一带一路"沿线国家和地区及周边国家和地区的农业投资、贸易、科技、动植物检疫合作，支持我国企业开展多种形式的跨国经营。
2017 年	鼓励扩大优势农产品出口，加大境外推介力度，以"一带一路"沿线及周边国家和地区为重点，支持农业企业开展跨国经营，建立境外生产基地和加工、仓储物流设施，培育具有国际竞争力的大企业大集团。
2018 年	构建农业对外开放新格局，积极支持农业"走出去"，培育具有国际竞争力的大粮商和农业企业集团，积极参与全球粮食安全治理和农业贸易规则制定，进一步加大农产品反走私综合治理力度。
2019 年	统筹用好国际国内两个市场、两种资源，加快推进并支持农业"走出去"，加强"一带一路"农业国际合作，主动扩大国内紧缺农产品进口，拓展多元化进口渠道，培育一批跨国农业企业集团，提高农业对外合作水平。
2020 年	扩大优势农产品出口。深入开展农产品反走私综合治理专项行动。优化"保险＋期货"试点模式，继续推进农产品期货期权品种上市。
2021 年	优化农产品贸易布局，支持企业融入全球农产品供应链。保持打击重点农产品走私高压态势。加强口岸检疫和外来入侵物种的防控。
2022 年	无
2023 年	发挥农产品国际贸易作用，深入实施农产品进口多元化战略。

注：根据中华人民共和国中央人民政府网站文件整理所得。

由表 2-2 可知，2007—2023 年中央 1 号文件权重较大的关键词为"国际品牌认证""质量追溯体系建设""加强国际贸易"等。在时序上，中央 1 号文件关于农业"走出去"政策的调整方向存在着显著差异（表 2-2）。其中，2007—2010 年的高频词是"农产品质量追溯体系建设和实行国际认证"和"农产品出口的信贷和保险服务"两方面。2011—2016 年，政策重点则转变为"国际农产品市场信息服务交流"和"财税扶持政策"。2017—2021 年，政策向"农产品反走私综合治理"和"培育具有国际竞争力的大粮商和农业企业集团"转移，其中"农产品反走私综合治理"连续 5 年被提到，"培育具有国际竞争力的大粮商和农业企业集团"连续 4 年被提及。然而，随着国际新冠疫情和地区冲突日趋严重，2022—2023 年，中央 1 号文件鲜有涉及农业"走出去"，仅是提及发挥农产品国际贸易作用。

表 2 - 2　2007—2023 年中央 1 号文件关于农业对外投资的高频词汇

时间段	高频词	频次
2007—2010 年	农产品质量追溯体系建设和实行国际认证	4
	农产品出口的信贷和保险服务	3
2011—2016 年	国际农产品市场信息服务交流	3
	财税扶持政策	3
2017—2021 年	农产品反走私综合治理	5
	培育具有国际竞争力的大粮商和农业企业集团	4
2022—2023 年	发挥农产品国际贸易作用	1

二、中央经济工作会议关于农业"走出去"的政策汇总

本书还对 2013—2022 年中央经济工作会议涉及农业"走出去"的政策进行了汇总（表 2 - 3），汇总发现八年期间会议高达 5 次强调加快农业"走出去"步伐，具体政策内容主要针对农业"走出去"出现新的特点新的形势，提出加快建立农业自贸区、双边经贸合作、基础设施互联互通等加快农产品"走出去"的举措。自 2015 年起，"一带一路"已成为会议中的高频词汇，连续六次围绕"一带一路""丝绸之路"经济带建设，提出创新对外投资方式，以投资带动优势产业发展，构建全方位、多层次、宽领域的农业对外开放新格局。

表 2 - 3　2013—2022 年中央经济工作会议对农业"走出去"的政策梳理

时间	主要内容
2013 年	加强对走出去的宏观指导和服务，提供对外投资精准信息，简化对外投资审批程序。推进丝绸之路经济带建设，抓紧制定战略规划，加强基础设施互联互通建设。建设 21 世纪海上丝绸之路，加强海上通道互联互通建设，拉紧相互利益纽带。

（续）

时间	主要内容
2014 年	要努力提高对外投资效率和质量，促进基础设施互联互通，推动优势产业走出去，开展先进技术合作，稳步推进人民币国际化。
2015 年	要继续抓好优化对外开放区域布局、推进外贸优进优出、积极利用外资、加强国际产能和装备制造合作、加快自贸区及投资协定谈判、积极参与全球经济治理等工作。
2016 年	要有重点地推动对外开放，推进"一带一路"建设，发挥好政策性、开发性、商业性金融作用。"推进更深层次更高水平的双向开放，赢得国内发展和国际竞争的主动"。
2017 年	要围绕"一带一路"建设，创新对外投资方式，以投资带动贸易发展、产业发展。促进贸易平衡，更加注重提升出口质量和附加值，积极扩大进口，下调部分产品进口关税。继续推进自由贸易试验区改革试点。有效引导支持对外投资。
2018 年	要推动共建"一带一路"，发挥企业主体作用，有效管控各类风险。要精心办好第二届"一带一路"国际合作高峰论坛。要推动构建人类命运共同体，积极参与世贸组织改革，促进贸易和投资自由化、便利化。
2019 年	要推进更高水平对外开放，保持对外贸易稳定增长，稳定和扩大利用外资，扎实推进共建"一带一路"。
2020 年	全面推进改革开放。构建新发展格局，必须构建高水平社会主义市场经济体制，实行高水平对外开放，推动改革和开放相互促进。要积极考虑加入全面与进步跨太平洋伙伴关系协定。要大力提升国内监管能力和水平，完善安全审查机制，重视运用国际通行规则维护国家安全。
2021 年	扩大高水平对外开放，推动制度型开放，落实好外资企业国民待遇，吸引更多跨国公司投资，推动重大外资项目加快落地。推动共建"一带一路"高质量发展。
2022 年	要推进高水平对外开放，提升贸易投资合作质量和水平。

三、中共中央、国务院关于农业"走出去"的政策重点与方向

为了更加直观地得出农业"走出去"政策的侧重，本书首先对2007—2022 年中共中央、国务院发布农业对外投资相关政策文件的关键词，运用词云图可视化表达（图 2-1），发现其政策导向主要为"一带一路""信息共享机制""风险保障机制""管理制度体系"等。说明中央政府对农业境外投资信息共享机制、风险保障机制的构建以及鼓励企业"走出去"建立完善管理体制十分重视。

图 2-1　2007—2022 年中共中央、国务院对农业对外投资的政策重点

其中，2014—2022 年中共中央、国务院发布的 34 条有关农业对外投资的政策文件内容主要包括以下几点：一是以完善对外投资管理制度体系为主线，要求简化对外并购的外汇管理程序，鼓励完善农业境外发债备案制，实行以备案为主、核准为辅的管理方式等，更好地支持企业对外投资项目。二是重点围绕建设对外投资信息共享机制及提高信息服务水平，鼓励与周边国家建立农业信息互联互通和信息共享机制。三是加快强化对外投资风险保障机制，包括加强境外并购风险防范，债务风险防范，扩大出口信用保险覆盖面等，以构建更加开放的投融资体制。

在 2020 年国内国际新冠疫情严峻的情形下，中共中央、国务院将国际贸易与投资重心引入国内，努力打造高效的国际合作示范区，2020 年发布相关境外投资文件共 7 份，其中有 4 条涉及区域自由贸易试验区建设，包括广西百色重点开发开放试验区设立、海南自由贸易港建设，提出中韩（长春）国际合作示范区和北京、湖南、安徽自由贸易试验区总体方案及浙江自由贸易试验区扩展区域方案。同时，为应对疫情蔓延的国际形势，2020 年中共中央、国务院对境外投资政策还关注以下四个方面：一是加强出口信用保险作用，有条件的地方复制或扩大"信保＋担保"的融资模式，为因疫情蔓延而遭受投资损失的企业提供保障；二是多种方式为外贸企业融资提供信贷支持，支持设立国际产品标准中心和行业技术标准中心，推动技术、标准、服务、品牌走出去；三是支持贸易新业态发展，支持跨境电商平台、跨境物流发展和境外仓建设等，利用新的互联网生态环境，更好地投入服务企业；四是提升出口贸易便利化水平，开通农副产品快速通关"绿色通道"，为农业企业"走出去"提供便利。

2021年，中共中央、国务院对国际贸易更多关注的是不仅要加快发展外贸新业态、新模式，而且要健全投资保险、政策性担保、涉外法律服务等境外投资保障机制，还要健全绿色低碳循环发展经济体系，建立绿色贸易体系。2022年，中共中央、国务院明确要促进我国与周边国家地区农业、能源、服务贸易、高新技术等领域合作不断深化，优化促进外贸发展的财税政策，不断完善与我国经济发展水平相适应的关税制度。"十四五"期间，要发挥共建"一带一路"在扩大农业对外开放合作中的重要作用，深化多双边农业合作，加强境外农业合作园区和农业对外开放合作试验区建设，围绕粮食安全、气候变化、绿色发展、水产等领域，积极参与全球农业科技合作。

四、国家各部委关于农业"走出去"的政策重点与方向

本书通过词云图对国家各部委农业境外投资的政策重点进行直观表述（图2-2），经对比发现，各部委的农业"走出去"政策重点与方向往往与中央1号文件和中央经济工作会议的政策走向步调一致。2014—2022年，各部委共有28个相关政策文件涉及农业"走出去"战略（表2-4），主要集中在推进"一带一路"建设与国际产能合作、境外投资财税政策、公共服务与风险防范措施三个方面，且这三方面政策是相对均衡的。

图2-2 国家各部委对农业境外投资的政策重点

在 2014—2022 年，各部委紧紧围绕中央 1 号文件和中央经济工作会议的政策重点与方向颁布农业"走出去"的相关政策，积极响应并落实中央 1 号文件中强调的加强境外投资财税扶持政策。对于 2017—2022 年中央 1 号文件中反复提到的"农产品反走私综合治理"和"培育具有国际竞争力的大粮商和农业企业集团"，各部委较少对相应的政策和举措做出回应。各部委在农业"走出去"的财税支持、风险方面，关于财政补贴的文件数量较多，金融和保险政策的文件数量较少且相关支持政策大多集中在2016 年以前。因此，如何将相关金融、保险、贸易等支持政策整合与系统化，可能是农业"走出去"政策制定的发展方向。

表 2 - 4　2014—2022 年各部委关于农业"走出去"的相关政策文件

政策方向	主要内容	数目
"一带一路"建设与国际产能合作	提出实施"一带一路"重大合作倡议、推进国际产能合作，引导农产品加工、流通等涉农企业参与双向开放。	11
境外投资财税政策扶持	加强对外投资财政和税收政策扶持，为企业"走出去"实现价值链跃升提供相应融资支持。	9
公共服务与风险防范措施	加强对外投资公共服务与风险防范措施，为我国境外企业提供风险保障，稳步推进保险资源配置的全球化。	8

第三节　农业"走出去"政策的各地实践

一、相关补贴政策

各省级政府在农业"走出去"财政补贴方面的扶持举措较为丰富，共有 9 个省份颁布了财政补贴支持政策，其中山东省和广东省是最早颁布相关政策的省份，时间是在 2014 年。财政补贴支持政策表现为以下特点，一是为农业"走出去"提供专项资金支持。例如广东省针对农林牧渔业提供农业"走出去"的专项扶持资金。二是通过农业"走出去"对优势农产品进行重点扶持，例如云南省政府 2016 年颁布了《关于促进外贸回稳向好的实施意见》，重点支持云南省农产品等优势产品出口，培育推广云南出口品牌，对优势农产品进行专项扶持。三是通过扶持农业"走出去"设立农业境外园区，例如贵州省政府关于印发《贵州省推动企业沿着"一带一路"方向"走出去"行动计划（2018—2020 年）的通知》提到探索建立境外产业园区，对园区企业进行重点财税扶持。

二、相关信贷政策

各地在贴息、贷款优惠等信贷政策方面的扶持举措比较少，仅有 3 个省份颁布农业"走出去"贴息、贷款优惠等金融政策。其中青海省政府最早颁布农业"走出去"贴息、贷款优惠等金融政策，时间是在 2007 年，另外两个省政府四川省和江西省政策颁布时间分别在 2016 年和 2019 年。贴息、贷款优惠等金融政策表现为以下特点：一是对农业"走出去"项目国内贷款贴息，例如青海省政府给予境外投资企业、中标的成套设备及援外物资项目等用于项目建设及运营的中长期贷款贴息。二是对农业"走出去"的小微企业提供多渠道融资。例如四川省政府运用再贷款、再贴现等货币政策工具，支持金融机构积极体现利率优惠、降低融资门槛和费率，减少外贸企业特别是小微企业的融资成本。三是对国家支持的境外投资重点项目给予贷款资金支持。例如江西省政府《关于进一步加强对境外投资重点项目融资支持有关问题的通知》提到由国家开发银行在每年的股本贷款规模中，专门安排一定的贷款资金用于支持国家鼓励的境外投资重点项目。

三、相关保险政策

各地在保险方面的扶持举措也是比较丰富的。2016—2019 年共有 7 个省份颁布了农业"走出去"财政补贴支持政策，其中湖北省和云南省是最早颁布相关政策的省份，相关财政补贴支持颁布的时间是 2016—2019 年。保险支持政策表现为以下特点，一是扩大农业"走出去"短期出口信用保险规模，并降低出口保险费率。例如，四川省政府提出扩大短期出口信用保险规模，短期险对全省一般贸易出口的支持率提升至 30％以上。二是对农业"走出去"设备出口融资保险进行专项安排。例如湖北省政府提出扩大出口信用保险规模和覆盖面，积极落实大型成套设备出口融资保险专项安排。三是创新农业"走出去"投资保险组合产品模式。例如云南省政府提出采取"投资保险＋中长期出口信用保险""投资保险＋短期出口信用保险"、融资租赁等境外投资保险组合产品模式。

四、相关贸易政策

各省级政府对农业"走出去"在贸易政策方面的支持政策举措相对单一。仅有3个省份颁布农业贸易政策，即：云南省、新疆维吾尔自治区、吉林省。贸易政策表现为：一是鼓励农业"走出去"企业与农业资源丰富的国家开展贸易合作。例如新疆维吾尔自治区提出支持区内有实力的企业到农业资源丰富的国家开展大豆、棉花、糖料、苜蓿等经济作物及粮食作物品种选育、种植加工、仓储物流和国际流通等领域的互利合作。二是开展出口退税政策，云南省提出"各级政府要结合实际，安排一定资金支持外贸发展，加强出口退税计划"。三是加大对农业"走出去"的重点项目贸易的技术扶持。例如：吉林省为3家企业争取援外资金，推进与盖茨基金会合作的援助农业技术示范中心项目等9个外援项目。图2-3为其他各省省政府关于农业"走出去"的具体扶持措施。

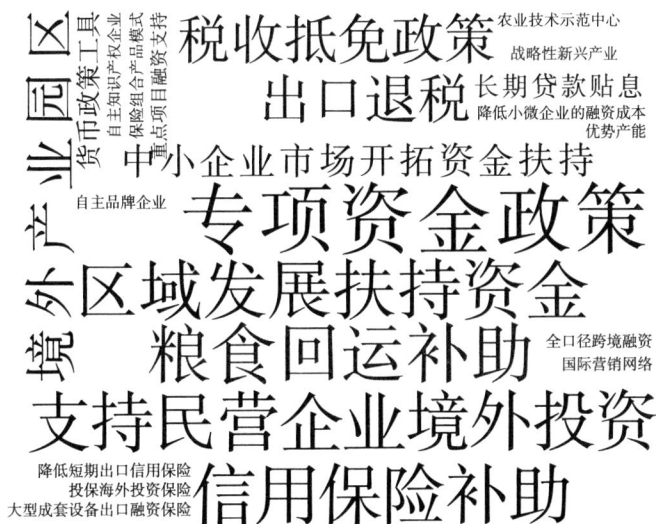

图2-3 其他各省省政府关于农业"走出去"的具体扶持措施

第四节　广东省农业"走出去"的
政策与展望

一、广东省农业"走出去"的政策重点

广东省历来是中国对外开放的"桥头堡"。农业农村部农业贸易促进中心数据显示，2022 年上半年广东省与 RCEP 成员国农产品贸易额 72 亿美元，占全国与 RCEP 成员国农产品贸易额的 13.8%，位居全国第二。其中，广东省出口金额为 15.8 亿美元，位居全国第三，同比增长41.5%，增速全国第一。

2010—2022 年，广东省政府人民代表大会出台的农业"走出去"政策主要是依据顶层设计的政策，主要内容是围绕加快农业"走出去"步伐，培育以技术、品牌为核心的农业出口新优势和健全农业出口信用风险保障机制。统计发现，在 13 次省人大会议中，有 5 次提到"出口信用保险"，有 4 次提及"出口自主品牌培育"[①]。广东省人大会议围绕中央经济工作会议的高频词汇"一带一路"建设政策导向，提出以"一带一路"为重点加强对外合作，办好境外合作园区，积极开拓沿线国家市场，同时重视对外投资风险防范，加强境外知识产权保护和维权援助，健全境外投资的政策法规体系。

如图 2-4 显示，广东省 2010—2022 年政府人民代表大会关于农业"走出去"相关文件中出现频率较大的关键词为"境外营销网络""境外经贸合作区建设""本土跨国公司培育平台""出口信用风险保障机制"等。这说明了广东省政府相对重视对本土跨国企业的扶持，打造庞大的广东省企业"走出去"营销网络。

在对农业"走出去"具体扶持举措上，广东省政府紧紧围绕中共中央、国务院的农业对外投资政策文本精神，并将中央政府农业对外投资政策导向付诸到具体的扶持政策之中，主要涉及三个方面：一是在财税支持政策上，对广东省从事农林渔业投资合作给予税收减免和一定的资金扶持；二是在贴息、贷款等金融政策上，提出对广东省农业、林业领域"走

---

① 数据来源：根据广东省人民代表大会常务委员会网站文件整理所得。

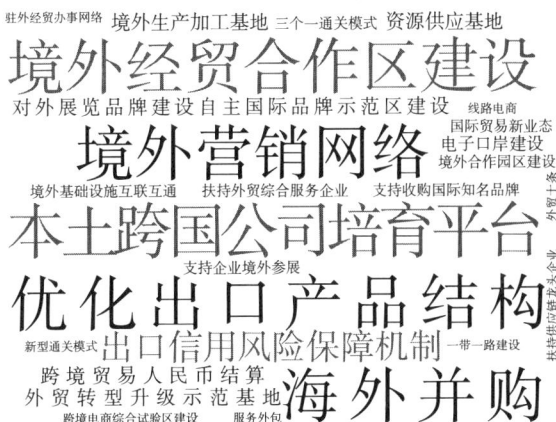

图 2-4　2010—2022 年广东省政府会议关于农业"走出去"政策重点

出去"的贷款贴息，包括投资贴息、农林渔贴息、承包贴息等；三是在保险政策上，为防范农业"走出去"风险，开展对外投资合作的涉农业务，对投保对外投资政策性保险的企业给予扶持。

从图 2-5 可以看出，广东省农业"走出去"的具体扶持措施中主要的关键词为"建立走出去公共服务平台""国际中小企业博览会""农业、林业领域的贷款贴息""降低海外投资保险保费"等。上述关键词表明，广东省对农业"走出去"的支持政策主要体现在税收、贴息、贷款、保险政策方面。

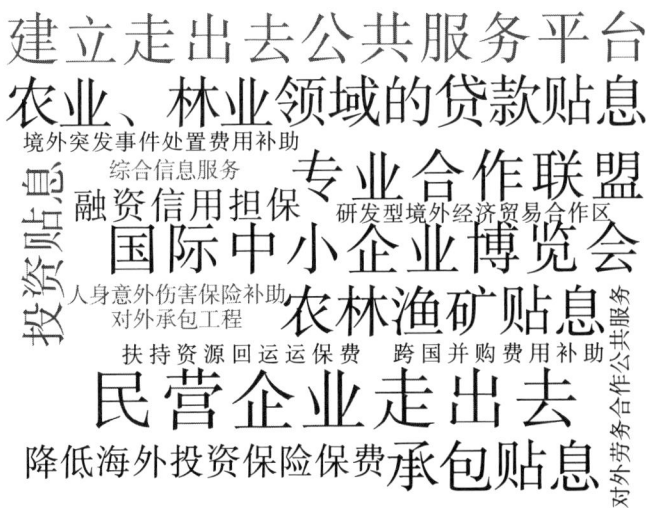

图 2-5　2021—2022 年广东省农业"走出去"扶持措施

二、广东省农业"走出去"存在的问题

1. 在贸易政策方面

广东省对农业对外投资主体的培育亟待完善，需要进一步发挥以国企为龙头引导并推进优势农业境外贸易。新疆维吾尔自治区政府发布的《关于进一步做好境外投资工作和推进国际产能与装备制造合作的实施意见》值得借鉴，例如：支持区内有实力的企业到农业资源丰富的国家开展各种经济作物及粮食作物品种选育、种植加工、仓储物流和国际流通等领域的互利贸易。

2. 在财税支持方面

广东省对农林牧渔业提供对外投资专项资金，缺少相关的扶持政策和专项资金扶持，缺乏培育优势农产品出口品牌意识，以及关于设立境外园区进行重点财税扶持的相关政策。

3. 在信贷政策方面

广东省政府或金融机构很少响应涉及中小涉农企业"走出去"方面的贷款扶持。对比其他省份政策发现，青海省关于《鼓励企业实施对外直接投资战略资金扶持办法的通知》和四川省《关于印发四川省促进外贸回稳向好十五条措施的通知》中分别考虑到了中小企业市场开拓资金扶持的项目以及对中小企业境外投资市场开拓项目贷款贴息和运用再贷款、再贴现等货币政策工具减少外贸企业特别是小微企业的融资成本方面的问题。

4. 在保险政策方面

广东省对整个农业对外投资的保费资金扶持覆盖率较低，对农业对外直接投资企业中长期出口信用保险和对外投资保险支持很少，缺乏对农业优势产品和品牌产品的风险防范专项保险资金的扶持。四川省政府等提出扩大短期出口信用保险规模，加大对中小微企及新兴市场的农业出口保险支持力度。

5. 在风险防范方面

广东省人民政府关于印发 2021 年《政府工作报告》重点任务分工方案的通知中强调，要"强化对外投资及境外安全风险防范"。在日益复杂的投资风险条件下，既要考虑内外部环境的变化，也需要厘清风险因素，

筑牢风险防控体系机制。

三、广东省农业对外直接投资建议措施

1. 推进平台建设调动民营农业企业走出去的积极性，重点培育具有国际竞争力的大型农业企业

广东省政府应积极响应"加强培育具有国际竞争力的大粮商和农业企业集团"，同时国家应加大对农业企业资金的支持，加大农业产业基金扶持境外农业，使其有资金进行周转，进而可以扩大企业的规模。鼓励企业集群投资，鼓励国有企业与民营企业以股份合作、设立共同基金等方式开展合作。例如，充分发挥自贸试验区先行先试优势，依托南沙港航运物流和广州期货交易所，大力推动大宗农产品进出口贸易。在2022年RCEP签署背景下，把握RCEP新机遇，实现"买东盟卖东盟"，并逐步推进"买全球卖全球"，用好国内国际"两个市场""两种资源"，探索打造涉农经济链接国内国际双循环枢纽节点。

2. 加大财政支持力度和金融支持，完善对对外投资企业的信贷、贴息支持和农业保险制度

中共中央、国务院多次强调，各地政府要完善对外投资管理制度体制和风险保障机制。广东省政府需要支持符合条件的对外直接投资企业发行企业债券，进入国内国际资本市场，以提高规模发展的机会。完善税收政策，减免进口关税，积极推动农业境外多边合作。同时，还应完善保险制度，增加农业外资保险的种类，为对外直接投资的农业企业提供更多的保险选择，并结合广东省的财政现状，适当地为对外直接投资的企业承担部分保险费用，以减轻企业的负担。此外，继续加强财税、融资、保险、通关等政策创设和落实，推动农业走出去和农业国际贸易高质量基地建设；推动金融部门为农业走出去重点项目提供扶持，探索通过供应链金融、信用贷款等方式为境外项目提供融资，推动保险机构设计专门的风险管理产品，探索符合农业对外直接投资特点的项目承保及理赔条件，创新发展境外自然灾害等保险业务，畅通种子出口和重要农产品回运渠道。充分发挥政策性保险的作用，积极调动商业保险机构的积极性，建立符合地区发展的对外农业投资保险制度。

3. 优化农业对外直接投资管理制度体制

中共中央、国务院多次提及各地政府要建立"对外投资信息共享机制"和"以备案为主的对外投资管理制度体制"。为此，广东省政府应统一管理协调机制，使其权力尽可能集中领导，手续流程便捷化。提高信息采集标准化程度，对获得农业信息渠道进行优化整改与规范统一，增加信息的准确性和及时性。以制度创新推动农业对外直接投资战略。在对标RCEP、CPTPP国际贸易和投资规则、国际农产品质量和安全标准以及对农产品原产地的有关认定标准下，创设与高标准农业开放相适应的制度体系，探索建立农业对外开放保障机制和配套服务体系。通过打造现代种业合作区、技术集成创新区、都市农业示范区，着力培育农业科技创新力强、产业链完备、产业配套齐全、营商环境优越等综合竞争优势，构建智能化可追溯的国际农产品物流体系，建立健全农业质量安全、生态安全标准体系和开放型农业支持保护体系，助推农业供给侧改革，促进农业高质量内涵式发展。随着RCEP生效实施，农业合作将更为务实，可以利用东盟等成员国农业服务市场扩大准入的机遇，发挥农业投入品、农业机械、农业技术等方面的集成优势，深入挖掘双边合作潜力，培育优势明显、服务完善、带动效应突出的高质量农产品出口基地，促进其与以现代种业为纽带的创新链条有机融会贯通，持续深化与沿线国家的农业国际合作。

4. 完善风险防范与信息平台建设，科学安排对外投资的实施方案

从政府角度看，应重视农业对外直接投资的风险因素，完善对外投资风险预防与保险机制。广东省可根据具体的对外投资情况构建更详细具体的风险预警和防范机制，同时设立投资国投资风险信息平台，利用驻外机构收集东道国的风险信息，为对外直接投资企业提供境外风险的信息，精准评估对外投资风险与方案筛选。从企业角度看，企业可在进行对外投资前，借助信息平台对东道国对外投资风险做出全面评估，最好形成企业的一套对外直接投资的风险预警和防范机制，时刻监视风险动态。此外，企业通过多元化经营、本地化经营和购买相应保险，亦可降低农业对外直接投资风险。

第三章　种植业企业境外投资与绩效研究

第一节　引　　言

　　粮食不仅是商品，更是一种战略资源。粮食安全事关国家安全、政治稳定和社会安定，具有重要战略意义。无论是从历史还是现实来看，谁垄断了粮食的生产和消费，谁就拥有充分的发言权和决策权，发挥影响力并攫取巨额利益。2003 年到 2019 年，中国粮食产量从 4.31 亿吨提高到 6.64 亿吨，粮食生产能力保持稳定增长。然而，目前我国人均耕地面积仅为 1.4 亩*，不足世界平均水平的 40%。人均水资源量为 2 100 立方米，仅为世界平均水平的 28%。我国人多、地少、缺水的资源禀赋特征较为明显。工业用粮增长、消费结构升级、生产要素减少及成本提高等问题日益突出。因此，为保障国家粮食安全供给，积极利用国际国内两个市场、两种资源，拓展农业国际合作与经贸投资是大势所趋。

　　2008 年我国首次正式提出农业对外投资战略后，此后连续多年强调"一带一路"农业国际合作，培育一批跨国农业企业集团，积极参与全球和区域粮食安全治理。推动农业"走出去"成为有效缓解国内农业资源环境压力、立足国内确保粮食安全的重大战略决策。目前，学术界对我国农业企业跨国并购的研究主要涉及并购风险、绩效研究和投资现状等，如黄祖辉和陈立辉、方旖旎、李尚蒲和黄尹婷、曹安的研究。与我国种植业企业并购研究相关的文献少，而针对种植业对外投资的文献更是屈指可数，处于研究不足阶段，值得关注和重视。本书使用事件研究法，利用市场模型对境外投资事件的超额收益率和累计超额收益率进行分析，判断境外投资是否给公司带来正向的短期绩效。长期来看，可以通过计算并分析境外

---

　　*　亩为非法定计量单位，1 亩≈667 平方米。

投资事件的长期持有超额收益（BHAR），从而评价其对并购公司长期绩效的影响。

第二节　种植业境外投资现状

国际金融危机后，中国企业境外农业投资规模增长明显，投资偏向种植业。自 2011 年起，种植业对外直接投资存量占我国农业对外直接投资存量的比重约为 30%[①]，与林业、畜牧业和渔业相比较高，可见种植业是我国农业对外投资的主要产业形式。为扩大对外贸易、占有投资国市场、构筑国际性流通网络、开发土地资源等，在国家政策的支持下，一批优秀种植业上市公司纷纷走出国门。根据中国证券监督管理委员会《2019 年 4 季度上市公司行业分类结果》，我国共有 15 家种植业上市公司，其中 5 家有境外投资行为，分别是海南橡胶、隆平高科、众兴菌业、雪榕生物和神农科技。通过对同花顺财经、巨潮资讯网、各公司《2019 年年度报告》整理得到，投资总额从大到小依次是海南橡胶、隆平高科、众兴菌业和雪榕生物。海南橡胶自 2010 年上市以来，走出去步伐加快，已通过投资新设和收购兼并方式取得 18 个境外控股和全资子公司，总计投资 4.54 亿元，主营业务为天然橡胶种植、加工及销售，范围覆盖马来西亚、泰国等东南亚国家以及新加坡、日本和美国等发达国家。隆平高科拥有 9 个境外参控股公司，累计投资 2.26 亿元。其从 2007 年开始进军境外，在菲律宾成立研发中心从事杂交水稻的研发，随后陆续在印度尼西亚、美国、利比里亚、印度、巴西、越南等十个国家进行杂交水稻、玉米等育种制种，种苗引进和培育等投资活动。2015 年，众兴菌业与两位韩国自然人在德国共同出资设立马逊帕克有限公司，众兴菌业投资 1.04 亿元，持股 49%，该公司主营食用菌种植、加工及销售业务。2017 年，雪榕生物与泰国泰纳裕有限公司成立合资公司——雪榕生物科技（泰国）有限公司，从事食用菌的工厂化生产及销售，雪榕生物向其投资 0.57 亿元，持股 60%。神农科技在 2017 年宣告将与巴基斯坦农业研究中心共同建立 GAT 联合育种实验室，但该计划目前仍处于正在执行阶段。

---

① 通过整理中国商务部 2010—2018 年度的《中国对外直接投资统计公报》所得。

第三节 短期绩效分析

一、样本选择

查询巨潮资讯网发现,我国 15 家种植业上市公司一共披露了 15 起境外投资公告。本书根据以下标准,整理出隆平高科、众兴菌业和海南橡胶共 5 起境外投资事件作为研究样本。①以境外投资事件首次公告当天为公告日。②在公告日前后十天无其他投资披露公告。③若在公告日存在股票停止交易情况,则顺延为公告后首个交易日。④在事件估计和窗口区间,股票应连续交易,不存在停牌、重大资产重组等非正常经营现象。

事件一是隆平高科设立袁隆平印尼种子公司,事件二是众兴菌业调整对德国的子公司马逊帕克有限公司投资方式,事件三是海南橡胶收购新加坡的雅吉国际私人有限公司 15% 股权,事件四是海南橡胶在我国香港设立海南橡胶国际发展(控股)有限公司以及在英属维尔京群岛设立海南橡胶国际投资有限公司,事件五是海南橡胶在塞拉利昂成立合资公司塞中农业发展有限公司。表 3-1 为种植业上市公司境外投资公告情况。

表 3-1 种植业上市公司境外投资公告情况

公司	时间	投资事项	股权	结果
隆平高科	2004 年 12 月 30 日	在印度尼西亚设立分支机构	—	—
	2007 年 8 月 1 日	拟以 200 万美元设立袁隆平印尼种子公司	95%	成功
	2017 年 8 月 16 日	以 4 亿美元认购 AMAZON AGRI BIOTECH HK LIMITED 新发行股份	35.75%	成功
众兴菌业	2015 年 7 月 22 日	拟建立荷兰食用菌生产基地	—	—
	2019 年 2 月 12 日	调整对德国的子公司马逊帕克有限公司投资方式	49%	成功
雪榕生物	2017 年 1 月 23 日	以 3.6 亿泰铢设立合资公司雪榕生物科技(泰国)有限公司	60%	成功
荃银高科	2014 年 1 月 16 日	以 240 万美元成立合资公司缅甸长城荃银农业科技公司	60%	失败

（续）

公司	时间	投资事项	股权	结果
	2011 年 5 月 26 日	收购泰国的泰华树胶（大众）有限公司股权	25%	失败
	2012 年 2 月 9 日	收购新加坡的雅吉国际私人有限公司股权	15%	成功
	2012 年 10 月 30 日	在我国香港设立海南橡胶国际发展（控股）有限公司、在英属维尔京群岛设立海南橡胶国际投资有限公司	100%	—
海南橡胶	2013 年 6 月 29 日	以 3 000 万美元在塞拉利昂成立合资公司塞中农业发展有限公司	60%	成功
	2017 年 12 月 13 日	搭建非洲及葡语国家天然橡胶和相关产业投资平台	—	
	2018 年 6 月 6 日	以 6 500 万港元在我国香港成立合资公司海胶国际控股集团有限公司	65%	—
	2018 年 10 月 22 日	以 7 671.31 万美元收购新加坡的雅吉国际私人有限公司股权	71.58%	成功

数据来源：由作者整理巨潮资讯网上的公司公告和年报所得。

二、数据选择

本书采用三家企业每日收盘价作为个股股价。在市场指数方面，隆平高科和众兴菌业为深证农林牧渔指数（399231）样本股，故选择该指数的每日收盘指数作为其市场指数。海南橡胶在上交所上市，本书选取有较早数据记录、与农业相关的上证农业主题指数（000122）的每日收盘指数作为其市场指数。数据来源于中国股票市场研究（CSMAR）数据库。

三、区间选择及计算步骤

我国上市公司可能存在信息泄露和市场对公司公告反应较慢的情况，若窗口期过短，则难以获取投资事件对股价波动的全部影响。因为研究对象隆平高科、众兴菌业和海南橡胶在国内外进行投资活动频繁，当事件窗口区间过长，容易出现包含国内投资事件的情况，导致境外投资绩效结果出现偏误。以往文献中广泛使用公告日前后 10 天作为事件窗口区间，如顾露露和 Robert Reed、杨海燕和黄赞、周露露、窦海桦。因此本书选择首次公告日前后 10 个交易日 [−10, 10] 作为事件窗口区间，选择 [−50, −11] 作为事件估计区间。

短期绩效计算步骤：①计算估计区间每日个股收益率（R_{it}）和市场指数收益率（R_{mt}）。$R_{it} = P_t / P_{t-1} - 1$，$R_{mt} = Index_t / Index_{t-1} - 1$。②根据市场模型 $R_{it} = \alpha + \beta R_{mt}$，采用最小二乘法（OLS）估计参数 α 和 β。③利用上述市场模型和窗口区间 [−10, 10] 的市场指数收益率，估算个股正常收益率 R_{it}'。④计算窗口区间 [−10, 10] 的超额收益率（AR）和累计超额收益率（CAR）。$AR_t = R_{it} - R_{it}$'，$CARt = \sum_{t=-10}^{T} ARt$。⑤进行统计显著性检验，对 CAR 是否显著异于 0 进行 t 检验。以超额收益率和累计超额收益的正负与趋势作为判断境外投资事件对短期绩效影响的标准。

四、实证分析与结果

如表 3−2 所示，五个事件的市场指数收益率系数 β 均大于 0，在 1% 的水平下显著。市场模型方程均在 1% 的水平下显著，最小调整 R^2 为 0.281 1。这表明隆平高科、众兴菌业和海南橡胶的个股收益率和市场指数收益率正相关。

为打开印度尼西亚水稻种业市场，隆平高科拟在印度尼西亚设立全资子公司，主营杂交水稻种子育种制种业务。由图 3−1 可知，在窗口期 [−2, 1] 内 AR 小于 0，在其他窗口期围绕 0 轴上下波动。CAR 曲线呈现总体下降趋势，CAR 从第−2 日开始快速减少，并在第 9 日跌到最小值 0.152 8。AR 和 CAR 的前期表现说明投资信息存在提前泄露的嫌疑。t 检验显示 CAR 均值为−0.080 9，在 1% 的水平下显著小于 0。显然，本次境外投资行为给公司带来负向的绩效影响，未能扭转此前累计超额收益率不断减少的局面。

众兴菌业发布公告，拟调整对马逊帕克有限公司的投资方式，将对其的 1 372 万欧元贷款转变为投资款，从而优化资源配置，保障公司利益最大化。马逊帕克公司是众兴菌业于 2015 年成立的德国合资公司，主要经营蘑菇的培育生产、加工配送、经营销售等。由图 3−2 可知，窗口期

[0, 2] 内 AR 大于 0，可见该对外投资消息在公告当日及随后两天内使众兴菌业的市场表现高于大盘表现。AR 曲线围绕 0 轴上下波动，并在第 9 日达到最高值 0.045 0，CAR 曲线绝大部分在 0 轴下方。市场投资者并未对众兴菌业境外投资事项调整公告做出积极的响应，可能是因为该公告披露了马逊帕克公司近两年净利润为负，且出现亏损进一步扩大的情况。T 检验显示 CAR 均值为 -0.011 6，在 1% 的水平下显著小于 0。从市场整体表现来看，此次境外投资公告给集团带来负向短期绩效影响。

目前除海南、云南和广东少部分地区外，国内几乎没有其他适合种植橡胶的区域，作为国家战略物资的天然橡胶产业发展极大受限。我国自产的天然橡胶难以满足国内需求，严重依赖国外进口。在国内植胶比较优势逐步丧失、生产成本日益提高形势下，"走出去"发展天然橡胶产业势在必行。海南橡胶发布公告，拟与第三方公司、塞拉利昂政府共同设立塞中农业发展有限公司，建设、运营和维护天然橡胶园、橡胶加工厂以及水稻种植、加工和贸易等。由图 3-5 可知，AR 曲线围绕 0 轴上下波动，CAR 曲线呈波动式下降，可见市场投资者对海南橡胶此次境外投资行为持悲观态度。AR 及 CAR 在公告日前的下降趋势表明投资信息可能被提前泄露。t 检验显示 CAR 均值为 -0.059 0，在 1% 的水平下显著小于 0。总体来看，虽然在非洲投资经营橡胶园对海南橡胶意义重大，但由于当地政治、法律、商业环境、人文社会等与中国存在较大区别，对本次投资构成重大风险因素，投资者并不看好此次投资，使得海南橡胶的市场表现低于大盘表现，该境外投资事件给公司带来负向短期绩效。事件三和事件四结果与上述类似，不再赘述（图 3-3、图 3-4）。

表 3-2　种植业境外投资事件回归结果

序号	$Prod>F$	调整 R^2	α	β	CAR 均值	绩效影响
事件一	0.000 0	0.508 3	0.000 9	1.305 8***	-0.080 9***	负向
事件二	0.000 3	0.281 1	-0.002 7	0.684 2***	-0.011 6***	负向
事件三	0.000 0	0.769 1	0.002 8	1.315 0***	-0.078 9***	负向
事件四	0.000 0	0.510 6	-0.000 5	1.128 4***	-0.006 3***	负向
事件五	0.000 0	0.395 0	-0.002 9	1.053 5***	-0.059 0***	负向

注：①市场模型方程进行 F 检验，参数 α、β 进行双侧 T 检验，CAR 均值进行单侧 T 检验。②*、**、*** 分别表示显著性水平 $P<10\%$，$P<5\%$，$P<1\%$，下表同。

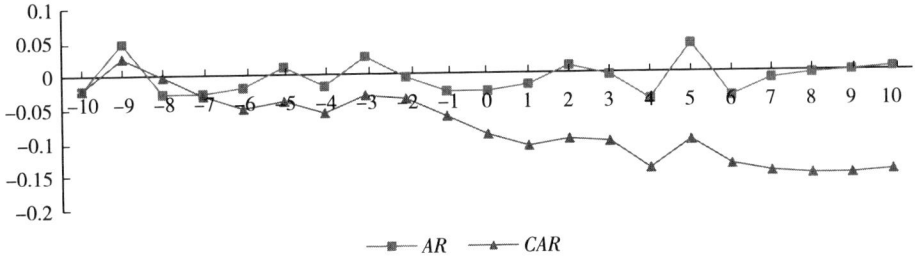

图 3-1 事件一 *AR* 以及 *CAR* 趋势

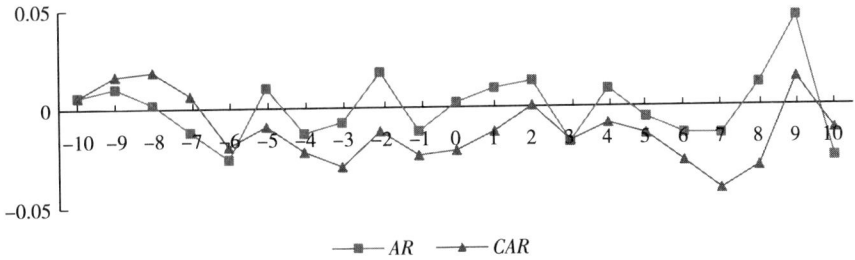

图 3-2 事件二 *AR* 以及 *CAR* 趋势

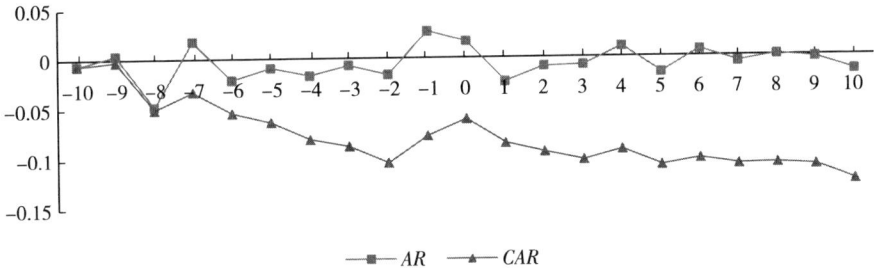

图 3-3 事件三 *AR* 以及 *CAR* 趋势

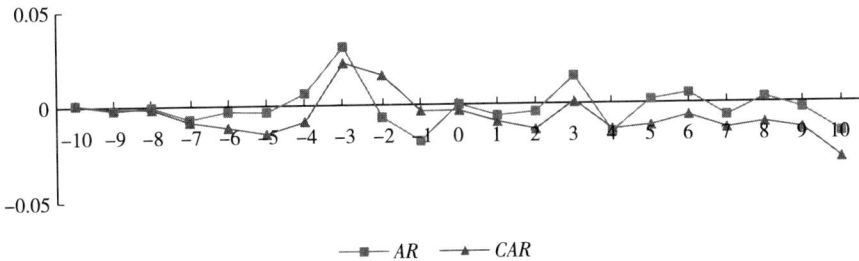

图 3-4 事件四 *AR* 以及 *CAR* 变化趋势

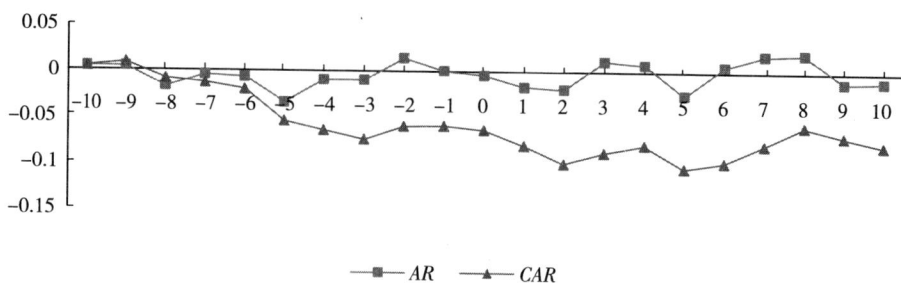

图 3-5 事件五 AR 以及 CAR 变化趋势

第四节 长期绩效研究

一、研究方法及思路

本书采用学术界常用的长期持有超常收益法（BHAR）衡量长期市场绩效。BHAR 衡量购买公司股票并一直持有直到考察期结束，公司股票收益率超过市场组合或对应组合收益率的大小。BHAR 法与累积超额收益率相比，规避考察期内公司股票价格波动的影响，较好地评价了收购公司的长期市场绩效。$BHAR_{it} = \prod_{t=0}^{T}(1 + R_{it}) - \prod_{t=0}^{T}(1 + R_{pt})$，表示从并购当月到并购后 T 个月，连续持有公司股票获得的超常收益。其中，T 表示考察月数，$t=0$ 表示并购当月，$t=1$ 表示并购后一个月，依此类推。R_{it} 为公司的月收益率，其中 i 分别代表隆平高科、众兴菌业和海南橡胶。R_{pt} 为对应组合的月收益率。

长期中，影响公司收益的因素很多，如规模效应、行业差别、企业自身等。本书研究对象为五个境外投资事件，样本较少，涉及的三家企业均为种植业上市公司，故选择控制行业效应的计算方式：$R_{pt} = \frac{1}{N}\sum_{n=1}^{N}R_{mt}$。即本书对该月有数据记录的所有公司的月收益率求简单算术平均值。以行业平均月收益率表示对应组合的月收益率 R_{pt}，R_{mt} 为某上市公司在 t 月的月收益率。N 表示某月的行业公司数量，$N \in [1, 15]$。

二、样本选择

数据来源于 CSMAR 数据库。月收益率使用的是"考虑现金红利再投资的月个股回报率",该回报率对分红、配股等做了相应调整,减弱了这些与并购无关事件对公司股票收益率的影响。本书以公告当月及后三年共37 个月为考察期。特别地,因为事件二公告当月到 2020 年 6 月的时间长度仅为 17 个月,所以把 17 个月作为该投资事件考察期。而事件三、四和五都是海南橡胶投资事件,可视作一个整体,考察期为事件三公告当月至事件五公告后 36 个月共 52 个月。

三、长期持有超额收益结果分析

由图 3 - 6 可知,宣布将在印度尼西亚设立种子公司的消息后,前 7 个月内隆平高科的 BHAR 曲线在 0 轴下方,随后大幅度急速上升,到达最高点 1.163 7,有所下降后在 0.20 到 0.60 之间波动。在并购完成后七个月内,隆平高科的股票收益率低于行业的平均收益率,但随后远高于行业平均收益率,表明并购后的隆平高科经过一段时间的资源整合后达到了协同效应。

由图 3 - 7 可知,宣告调整对境外子公司的投资方式后 17 个月内,众兴菌业的 BHAR 曲线在 0 轴下方,呈现整体下降的态势,最终到达最低点−0.435 8。可见,调整投资方式后众兴菌业的股票收益率一直低于行业平均收益率,且存在差异逐渐扩大的趋势。

本书把海南橡胶三起境外投资事件视作一个整体进行考察,客观分析投资整体对公司 BHAR 的影响。由图 3 - 8 可知,在并购发生后 18 个月内 BHAR 曲线缓慢下降,随后上升并在第 20 月达到最高点 0.146 1,可见投资事件整体在前部分考察期使得海南橡胶的股票收益率高于行业均值,增加了海南橡胶的长期持有超额收益。接着 BHAR 曲线经过缓慢下降后,在第 34 月后遭遇断崖式下跌,最终到达较低点−1.278 4。显然,海南橡胶在后半部分考察期的长期持有超额收益大幅度减少。总体而言,并购后海南橡胶的股票收益率比行业均值小,且差异急剧扩大。

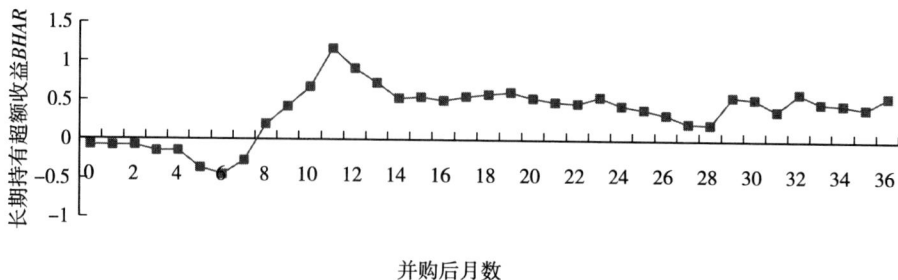

图 3-6　隆平高科 *BHAR* 变化趋势

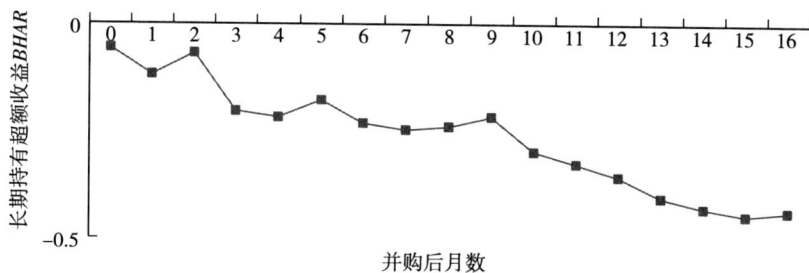

图 3-7　众兴菌业 *BHAR* 趋势

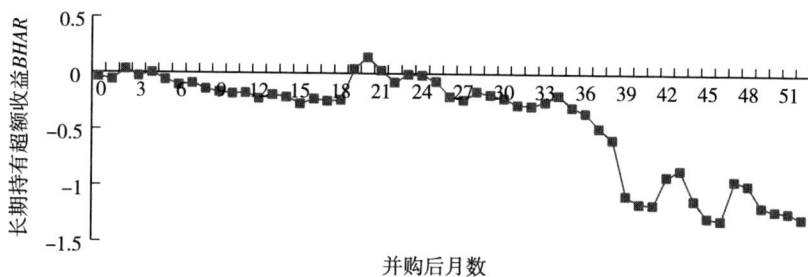

图 3-8　海南橡胶 *BHAR* 趋势

第五节　结论与建议

一、结论

在短期内，五个境外投资事件均给企业带来负向的短期绩效，说明到境外进行农业投资难以提升企业市场价值，不利于短时间内在市场上募集资金进行自身建设。长期来看，带来正向绩效的事件为隆平高科设立袁隆平印尼种子公司，造成负向绩效的是众兴菌业调整对国外子公司投资方式，而海南橡胶投资事件整体未对市场绩效产生显著影响。正向绩效、负向绩效和无显著影响的事件个数相等，进行境外投资总体上并未明显改善我国种植业上市公司的长期绩效，整体上取得了非负的超额收益。

即使目前我国的种植业企业进行境外投资并未收获良好的绩效，但长远来看，种植业"走出去"对国家粮食安全以及重要农产品供应意义重大，有助于调结构、转方式、创新农业发展方式，利用国际国内两个市场、两种资源，缓解国内农业生产资源短缺，改善农业生产环境。因此，政府应坚定支持我国种植业企业到境外投资、生产和贸易，企业应采取有效措施增加并购绩效。

二、建议

1. 做好前期调研分析，选择恰当投资时机

应做好境外投资前期调研和可行性分析，当遇到适宜的境外并购、绿地投资时，也需关注投资前期市场投资者等外界人士的评价和舆论，在合适时点做好对证券市场的预期引导，以免市场出现不良反应，对公司股价造成损害，给公司短期绩效带来负向影响。

2. 战略目标应与绩效目标相结合

种植业企业在"走出去"过程中，需积极利用国外市场和资源，融入国家粮食安全战略，为中国粮食安全保障作出贡献。同时，企业也要关注境外投资对公司市场绩效的短长期影响。

3. 我国种业企业应"走出去"，实现种业资源优势互补

隆平高科整合国际先进育种研发资源与经验、输出我国水稻先进技术，在境外投资中取得较好长期绩效，增强公司在全球种业市场竞争能力。企业应"抱团出海"、建设境外粮食基地、加大知识产权保护和技术人员培训，建立全球供应链，借助"一带一路"倡议实施契机，强化沿线国家合作，实现种业资源的优势互补，提高我国种业国际竞争力。

第四章 林业上市公司境外投资与绩效分析[①]

第一节 研究背景

我国林业上市企业境外投资经历了两个阶段（管志杰和公培臣，2015）。第一阶段为 20 世纪八九十年代，主要是开展境外森林采伐作业。第二阶段为 20 世纪 90 年代以来，随着对外投资合作的企业呈现多元化的趋势，林业企业通过购买、租赁等方式开展林业合作，进行资本扩张；林业企业通过独资、合资等渠道融资，开展境外林业投资合作和跨国经营。

木材作为支持国民经济发展的传统原材料之一，是否充足供应对于经济和社会的发展具有重要意义。随着我国经济的飞速发展，木材需求激增，据国家林业和草原局统计数据可知，2020 年中国木材需求量将达到 8 亿立方米。然而，我国森林资源总量大，相对量低，分布不均，远不足以保障国土生态安全和社会对木材、生态及环境的要求。森林覆盖率仅为 21.63%，是世界平均水平的 61%；人均森林面积 0.145 公顷，只相当于世界人均量的 21.3%；人均森林蓄积量 8.6 立方米，只相当于世界人均量的 12.5%，而且分布极不平衡。我国森林资源质量不高，加上掠夺性的开发，远不能保证社会经济发展的需要，严重影响林业的可持续发展（王建邦，2009）。2014 年 4 月 1 日，黑龙江重点国有林区天然林商业性采伐全面停止，国家对天然林保护力度再次加大，加之日前史上最严厉的环保法出台，林业企业发展的空间越来越小。木材资源的供需缺口日益制约着我国经济的发展，通过对外直接投资的方式获取境外资源以缓解国内木材供需矛盾迫在眉睫。

[①] 本章节主要执笔人：程小茹、胡凝、李尚蒲等。

罗兰·贝格国际管理咨询公司进行的一项调查表明，中国 80% 的领先企业正在境外投资或者有境外经营业务（卢慧颖，2016）。按照"十三五"规划的思路，以及林业产业的规划，我国 2020 年林业产业总产值将达到 10 万亿元。要实现此目标，年均增速要超过 10%。按照未来国民经济新常态 7% 左右的增速，林业产业要高于 GDP 增速 60%～70%。这反映出林业产业的发展速度要高于国民经济的发展速度，也是一个新常态。

林业企业在境外林业投资合作的企业主要从事木材采伐、初加工以及木制品、家具生产等（陈绍志，2015）。对于境外投资引起的公司绩效变化，国内外不少学者进行了研究，但始终没有得出一致的结论。境外投资可能给公司带来超额收益，对企业绩效产生正向影响（Morck and Yeung，1992；Olusoga，1993）；但也可能并不会给并购方带来财富效应（Datta and Puia，1995；陈珍波，2012），甚至有可能使并购方财富在短期内遭受损失（李梅，2008）。另外，也有学者得出境外投资与公司绩效呈现 U 形关系（杨剑，2009；林莎，2009）。本书对我国林业企业境外投资与公司绩效的关系进行长期绩效和短期绩效分析，并基于林业企业境外存在的问题给予相应的对策建议。

第二节　中国林业境外投资的情况

一、林业上市公司情况

上市公司具有按时披露公司报告，对公司事件进行及时公告的义务。其相关的事件公告、会计数据、财务指标等信息具有真实性、准确性、时效性，有利于进行数据研究。因此本书将对我国林业上市公司进行分析研究，如表 4-1 所示。

表 4-1　我国部分林业上市公司名单

类型	股票代码	股票名称	上市时间	是否存在对外投资项目
深市	000592	平潭发展	1996 年	否
深市	000663	永安林业	1996 年	否

（续）

类型	股票代码	股票名称	上市时间	是否存在对外投资项目
深市	000910	大亚圣象	2000 年	是
深市	002043	兔宝宝	2005 年	否
深市	002200	云投生态	2007 年	是
深市	002240	威华股份	2008 年	否
深市	002259	升达林业	2008 年	否
深市	002631	德尔未来	2011 年	否
深市	002679	福建金森	2012 年	否
沪市	600265	ST 景谷	2000 年	否
沪市	600978	宜华生活	2004 年	是
沪市	601996	丰林集团	2011 年	否

二、林业上市公司境外投资项目

对林业上市公司自上市以来发生的境外投资项目进行研究分析。为使研究结果更加客观，剔除上市前发生的、缺乏数据的以及在事件研究窗口期内存在其他重大事件公告的投资事件。整理林业上市公司具体境外投资项目如下表 4-2。

表 4-2　我国林业上市公司的具体境外投资项目

股票名称	股票代码	时间	交易事件	金额	结果
大亚圣象	000910	2009 年 7 月 10 日	本公司全资子公司圣象集团有限公司下属的圣象集团（美国）有限公司收购 HOMELEG-END 公司 40％股权	0.145 亿美元	成功
		2011 年 12 月 31 日	圣象集团（美国）有限公司 10％的股权	2.24 亿元人民币	成功
宜华生活	600978	2009 年 12 月 30 日	拟出资在美国加州伦秋库卡蒙加市设立宜华木业（美国）有限公司	3 000 万美元	成功

（续）

股票名称	股票代码	时间	交易事件	金额	结果
宜华生活	600978	2012 年 6 月 5 日	其直接或间接所总共持有的在加蓬登记并设立的企业：华嘉木业股份公司 75％的股权、森林开发出口公司 100％的股权、木材出口贸易公司 100％的股权、常氏采伐工业公司 100％的股权、加蓬森林工业出口公司 87.25％的股权、热带林产品公司 75.1％的股权（以上 6 家公司统称华嘉公司及相关公司）	2.4 亿元人民币	成功
		2013 年 7 月 13 日	追加收购中国林业集团公司所持有华嘉公司 7.5％的股权	300 万元人民币	成功
		2015 年 8 月 20 日	购买 Meilele Inc（美乐乐）18.21％股份	8 402 万美元	成功
云投生态	002200	2011 年 2 月 19 日	议价收购日本 HOKUDAI	1.65 亿元人民币	成功

资料来源：各林业上市公司的对外投资公告、各年度财务报告、定期报告。

第三节　境外投资对中国林业上市公司短期绩效的影响

一、事件研究法

事件研究法是指明确研究目的，选取某一个事件，并分析该事件发生前后上市公司股价（或异常收益率）的变化及原因。此方法基于假设市场是有效率的，股票价格会因特定事件的影响迅速作出反应。本书的研究事件分别为：①2009 年 7 月 10 日，大亚圣象全资子公司收购 HOMELEG-END 公司 40％股份。②2009 年 12 月 30 日，宜华生活出资在美国加州伦秋库卡蒙加市设立宜华木业（美国）有限公司。③2011 年 2 月 19 日，云投生态议价收购日本 HOKUDAI。通过计算该交易事件引起的个股的累计超额收益率，来前瞻性地判断对外直接投资是否给企业带来正面绩效，验证境外投资消息的发布对于公司短期股价的影响（李尚蒲和黄尹婷，2016；程小茹等，2018）。

具体研究步骤为：①选择研究事件公告发布日作为事件日，以事件日前 130 天至前 31 天（-130，-31）作为估计窗口，以事件日前后 30 天（-30，30）作为事件窗口。②计算实际收益。③根据市场模型 $R_{it} = \alpha + \beta \times R_{mt}$，通过 Stata 软件采用最小二乘法（OLS）估计参数 α 和 β。④推测（-30，30）事件窗口的正常收益率（R'_{it}）和超额收益率（AR）。⑤计算累计超额收益率。⑥进行统计显著性检验。

二、大亚圣象收购 HOMELEGEND 的短期绩效分析

计算结果如表 4-3 所示，方程通过显著性水平检验，则可认为大亚圣象股票的个股日收益率与市场指数日收益率存在正相关性，其中 α 和 β 的值为 0.002 6 和 1.069 3。根据 $R_{it} = 0.002\,6 + 1.069\,3R_{mt}$，再估算出事件日前后 30 天的日正常收益率，并求出超额收益率及累计超额收益率。

表 4-3　大亚圣象收购 HOMELEGEND 的短期绩效回归分析

	$Coefficient$	标准误	t 值	P 值	方程显著性	Adjusted R^2	观测值
C	0.002 6	0.0 022 788	1.16	0.249	0.000 0	0.545 8	100
X	1.069 3	0.0 976 282	10.95	0.000			

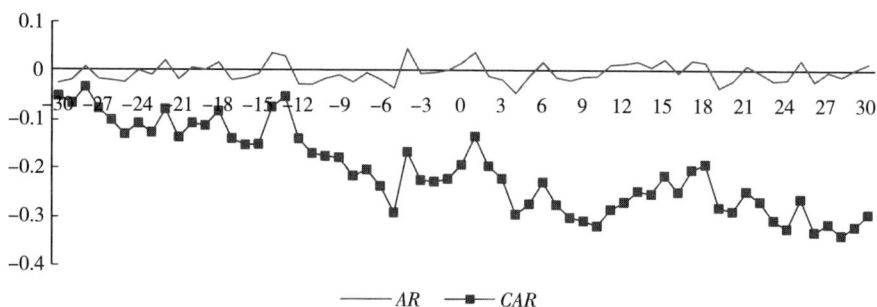

图 4-1　大亚圣象事件日前后 30 天超额收益率和累计超额收益率变化趋势图

从图 4-1 中可以看出，公布大亚圣象收购 HOMELEGEND 公司

40%股权当日的超额收益率为 0.014 6，日前为 0.000 2，表明收购公布日当天市场对该事件的反应好于收购前，事件公布第二日，超额收益率为 0.036 6，是前后 30 日内的最高点，比收购公布当日高出 0.022，可见大亚圣象此次收购对公司的短期股价影响有稍微滞后效应。并购发生前并没有较大的超额收益，说明不存在信息泄露与内幕交易的可能，数据可用于判断对股价的影响。事件公布后 30 日内，超额收益率在 0 值上下波动，累计超额收益率小于 0，说明资本市场的反应对于大亚圣象境外投资来说是比较负面的。最后，使用 Stata14.0 进行 t 检验，得到 $t=-19.043\ 6$，绝对值大于显著性水平 $\alpha=0.05$ 下自由度为 60 的 t 临界值 2.0，拒绝原假设，即企业公布对外直接投资消息对其股价产生明显的负面影响。

三、宜华生活设立宜华木业（美国）有限公司短期绩效分析

计算结果如表 4-4 所示，方程通过显著性水平检验，则可认为宜华生活股票的个股日收益率与市场指数日收益率存在正相关性，其中 α 和 β 的值为 0.002 5 和 1.080 7。根据 $R_{it}=0.002\ 5+1.080\ 7R_{mt}$，再估算出事件日前后 30 天的日正常收益率，并求出超额收益率及累计超额收益率。

表 4-4　宜华生活设立宜华木业（美国）有限公司短期绩效的回归分析

	$Coefficient$	标准误	t 值	P 值	方程显著性	Adjusted R^2	观测值
C	0.002 5	0.002 500 1	0.98	0.327	0.000 0	0.438 1	100
X	1.080 7	0.123 631 1	8.74	0.000			

从图 4-2 中可以看出，公布宜华生活设立子公司当日的超额收益率为 -0.033 7，日前为 0.005 4，日后为 0.004 4，则表明收购公布日当天市场对于并购事件的反映并不好于并购前后。事件公布后超额收益率有所上升，可见宜华生活此次并购对公司的短期股价影响有滞后效应。并购事件前（-19，-4）日累积超额收益率从 0.086 2 降为 -0.051 8；而并购事件后（1，22）日累积超额收益率由 -0.038 1 升为 0.078 8，说明在并购发生后一段时间内，公司的经营状况好转。最后，使用 Stata14.0 进行 t 检验，得到 $t=2.552\ 6$，大于显著性水平 $\alpha=0.05$ 下自由度为 60 的 t 临

界值2.000，拒绝原假设，即企业公布对外直接投资消息对其股价产生明显的正面影响。

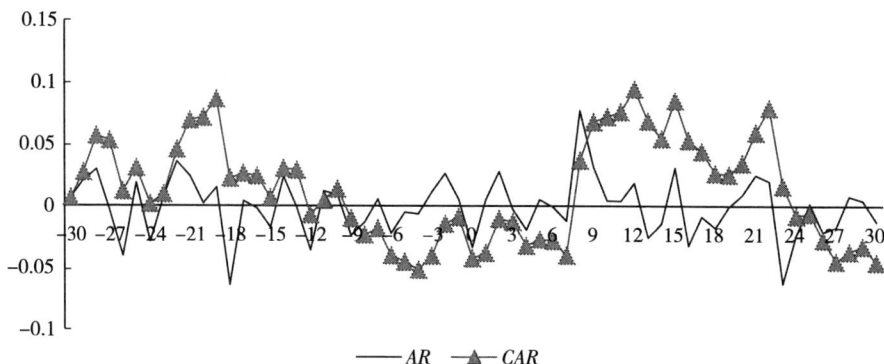

图4-2　宜华生活事件日前后30天超额收益率和累计超额收益率变化趋势图

四、云投生态收购日本 HOKUDAI 的短期绩效分析

计算结果如表4-5所示，方程通过显著性水平检验，则可认为云投生态股票的个股日收益率与市场指数日收益率存在正相关性，其中α和β的值为0.0027和1.1701。根据$R_{it}=0.0027+1.1701R_{mt}$，再估算出事件日前后30天的日正常收益率，并求出超额收益率及累计超额收益率。

表4-5　云投生态市场收购日本 HOKUDAI 的短期绩效的回归分析

	$Coefficient$	标准误	t 值	P 值	方程显著性	Adjusted R^2	观测值
C	0.0027	0.0031371	0.87	0.388			
X	1.1701	0.1819464	6.43	0.000	0.000	0.2896	100

从图4-3中可以看出，公布云投生态收购日本 HOKUDAI 当日的超额收益率为-0.0036，日前为0.0232，日后超额收益率为-0.0299，可见收购公布日当天市场对于并购事件的反映并不好，收购公布日的市场反应比并购前差。事件公布日前超额收益率虽有波动，但波动幅度较小，说明不存在交易消息提前泄露的情况。事件公布后30日内，超额收益率波动幅度较大，累计超额收益率呈下降趋势，说明公布对外直接投资信息的云投生态的市场表现比大盘表现差。最后，使用 Stata14.0 进行 t 检验，

得到 $t=-19.801$，绝对值大于显著性水平 $\alpha=0.05$ 下自由度为 60 的 t 临界值 2.0，拒绝原假设，即企业公布对外直接投资消息对其股价产生明显的负面影响。

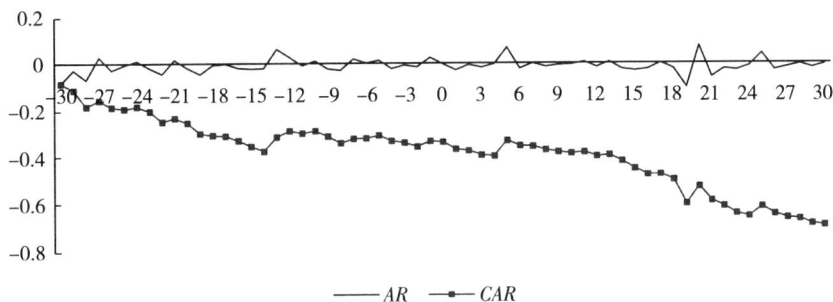

图 4-3　云投生态事件日前后 30 天超额收益率和超额收益率变化趋势图

第四节　林业上市公司境外投资对公司长期绩效的影响

一、长期绩效指标

在构建具体的指标体系时，为了实现评价全面和指标客观的目标，选取的指标除了反映传统利润类的指标，即盈利能力和股东获利能力，还包括考察企业成长和发展的指标，例如：营运能力是否改善、偿债能力是否提升、稳健的发展能力等。本书选取的具体长期绩效指标见表 4-6。

表 4-6　林业企业对外直接投资长期绩效评价体系

评价指标	具体指标	计算公式
盈利能力	销售净利率	净利润/营业收入×100%
股东获利能力	净资产收益率	净利润/平均股东权益×100%
营运能力	总资产周转率	营业收入/资产总额×100%
偿债能力	资产负债率	负债总额/资产总额×100%
成长能力	净利润增长率	(本年净利润－上年净利润)/上年净利润×100%

二、亚圣象收购 HOMELEGEND 的长期绩效分析

对表4-7进行分析发现：大亚圣象的对外直接投资对公司长期绩效产生正面影响。大亚圣象的净资产收益率在2000—2005年呈下降趋势，2009年进行的对外投资没有明显为股东带来当年的投资收益；但总体上来看，投资后的平均净资产收益率大于投资前。销售净利率在2000—2012年呈下滑趋势，公司在2009年的对外投资活动并没有在当年明显改善公司的盈利能力；由于对外投资具有滞后性，大亚圣象的销售净利率在2013—2017年不断上升。总资产周转情况整体良好，说明公司在不断扩张开拓市场的过程中，不断改善资产管理能力，2008年出现下滑可能主要由于受到世界经济波动影响。净利润增长率在2009年之前为25.44%，对外投资之后平均为12.65%，减少了一半。

表4-7　2000—2017年大亚圣象对外投资长期绩效

年份	净资产收益率	销售净利率	总资产周转率	资产负债率	净利润增长率
2000	7.34	13.58	0.44	20.55	−14.49
2001	6.95	10.92	0.48	31.05	8.00
2002	7.11	8.17	0.55	41.99	9.87
2003	7.18	4.84	0.89	44.54	20.18
2004	5.99	5.32	0.86	48.77	26.87
2005	5.01	3.76	0.82	60.50	−8.06
2006	12.72	5.12	0.89	70.11	140.41
2007	11.76	5.41	0.84	68.73	45.34
2008	9.85	5.55	0.69	67.13	0.84
2009	10.38	4.28	0.78	67.87	−13.14
2010	8.71	4.72	0.84	67.66	18.66
2011	6.23	2.95	0.83	68.56	−33.89
2012	5.24	2.93	0.93	66.33	12.65
2013	5.21	3.18	0.93	64.09	7.10
2014	6.26	3.25	0.99	62.37	5.16
2015	13.85	5.09	1.05	62.58	42.54
2016	18.63	8.18	1.05	48.95	36.78

（续）

年份	净资产收益率	销售净利率	总资产周转率	资产负债率	净利润增长率
2017	18.87	10.46	1.15	42.13	38.06
2000—2008 年平均值	8.21	6.96	0.72	50.38	25.44
2009—2017 年平均值	10.38	5.00	0.95	61.17	12.65

数据来源：Wind 数据库。

三、宜华生活设立美国宜华木业有限公司长期绩效分析

宜华生活的对外直接投资对公司长期绩效产生负面影响（表 4-8）。对比宜华生活实施境外投资前后 2004—2008 和 2009—2017 年的企业绩效指标，盈利能力、股东获利能力、营运能力和企业成长能力均有所下降；资产负债率则上升。其中总资产周转率远低于流通企业总资产周转率 1～2 的标准。2009 年进行境外投资后，净资产收益率、销售净利率、总资产周转率、资产负债率和净利润增长率均提高，其中净利润增长率变化显著，出现明显上升，但 2010 年又降为负数。

表 4-8　2004—2017 年宜华生活对外投资长期绩效

年份	净资产收益率	销售净利率	总资产周转率	资产负债率	净利润增长率
2004	10.43	11.92	0.73	33.73	15.34
2005	12.76	13.27	0.60	45.70	35.23
2006	17.72	14.98	0.69	45.98	66.10
2007	11.68	14.22	0.68	40.41	64.29
2008	7.09	10.27	0.45	31.61	−35.06
2009	10.21	13.76	0.51	37.22	59.87
2010	6.29	10.05	0.46	35.22	−16.74
2011	6.12	9.30	0.41	42.60	1.80
2012	6.94	9.01	0.44	45.53	20.34
2013	8.80	10.02	0.49	45.84	35.96
2014	8.31	11.91	0.47	37.76	28.60
2015	9.00	13.30	0.40	46.15	15.85
2016	9.58	12.42	0.40	53.56	15.87

（续）

年份	净资产收益率	销售净利率	总资产周转率	资产负债率	净利润增长率
2017	9.44	9.33	0.51	52.24	5.69
2004—2008 年平均值	11.94	12.93	0.63	39.49	29.18
2009—2017 年平均值	8.30	11.01	0.45	44.01	18.58

数据来源：Wind 数据库。

四、云投生态收购日本 HOKUDAI 的长期绩效分析

云投生态的对外直接投资对公司长期绩效产生负面影响（表 4-9）。对比云投生态实施境外投资前后 2007—2010 年和 2011—2017 年的企业绩效指标，盈利能力、股东获利能力、营运能力和企业成长能力均有所下降；资产负债率则上升。其中净资产收益率、销售利润率和净利润增长率均为负数；总资产周转率远低于流通企业总资产周转率 1～2 的标准。2011 年进行境外投资后，净资产收益率、销售净利率、总资产周转率和净利润增长率下降，其中净利润增长率变化显著，从 2010 年的 110.53%降为－375.58%，由于公司处于整合期，产生较多销售费用。

表 4-9 2007—2017 年云投生态对外投资长期绩效

年份	净资产收益率	销售净利率	总资产周转率	资产负债率	净利润增长率
2007	9.89	25.02	0.43	21.30	36.84
2008	10.24	23.63	0.35	23.85	16.85
2009	−26.95	−30.67	0.51	42.74	−301.11
2010	5.17	4.36	0.42	60.37	110.53
2011	−16.29	−18.04	0.30	68.33	−375.58
2012	−1.20	−1.22	0.36	69.14	90.65
2013	4.60	3.49	0.34	77.27	470.90
2014	0.57	3.09	0.37	63.23	45.73
2015	1.26	4.39	0.32	67.92	63.74
2016	3.93	6.71	0.32	71.01	82.91
2017	−90.80	−60.29	0.20	81.85	−694.77

（续）

年份	净资产收益率	销售净利率	总资产周转率	资产负债率	净利润增长率
2007—2010 年平均值	−0.41	5.59	0.43	37.06	−34.22
2011—2017 年平均值	−13.99	−8.84	0.32	71.25	−45.20

数据来源：Wind 数据库。

第五节　结论与建议

中国森林资源总量大，但相对量低，分布不均，远不足以保障国土生态安全和社会对木材、生态及环境的要求。为提升林业企业的竞争力，实现"走出去"战略目标，积极开展林业境外投资是中国林业企业的必由之路。因此，本书关注林业上市公司境外投资对公司绩效的影响，短期绩效采用事件研究法，长期绩效采用会计研究法。研究发现：①短期绩效以大亚圣象收购 HOMELEGEND、宜华生活设立宜华木业（美国）有限公司和云投生态收购日本 HOKUDAI 公司为例，通过测算对外投资信息公布前后 30 天的超额收益率和累计超额收益率来判断事件发生对股价的影响。其中，大亚圣象和云投生态境外投资对股价有着显著负向影响，而宜华生活境外投资则对公司短期绩效有正向影响。②长期绩效通过企业的盈利能力、股东获利能力、营运能力、偿债能力以及成长能力等指标在境外投资前后进行对比研究。其中大亚圣象境外投资对企业长期绩效有正向影响，而宜华生活和云投生态境外投资则不利于企业长期发展。

针对以上对林业上市公司境外投资的分析，为了进一步提高我国林业上市企业境外投资的绩效，促进我国林业企业更好地走出去，在此提出以下建议：一是林业企业在进行境外投资前应充分做好战略规划，要根据市场需求、同行业的生产信息和经济环境以及自身的条件，进行境外投资，开发优势产品和增强区位优势。二是境外投资要因地制宜，要了解不同国家（地区）的生产要素，选出一个最佳的优化组合。三是要加强企业的境外投资风险意识，境外投资有政治、信息不对称、文化整合、经济逆转等风险，应该加强企业风险意识，持有谨慎的投资态度、进行有效的文化模式整合等，尽可能降低投资风险。

第五章 中国畜牧业企业境外投资与公司绩效[①]

第一节 研究背景

世界人口的迅速增长、收入增加以及生产力提高等因素使人们的膳食结构逐渐转向畜产品为主，尤其是发展中国家，在满足了基本的温饱问题后，畜产品的消费量在近 20 年内成倍增长（朱增勇，2012）。根据联合国组织的统计，发展中国家已成为畜产品主要的需求方和供应方；自 20 世纪 60 年代以来，发展中国家人均肉类消费量增加了两倍。截至 2014 年，中国的肉类消费量已经超过世界肉总产量的 1/4（Satoru，2015）；2016年中国仅牛肉消费量达 800 万吨，市场规模高达 3 600 亿元。有研究表示预计到 2020 年，中国肉类消费依然继续平稳增长（程广燕等，2015），肉类消费的快速增长刺激了畜禽养殖产业发展（Zhou Z Y et. al，2008）。

随着经济的不断发展，国人对畜产品尤其是肉制品的需求不断增大，畜牧业企业在加快本国畜牧业转型升级的基础上，不断开发和利用国际畜牧资源，以增加对畜产品的供给。畜牧业和农业是中国的主体产业，"一带一路"倡议的提出可以加快中国本土畜牧业与国外的交流（陈宝全，2015）。境外投资有助于刺激竞争以推进我国畜牧业技术的革新，提高畜牧企业的竞争力，保证畜牧企业的发展。我国畜牧企业，特别是有实力的大型企业，有对外并购的必要性，实行适合本企业的国际化战略（陈伯阳，2010）。本书关注畜牧业行业境外投资对公司绩效的影响，运用事件研究法和财务指标法分别分析境外投资的短期和长期绩效，以期为畜牧业上市公司进行境外投资提供借鉴。

[①] 本章节主要执笔人：程小茹、朱穗昌、李尚蒲等。

第二节　中国畜牧业境外投资情况

一、畜牧业上市公司情况

上市公司具有按时披露公司报告，对公司事件进行及时公告的义务。其相关的事件公告、会计数据、财务指标等信息具有真实性、准确性、时效性，有利于进行数据研究。本书对上市公司行业分类中畜牧业所包含的企业进行整理，其境外投资情况如表 5－1 所示。其中大康农业、牧原股份、天山生物和福成股份存在境外投资。

表 5－1　中国部分畜牧业上市企业名单

股票代码	上市企业	主要涉及领域	是否境外投资
000735	罗牛山	畜牧养殖，农副水产品加工，饲料加工	否
002234	民和股份	肉种鸡及鸡苗的饲养，饲料生产	否
002299	圣农发展	肉鸡饲养和肉鸡屠宰加工	否
002321	华英农业	种鸭/鸡养殖、孵化，饲料生产，商品鸭/鸡屠宰加工，羽绒生产和销售	否
002458	益生股份	祖代种鸡引进与饲养，父母代种雏鸡、商品肉雏鸡、种猪、商品猪生产和销售	否
002477	雏鹰农牧	畜养殖与销售，家畜屠宰	否
002505	大康农业	畜禽产品养殖及销售，饲料生产销售	是
002714	牧原股份	生猪的养殖和销售	是
002746	仙坛股份	父母代种鸡养殖，雏鸡孵化，饲料生产，肉鸡养殖	否
300106	西部牧业	种畜养殖，分割肉加工，饲料生产	否
300313	天山生物	牛、羊的品种改良	是
300498	温氏股份	肉鸡、肉猪的养殖和销售	否
600965	福成股份	畜牧养殖及屠宰	是
600975	新五丰	生猪养殖，肉品销售和饲料加工	否

二、畜牧业上市公司境外投资项目

本章节将对畜牧业上市公司自上市以来发生的境外投资项目进行研究分析。为了使研究结果更加客观，剔除上市前发生的、缺乏数据的以及在事件研究窗口期内存在其他重大事件公告的投资事件。整理得出的畜牧业上市公司具体境外投资项目如表5-2。

表5-2　畜牧业上市公司境外投资项目

公司	时间	交易事件	金额	结果
大康农业 （002505）	2015年9月18日	收购新西兰洛岑牧场	3.75亿美元	失败
	2015年10月9日	收购新西兰佩尼牧场相关资产	4 445万新西兰元	失败
	2015年12月23日	收购新西兰弗立明牧场	2 159万新西兰元	失败
	2016年4月29日	收购澳大利亚Kidman公司80%股权	未披露	失败
	2016年4月30日	收购巴西Fiagril Ltda.公司	2亿美元	成功
	2016年8月9日	收购安源乳业（含克拉法牧场）100%股权	9.02亿元	成功
	2017年10月19日	全资子公司收购DKBA 100%股权	1 000雷亚尔	成功
牧原股份 （002714）	2017年8月23日	在英国维京群岛设立全资子公司"牧原国际有限公司"	2 100万英镑	成功
天山生物 （300313）	2014年12月10日	收购澳大利亚维多利亚州克拉克家族明加哈牧场资产组合	2 525万澳元	成功
福成股份 （600965）	2015年8月20日	收购Woodlands农场，成立澳大利亚全资子公司福成木兰公司	2 800.00万澳元	成功
	2016年7月12日	收购与Woodands农场邻近的Glenbrae、Leumeah农场	705.38万澳元	成功
	2016年10月15日	收购Maviswood农场和获得670兆升高保证水配额	219.50万澳元	成功

数据来源：根据各上市公司对外投资公告整理所得。

第三节　畜牧业境外投资对企业短期绩效的影响

一、事件研究法

事件研究法是一种通过计量某一特定事件前后样本股票收益率的变化，以反映市场对该事件可能给公司未来经营活动和盈利能力带来影响的大小的研究方法。事件研究法依赖的是"反常收益率（超额收益率）"指标，该指标用于计量事件发生之后，公司股市收益率相对于未发生事件的"正常"情况下所产生的累积反常收益率，其优点是理论框架较严谨，能够直接度量投资者的价值增值，不受财务报表质量高低的影响（颜妍，2017），因此适于研究对外直接投资与公司短期绩效的关系。

本章节的研究事件分别为：①2016 年 8 月 9 日，大康农业收购安源乳业（含克拉法牧场）100％股权。②2017 年 8 月 23 日，牧原股份在英国设立全资子公司"牧原国际有限公司"。③2014 年 12 月 10 日，天山生物收购澳大利亚明加哈牧场资产组合。④2016 年 7 月 12 日，福成股份收购 Glenbrae、Leumeah 农场。通过计算交易事件引起的个股的累积超额收益率，来前瞻性地判断对外直接投资是否给企业带来正面绩效，验证境外投资消息的发布对于公司短期股价的影响（李尚蒲和黄尹婷，2016；程小茹等，2018）。

具体研究步骤为：①选择研究事件公告发布日作为事件日，以事件日前 130 天至前 31 天（−130，−31）作为估计窗口，以事件日前后 30 天（−30，30）作为事件窗口。②计算实际收益。③根据市场模型 $R_{it}=\alpha+\beta\times R_{mt}$，通过 Stata 软件采用最小二乘法（OLS）估计参数 α 和 β。④推测（−30，30）事件窗口的正常收益率（R'_{it}）和超额收益率（AR）。⑤计算累计超额收益率。⑥进行统计显著性检验。

二、大康农业收购安源乳业（含克拉法牧场）的短期绩效分析

计算结果如下表 5−3 所示，方程通过显著性水平检验，则可以认为

大康农业股票的个股日收益率与市场指数日收益率存在正相关性，其中 α 和 β 的值为 1.044 7 和 0.001 3，根据 $R_{it}=1.044\ 7+0.001\ 3\ R_{mt}$，再估算出事件日前后 30 天的日正常收益率，并求出超额收益率及累计超额收益率。

表5-3　大康农业市场模型回归分析

	$Coefficients$	标准误	T值	P值	方程显著性	Adjusted R^2	观测值
C	1.044 7	0.429 4	2.43	0.017	0.000 0	0.236 7	100
X	0.001 3	0.000 2	5.63	0.000			

从图 5-1 中可以看出，公布大康农业收购安源乳业（含克拉法牧场）当日的超额收益率为 -0.080 1，日前为 -0.043 3，表明收购公布日当天市场对该事件的反应并没有好于收购前，事件公布第二日，超额收益率为 -0.081 5，比事件公布当日还要低，说明此次并购对公司的短期股价有连续影响。事件公布日前超额收益率虽有波动，但其幅度较小，说明不存在并购消息提前泄露的情况。事件公布日后除第 8 天和第 9 天的超额收益率为正以外，其余都为负数，累计超额收益率也一直下降，说明资本市场的反应对于大康农业境外投资来说是比较负面的。最后，使用 Stata 14.0 进行 t 检验，得到 $t=8.689\ 2$，大于显著性水平 $\alpha=0.05$ 下自由度为 60 的 t 临界值 2.0，拒绝原假设，即企业公布境外投资消息对于其股价产生明显的负向影响。

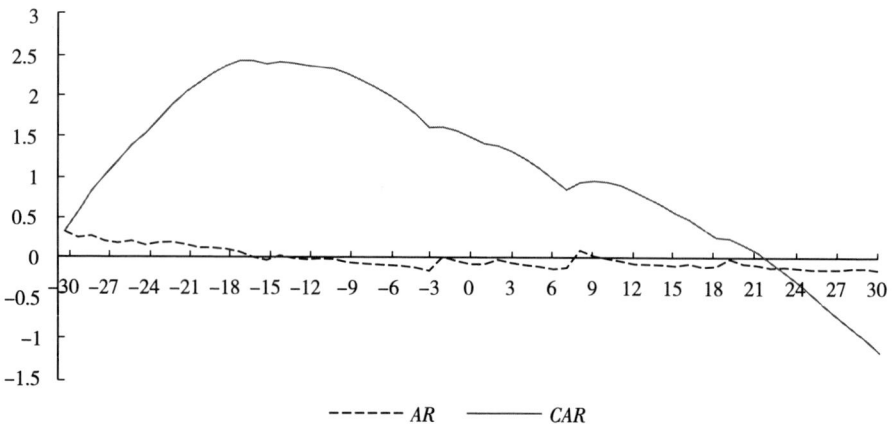

图 5-1　大康农业事件日前后 30 天 AR 及 CAR 变化趋势图

三、牧原股份在英国设立全资子公司的短期绩效分析

计算结果如下表 5-4 所示，方程通过显著性水平检验，则可以认为牧原股份股票的个股日收益率与市场指数日收益率存在正相关性，其中 α 和 β 的值为 4.425 9 和 0.005 0，根据 $R_{it} = 4.425\ 9 + 0.005\ 0\ R_{mt}$，再估算出事件日前后 30 天的日正常收益率，并求出超额收益率及累计超额收益率。

表 5-4　牧原股份市场模型回归分析

	$Coefficients$	标准误	T 值	P 值	方程显著性	Adjusted R^2	观测值
C	4.425 9	1.496 2	2.96	0.004			
X	0.005 0	0.000 8	6.45	0.000	0.000	0.291 0	100

从图 5-2 中可以看出，公布牧原股份设立子公司当日的超额收益率为 4.393 7，日前为 4.476 9，表明收购公布日当天市场对该事件的反应并没有好于收购前，公布第二日，超额收益率为 5.337 4，说明此次并购对公司的短期股价影响有滞后效应。事件公布后 30 日内，累计超额收益率大于 0 且处于上升趋势，说明公司经营状况良好，资本市场对于此次牧原境外设立子公司的反应是比较正面的。最后，使用 Stata 14.0 进行 t 检验，得到 $t =$ 9.468 8，大于显著性水平 $\alpha = 0.05$ 下自由度为 60 的 t 临界值 2.0，拒绝原假设，即企业公布境外投资消息对于其股价产生明显的正向影响。

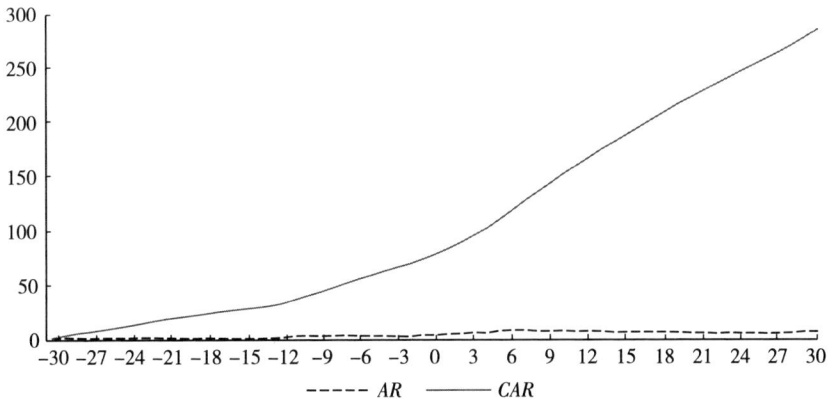

图 5-2　牧原股份事件日前后 30 天 AR 及 CAR 变化趋势图

四、天山生物收购明加哈牧场资产的短期绩效分析

计算结果如表 5-5 所示，方程通过显著性水平检验，则可以认为天山生物股票的个股日收益率与市场指数日收益率存在正相关性，其中 α 和 β 的值为 2.092 0 和 0.006 4，根据 $R_{it} = 2.092\ 0 + 0.006\ 4\ R_{mt}$，再估算出事件日前后 30 天的日正常收益率，并求出超额收益率及累计超额收益率。

表 5-5　天山生物市场模型回归分析

	$Coefficients$	标准误	T 值	P 值	方程显著性	Adjusted R^2	观测值
C	2.092 0	0.310 3	6.74	0.000	0.000 0	0.860 0	100
X	0.006 4	0.000 3	24.68	0.000			

从图 5-3 中可以看出，公布天山生物收购明加哈牧场资产当日的超额收益率为 0.422 7，日前为 0.737 6，表明收购公布日当天市场对该事件的反应并没有好于收购前，事件公布第二日，超额收益率为 0.339 0，说明此次并购对公司的短期股价影响有连续效应。事件公布日后，除第 29 日超额收益率为 -0.075 6 外，其余都为正，累计超额收益率大于 0 且处于上升趋势，说明公司经营状况良好，资本市场对于此次并购的反应是比较正面的。最后，使用 Stata 14.0 进行 t 检验，得到 $t = 17.019\ 6$，大于显著性水平 $\alpha = 0.05$ 下自由度为 60 的 t 临界值 2.0，拒绝原假设，即企业公布境外投资消息对于其股价产生明显的正向影响。

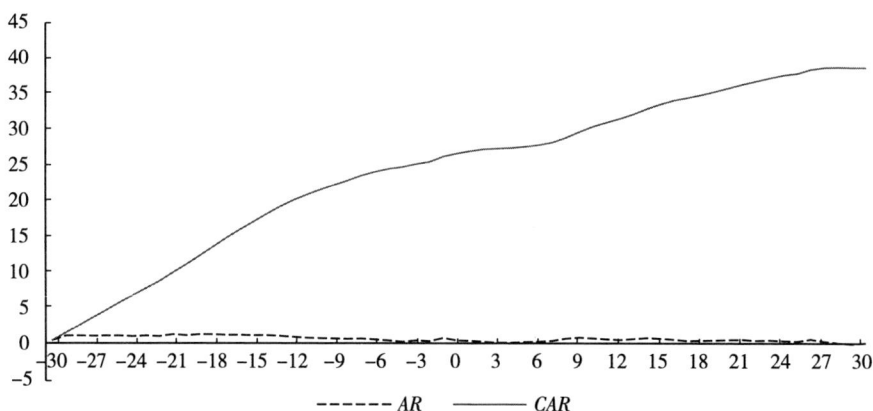

图 5-3　天山生物事件日前后 30 天 AR 及 CAR 变化趋势图

五、福成股份收购 Glenbrae、Leumeah 农场短期绩效分析

计算结果如表 5-6 所示，方程通过显著性水平检验，则可以认为福成股份股票的个股日收益率与市场指数日收益率存在正相关性，其中 α 和 β 的值为 3.389 8 和 0.003 5，根据 $R_{it} = 3.389 8 + 0.003 5 R_{mt}$，再估算出事件日前后 30 天的日正常收益率，并求出超额收益率及累计超额收益率。

表 5-6　福成股份市场回归模型分析

	Coefficients	标准误	T 值	P 值	方程显著性	Adjusted R^2	观测值
C	3.389 8	1.200 3	2.82	0.006			
X	0.003 5	0.000 4	8.61	0.000	0.000 0	0.424 9	100

从图 5-4 中可以看出，公布福成股份收购 Glenbrae、Leumeah 农场当日的超额收益率为 -0.765 3，日前为 -0.544 3，表明收购公布日当天市场对该事件的反应并没有好于收购前，事件公布第二日，超额收益率为 -0.814 9，说明此次并购对公司的短期股价影响有连续效应。事件公布日后 30 日内，累计超额收益率为负且处于下降趋势，说明资本市场对于福成股份此次并购的反应是比较负面的。最后，使用 Stata 14.0 进行 t 检验，得到 $t = -11.092 3$，绝对值大于显著性水平 $\alpha = 0.05$ 下自由度为 60 的 t 临界值 2.0，拒绝原假设，即企业公布境外投资消息对于其股价产生明显的负向影响。

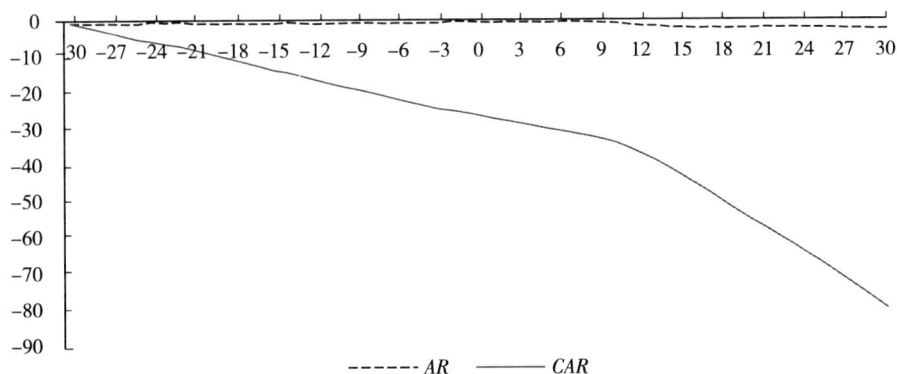

图 5-4　福成股份事件日前后 30 天 AR 及 CAR 变化趋势图

第四节　畜牧业上市公司境外投资
对公司长期绩效的影响

一、长期财务指标选取

目前我国试行的企业绩效评价体系，是以工商业类竞争性企业为评价对象设计的，包括五个方面的内容：企业盈利能力、经营能力、偿债能力、发展能力和股东获利能力。相比单一指标法反映传统的利润类指标即盈利能力和股东获利能力，企业绩效评价体系还包括了成长和发展指标，从不同角度反映企业的经营管理情况，可以全面地评价企业的长期绩效。因此，本书将运用企业绩效评价体系对畜牧业企业境外投资长期绩效实施较为综合的分析，具体指标见表5-7。

表5-7　畜牧业企业境外投资长期绩效指标

评价指标	具体指标	计算公式
盈利能力	销售净利率	净利润/营业收入×100%
股东获利能力	净资产收益率	净利润/平均股东权益×100%
营运能力	总资产周转率	营业收入/资产总额×100%
偿债能力	资产负债率	负债总额/资产总额×100%
成长能力	净利润增长率	(本年净利润－上年净利润)/上年净利润×100%

二、大康农业境外投资长期绩效分析

大康农业的对外直接投资没有对公司长期绩效产生明显正面影响（表5-8）。对比大康农业实施境外投资前后2010—2015年和2016—2017年的企业绩效指标，盈利能力和股东获利能力均下降；总资产周转率上升，但仍低于流通企业总资产周转率1~2的标准（熊楚熊，2010）；资产负债率虽有所提升，但仍在合理举债范围之内，企业利用外部资金的能力增强；净利润增长率变动幅度较大，进行境外投资当年净利润增长率骤增至668.16%，境外投资前后平均净利润增长率有所提升。

表 5 - 8　2010—2017 年大康农业对外投资长期绩效

单位:%

年份	销售净利率	净资产收益率	总资产周转率	资产负债率	净利润增长率
2010	10.58	15.85	0.69	5.03	34.09
2011	11.75	6.95	0.56	5.77	39.47
2012	−2.70	−2.29	0.67	33.07	−133.43
2013	0.47	0.35	0.79	35.91	124.62
2014	3.24	0.35	0.15	11.44	303.70
2015	0.13	0.05	0.52	30.28	−73.44
2016	2.50	1.32	0.50	64.60	668.16
2017	−0.29	0.43	0.77	59.53	−122.83
2010—2015 年平均值	3.91	3.54	0.56	20.25	49.17
2016—2017 年平均值	1.11	0.88	0.64	62.0	272.67

数据来源:Wind 数据库。

三、天山生物境外投资长期绩效分析

天山生物的对外直接投资对公司长期绩效产生明显负面影响（表 5 - 9）。对比天山生物实施境外投资前后 2012—2013 年和 2014—2017 年的企业绩效指标，盈利能力、股东获利能力和企业成长能力均下降；总资产周转率上升，但其变动不大；资产负债率上升至合理区间。

表 5 - 9　2012—2017 年天山生物对外投资长期绩效

单位:%

年份	销售净利率	净资产收益率	总资产周转率	资产负债率	净利润增长率
2012	23.27	6.38	0.27	8.17	−29.39
2013	12.29	2.44	0.17	24.76	−46.78
2014	1.73	0.45	0.21	28.45	−79.26
2015	−19.24	−9.54	0.32	54.54	−2 355.14
2016	−48.88	−35.15	0.42	53.11	−286.15
2017	3.28	2.05	0.25	47.53	103.49
2012—2013 年平均值	17.78	4.41	0.22	16.47	−38.09
2014—2017 年平均值	−15.78	−10.55	0.30	45.91	−654.27

数据来源:Wind 数据库。

四、福成股份境外投资长期绩效分析

总体而言，福成股份的对外直接投资对公司长期绩效产生正面影响（表 5 - 10）。对比福成股份实施境外投资前后 2004—2015 年和 2016—2017 年的企业绩效指标，盈利能力、股东获利能力、偿债能力和企业成长能力均上升；总资产周转率下降的幅度较小。

表 5 - 10　2004—2017 年福成股份对外投资长期绩效

单位：%

年份	销售净利率	净资产收益率	总资产周转率	资产负债率	净利润增长率
2004	7.09	7.09	1.01	17.59	−15.06
2005	2.54	2.54	0.67	18.13	−67.31
2006	3.78	3.78	0.76	22.40	76.05
2007	3.77	3.80	0.78	24.00	8.70
2008	3.15	3.76	0.91	23.09	−0.20
2009	0.92	0.94	0.78	22.55	−74.92
2010	−6.61	−6.78	0.78	25.78	−786.85
2011	2.82	3.06	0.81	24.14	144.09
2012	6.00	3.81	1.12	28.36	295.09
2013	8.83	10.70	0.91	23.62	55.75
2014	6.48	7.85	0.92	24.91	−21.34
2015	12.37	10.58	0.83	19.22	26.22
2016	13.44	10.93	0.59	32.53	10.85
2017	11.50	8.70	0.54	23.08	−15.12
2004—2015 年平均值	4.26	4.26	0.86	22.82	−29.98
2016—2017 年平均值	12.47	9.82	0.56	27.81	−2.14

数据来源：Wind 数据库。

第五节　结论与建议

本书关注畜牧业上市公司境外投资对公司绩效的影响，短期绩效采用事件研究法，长期绩效采用财务指标法。研究发现：①短期绩效以大康农业收购安源乳业（含克拉法牧场）、牧原股份设立全资子公司"牧原国际有限公司"、天山生物收购明加哈牧场资产组合和福成股份收购 Glenbrae、Leumeah 农场为例，通过测算对外投资信息公布前后 30 天的超额收益率和累计超额收益率来判断事件发生对股价的影响。其中牧原股份和天山生物境外投资对股价有显著正向影响，大康农业和福成股份境外投资对公司短期绩效有显著负向影响。②从长期绩效来看，福成股份境外投资对企业长期绩效有正向影响，而大康农业和天山生物境外投资没有产生显著的正向影响，甚至不利于企业的长期发展。

针对前文对畜牧业境外投资的短期及长期绩效的分析，为提高我国畜牧企业境外投资的绩效，促使我国畜牧业更好地"走出去"，提出以下建议：

一是加强科技创新技术的研发，提供科技保障。科学技术是"走出去"的关键，而目前我国畜牧业境外投资以初级产品加工、合作经营和资源开发为主要生产方式。畜牧业企业应以国家现代农业产业技术体系等为依托，以国家和省级科技创新基地为平台，强化现代农业繁育、营养、生物技术、信息技术和资源环境技术在畜牧科技中的运用和产业化（徐哲，2016），引导企业加强科技创新，结合企业实际情况，对传统产品进行改造升级，促进产业上档升级。

二是加强国际畜牧业的合作，为境外投资奠定良好的基础。在北美、非洲等畜牧业资源丰富的地区和国家建立科研基地，推荐国内学者到国际组织任职，并依托国际农业研究磋商组织等国际组织联合实施项目，与畜牧资源丰富的国家建立有效的沟通机制，为境外投资奠定良好的基础。同时，我国畜牧企业应该把握机会，以国际联合项目为平台，充分利用国外丰富的畜牧资源和先进的技术，实施境外投资。

三是加大资金投入，鼓励畜牧企业境外投资。国家可以通过设立畜牧业境外投资专项基金、税收优惠、提供股权融资、低息贷款等多种补贴方式建立境外投资政策性补贴体系和提供金融支持，缓解企业境外投资前期高昂的成本投入，调动畜牧企业境外投资的积极性，开拓国际市场。

四是对企业而言，应注重品牌建设，积极建立品牌优势。我国畜牧业品牌建设尚处于萌芽阶段，畜牧企业应该有品牌建设的意识，学习其他企业先进的管理经验，保证产品的质量，增强品牌的竞争力进而建立品牌优势提高国际影响力。

第六章 水产品加工行业境外投资与绩效分析[1]

第一节 研究背景

传统国际投资理论认为，企业实施境外投资行为与母国的经济发展水平有关（程中海和张伟俊，2017），近年来中国经济增速放缓，境外投资无疑成为经济持续发展的新增长点（程国强和朱满德，2014；李京文和李洪英，2015）。伴随着"走出去"战略及"一带一路"经济整合战略的实施，中国境外投资逐年递增，截至 2015 年底，中国对外直接投资流量蝉联全球第二，创下 1 961.5 亿美元的历史新高，其中农、林、牧、渔达 6.7 亿美元[2]。根据联合国粮农组织预测，2012—2021 年养殖渔业产量将增长 33％，捕捞渔业增速为 3％。同时，在原材料成本上涨，陆地资源匮乏的今天，海洋的开发与利用势在必行，因此，"海洋发展"战略为中国水产品加工业提供了发展契机。基于国内外市场对优质水产品需求量的日益增多及各国海洋渔业禀赋各异的现实，企业选择境外投资战略，参与国际渔业资源开发利用，有助于逐步提高企业国际竞争力，优化企业结构。

本书以水产品加工上市公司为研究对象，聚焦水产品加工行业境外投资行为与企业短期、长期绩效的关系。首先，本书根据事件研究方法测算水产品加工上市公司境外投资行为对短期绩效的影响，例如通过测算中渔集团受让资产事件公布前后 30 天内的累计超额收益率从而判断该经济事件的发生是否显著影响市场的股价波动。其次，利用中水渔业等上市公司的财务报表对比上市公司境外投资前后的长期绩效指标，观测上市公司历

---

① 本章节执笔人：胡凝、程小茹、朱穗昌等。
② 商务部、国家统计局和国家外汇管理局联合发布的《2016 年度中国对外直接投资统计公报》。

年境外投资行为对企业长期绩效的影响。从而整体把握水产品加工业境外投资行为与公司绩效的关系。

第二节　水产品加工业境外投资背景与历程

一、水产品加工业境外投资背景

1. 优质水产品市场广阔，需求日益增多，对外直接投资有利于企业开拓国际市场

根据《中国渔业年鉴》公布的数据显示，2015 年中国水产品总产量为 6 699.65 万吨，渔业经济总产值达 22 019.94 亿元[①]。而发达国家对高价值鱼类的需求大多依靠远洋渔业供应，因此国内水产品加工企业可以通过境外投资，建立水产品批发、销售及加工等在内的完整产业链条，有利于进一步扩大原有市场以及开拓新市场。

2. 我国具备发展远洋渔业的比较优势，企业的境外投资行为有助于提升企业国际竞争力

远洋渔业本身具有的高风险、高投入、高回报以及强涉外性，意味着较高的准入门槛（吴秀等，2015）。企业通过境外投资建设码头、冷冻库、加工厂与基地等基础设施，既保证水产品的品质，又能为远洋渔业提供入渔代理与物资补给服务，降低远洋作业的风险。

3. 国内成本逐年上升，境外投资有利于降低生产成本

一方面海水市场竞争激烈，海水产品价格下跌。另一方面，船员劳务费用、渔船维修服务费用及入渔费用等有所增加，最终导致渔业生产成本上升。企业选择对外直接投资，在水产品生产具备比较优势的国家建立境外养殖基地，有助于降低企业成本，同时也可获得优质的水产品。

二、水产品加工业境外投资历程

截至 2013 年底，我国渔业企业已在境外设立 39 家合资（独资）企

---

① 农业部网站：《农业部关于促进远洋渔业持续健康发展的意见》，农渔发（2012）30 号，2012 年 11 月 22 日。

业，布点 100 多个，遍及世界主要渔区（丁燕楠，2016）。考虑上市公司具有按时披露公司报告，及时公告公司事件的义务。为利于研究，本书选取渔业类上市公司确保相关事件公告、会计数据、财务指标等信息的真实性及准确性。根据各上市公司对外投资项目是否涉及水产品加工业，本书整理得出中水渔业、中鲁和开创国际三家上市公司情况（表 6-1）。

表 6-1　我国渔业上市公司名单

类型	股票代码	股票名称	上市时间	是否对外投资
深市	000798	中水渔业	1998 年	是
深市	200992	中鲁 B	2000 年	是
沪市	600097	开创国际	2008 年	是

资料来源：《2016 年 4 季度上市公司行业分类结果》。

我国水产品加工上市公司的具体境外投资项目，详见表 6-2。

（1）中水渔业大部分的境外投资项目集中在南太平洋领域，且在 2002 年就已开展境外投资活动，率先抢占国际市场。2016 年与瓦努阿图政府共同设立的合资公司开始试营水产品加工业务。除此之外，其业务还涉及捕捞销售、入渔代理、渔业机械及渔具进出口等。

（2）中鲁大多数境外投资项目集中在大西洋领域，其先于 2007 年 5 月在加纳特玛市成立子公司，主要负责捕捞销售业务，且以欧洲市场为主。后又于 2014 年 6 月成立来福公司，主要面向欧洲市场及加纳当地市场。经过多年的境外投资，中鲁将业务从单一的捕捞销售扩大至水产品加工等。

（3）开创国际的境外投资项目主要集中在中太平洋领域，分别于 2009 年、2014 年及 2015 年设立贸易子公司，并与 Lavinia 公司共同出资组建合资运输公司。其业务范围从海洋捕捞、水产品加工、水产品销售及进出口贸易延伸至水产品储运、船舶补给等。

表 6-2　我国水产品加工上市公司的具体境外投资项目

股票代码	时间	交易事件	金额	战略布局
中水渔业 000798	2002	受让中国水产（集团）总公司所属的中水新加坡公司、中国水产（集团）总公司南太金枪鱼项目、中国水产北美公司等资产	新加坡公司 60.00 万新元，北美公司 0.50 万美元，中国水产 2.50 万美元	主要从事入渔代理、海洋捕捞销售以及渔业机械、渔具贸易

（续）

股票代码	时间	交易事件	金额	战略布局
中水渔业 000798	2002	为开展瓦努阿图金枪鱼项目而在当地成立的全资子公司——中国水产瓦努阿图有限公司	未披露	海洋捕捞、入渔代理
	2008	与瓦努阿图政府共同设立中瓦渔业有限公司，持股51%	未披露	海洋捕捞、水产品加工、销售、贸易
	2016	中瓦渔业公司水产品加工厂开始试运营	未披露	未披露
中鲁B 200992	2007	在加纳共和国特玛市成立中鲁远洋有限责任公司	645.16万美元	海洋捕捞、销售
	2014	在加纳成立来福公司	40.00万美元	海洋捕捞、水产品加工、销售、贸易
开创国际 600097	2009	投资设立泛太渔业（马绍尔群岛）有限公司，持股100%	200.00万美元	海洋捕捞、水产品加工、水产品销售及进、出口贸易
	2014	与新加坡三海公司共同出资组建亚太金枪鱼有限公司，持股51%	100.00万美金	水产品加工、销售
	2015	与新加坡三海公司共同出资组建亚太金枪鱼有限公司	未披露	未披露
	2015	与拉维尼亚散装公司共同出资组建合康隆（中国香港）航运有限公司，持股51%	250.00万美元	储运及相关业务

资料来源：各渔业上市公司的对外投资公告、各年度财务报告及定期报告。

第三节 水产品加工业境外投资
对公司短期绩效的影响

一、事件研究法

事件研究法是指运用金融市场的数据资料从而预测某一特定经济事件发生前后上市公司股价（或异常收益率）的变动及原因，通常使用累积平均超收益率指标衡量。本书的研究事件分别为：①2002 年 12 月 2 日，中水渔业受让中国水产集团资产。②2014 年 6 月 24 日，中鲁 B 在加纳成立来福公司。③2015 年 9 月 23 日，开创国际设立合资贸易公司。其具体研究步骤如下：

第一步，选择研究事件公告发布日作为事件日，以事件日前 120 天至前 31 天（−120，−31）作为估计窗口，以事件日前后 30 天（−30，30）作为事件窗口。

第二步，以估计区间（−120，−31）内市场的实际收益率（R_{mt}）和个股的实际收益率（R_t）作为样本，采用回归分析预测市场模型 $R_t = \alpha + \beta \times R_{mt}$，从而得到估计值 α 和 β。

第三步，通过市场模型并利用估计的 α 和 β 值，计算出区间（−30，30）的日正常收益率 r_t。

第四步，计算股票的超额收益率（AR_t）及区间（−30，30）的累积超额收益率（CAR_t）。其中，超额收益率的计算方法是：$AR_t = R_t - r_t$。

第五步，进行统计显著性检验。假定事件发生不对公司股价产生影响的累计超额收益率服从均值为 0 的正态分布，从而对累计超额收益率是否显著异于 0 进行统计检验，其检验统计量服从 t 分布。在显著性水平 $\alpha = 0.05$ 下，得到 t 的检验结果。

二、中水渔业受让资产的短期绩效分析

计算结果如表 6−3 所示，方程通过显著性水平检验，则可认为中水渔业股票的个股日收益率与市场指数日收益率存在正相关性，其中 α 和 β 的值为 −0.000 5 和 0.926 4。根据 $R_t = -0.000\ 5 + 0.926\ 4 \times R_{mt}$，再估算出事件日前后 30 天的日正常收益率，并求出超额收益率及累计超额收益率。

表 6−3　中水渔业市场模型回归分析

	系数	标准误	t 值	P 值	方程显著性	Adjusted R^2	观测值
常数项	−0.000 5	0.001 3	−0.410 0	0.000 0			
X	0.926 4	0.153 2	6.050 0	0.000 0	0.000 0	0.372 2	61

从图 6-1 中可以看出，公布中水渔业受让资产当日的超额收益率为 -0.004 8，事件日前后分别为 0.010 9 和 -0.012 0，则表明受让公布日当天市场对该事件的反应并不好于受让前后。但是事件日前 7 天有两个较大的超额收益率，说明可能存在交易消息提前泄露的情况。在公布日前 12 天，累计超额收益率呈小幅度上升趋势，同样说明交易消息提前泄露的情况。因此，数据不可用于判断其对股价的影响（李尚蒲和黄尹婷，2016）。

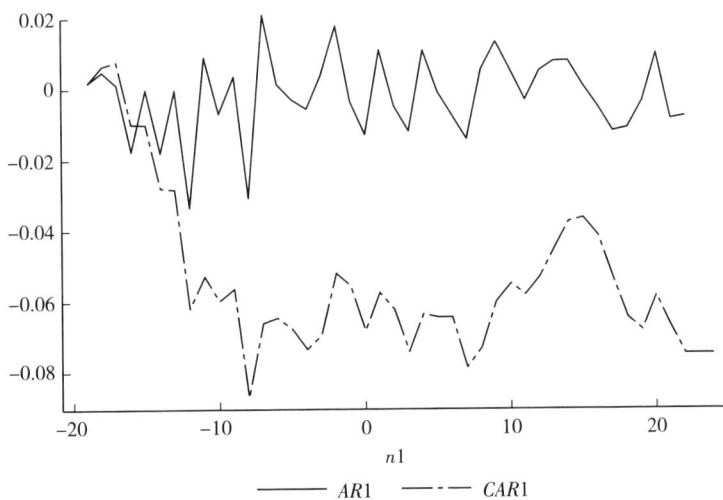

图 6-1　中渔事件日前后 30 天 *AR* 及 *CAR* 变化趋势

三、中鲁成立来福公司的短期绩效分析

计算结果如表 6-4 所示，方程通过显著性水平检验，则可认为中鲁股票的个股日收益率与市场指数日收益率存在正相关性，其中 α 和 β 的值为 -0.001 8 和 0.710 5。根据 $R_t = -0.001\ 8 + 0.710\ 5 \times R_{mt}$，再估算出事件日前后 30 天的日正常收益率，并求出超额收益率及累计超额收益率。

表 6-4　中鲁市场模型回归分析

	系数	标准误	t 值	P 值	方程显著性	Adjusted R^2	观测值
常数项	-0.001 8	0.001 2	-1.490 0	0.141 0	0.000 0	0.325 2	61
X	0.710 5	0.127 9	5.560 0	0.000 0			

从图 6-2 中可以看出，公布当日的超额收益率为 0.001 2，日前后分别为 -0.000 1 和 0.004 7，则表明成立来福公司当天市场对该事件的反应好于成立公司前后。成立公司前未有较大的超额收益率，说明不存在交易消息提前泄露的情况。而超额收益率在事件日第二日达到 0.015 8，是前后 30 日内的最高点，说明中鲁此次境外投资对公司的短期股价影响存在滞后效应。事件日后，累计超额收益率大于 0 且持续增长，说明公司经营状况较好。从短期绩效看，境外投资信息在中鲁的市场表现高于大盘表现，表明境外投资信息的发布对中鲁 B 股价产生正向显著影响。同时进行 t 检验，得到 $t = 4.876\ 6$，大于显著性水平 0.05 下自由度为 43 的 t 临界值 2.017 0，拒绝原假设，表明对外直接投资消息的发布对股价产生显著正向影响。

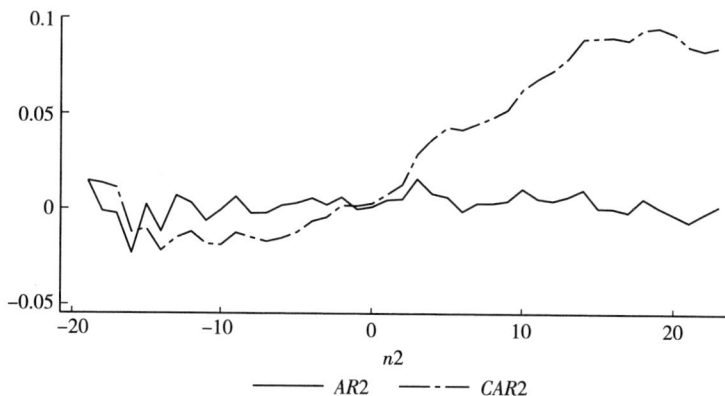

图 6-2　事件日前后 30 天 AR 及 CAR 变化趋势

四、开创国际设立合资公司的短期绩效分析

计算结果如表 6-5 所示，方程未通过显著性水平检验，即开创国际股票的个股日收益率与市场指数日收益率不存在相关性，可能与近期公司经营状况不良有关。

表 6-5　开创国际市场模型回归分析

	系数	标准误	t 值	P 值	方程显著性	Adjusted R^2	观测值
常数项	0.002 8	0.003 5	0.820 0	0.417 0	0.185 9	0.016 4	61
X	0.514 7	0.383 5	1.340 0	0.186 0			

第四节　水产品加工业境外投资对公司长期绩效的影响

一、上市公司长期绩效指标选择

企业长期绩效指标除了反映传统利润类指标，还包括企业成长和发展的指标。因此本书利用营利能力、股东获利能力、营运能力、偿债能力和成长能力指标构建绩效评级体系，运用会计研究法综合分析水产品加工业境外投资对公司长期绩效的影响。

（1）盈利能力指标。盈利能力代表企业获得利润或资本增值的能力。上市公司常用"销售净利率"衡量。销售净利率越高，企业盈利能力越高，市场竞争力也越强。

（2）股东获利能力指标。股东获利能力通常用"净资产收益率"表示，用以评价股东资金使用率。净资产收益率越高，股东获利能力越高。

（3）营运能力指标。营运能力反映着资产管理的效率和效益，常用"总资产周转率"评价。总资产周转率主要用于衡量企业全部资产的运营质量及使用效率。总资产周转率越大，表明企业销售能力越强。

（4）偿债能力指标。偿债能力指标采用"资产负债率"评价，但不同对象对其数值高低的看法不一。一般认为，资产负债率在 40%～60% 为合理举债程度（Kaplan and Norton，1992）。

（5）成长能力指标。成长能力是指企业扩大规模、增强实力的潜在能力，常以"净利润增长率"评价。净利润增长率代表企业净利润的同比增幅，数值越大，成长能力越强。表 6-6 为长期绩效评价体系。

表 6-6　长期绩效评价体系

评价指标	具体指标	计算公式
盈利能力	销售净利率	净利润/营业收入×100%
股东获利能力	净资产收益率	净利润/平均股东权益×100%
营运能力	总资产周转率	营业收入/资产总额×100%
偿债能力	资产负债率	负债总额/资产总额×100%
成长能力	净利润增长率	（本年净利润－上年净利润）/上年净利润×100%

二、中渔对外直接投资的长期绩效分析

中渔的对外直接投资对公司长期绩效产生负面影响（表6-7）。对比中渔实施境外投资前后1998—2001年和2002—2016年的企业绩效指标，销售净利率、净资产负债率、总资产周转率和净利润增长率在进行境外投资后均有下降，但总资产周转率和资产负债率变动幅度较小。

表6-7　中渔对外直接投资长期绩效

年份	销售净利率	净资产收益率	总资产周转率	资产负债率	净利润增长率
1998—2001年平均值	16.25%	7.50%	41.50%	15.00%	−17.75%
2002—2016年平均值	6.09%	0.71%	34.64%	20.12%	−110.87%

资料来源：和讯网。

三、中鲁对外直接投资的长期绩效分析

中鲁的对外直接投资对公司长期绩效产生正面影响（表6-8）。对比中鲁B实施境外投资前后2000—2006年和2007—2016年的企业绩效指标，盈利能力和股东获利能力均有所增强，销售净利率、净资产收益率、总资产周转率、净利润增长率等未再出现负增长。2009年和2016年的总资产周转率分别达到94%和104%，说明在境外投资中的营运能力增强。

表6-8　中鲁对外直接投资长期绩效

年份	销售净利率	净资产收益率	总资产周转率	资产负债率	净利润增长率
2000—2006年平均值	−9.57%	−59.86%	43.29%	66.43%	−450.29%
2007—2016年平均值	9.00%	8.20%	76.60%	25.20%	25.80%

资料来源：和讯网。

四、开创国际对外直接投资的长期绩效分析

总体而言，开创国际的对外直接投资对公司长期绩效产生负面影响

（表6-9）。对比开创国际实施境外投资前后2008年和2009—2016年的企业绩效指标，销售净利率、净利润增长率和总资产周转率均呈下降趋势。且在2014年进行境外投资后，2015年的净利润增长率出现负增长。

表6-9　开创国际对外直接投资长期绩效

年份	销售净利率	净资产收益率	总资产周转率	资产负债率	净利润增长率
2008	15.21%	34.99%	171.00%	44.43%	42.09%
2009—2016年平均值	7.27%	8.25%	63.09%	42.00%	−8.19%

资料来源：和讯网。

第五节　结论与建议

本书聚焦水产品加工业境外投资对公司短期与长期绩效的影响，通过事件研究法和长期绩效评价体系发现：①上市公司的境外投资提高了企业的短期绩效。以中鲁在加纳成立来福公司为例，通过测算其境外投资信息公布前30天内的累计超额收益率，从而判断该事件是否使股价产生波动。结果表明，境外投资事件对股价有着显著的正面影响，境外投资可成为中鲁公司资产再融资的重要途径。②上市公司的对外直接投资行为对企业长期绩效指标的改善作用有限。通过对比中水渔业、中鲁和开创国际三家上市公司实施境外投资前后的企业长期绩效指标后发现，受公司经营状况等因素的影响，境外投资改善企业长期绩效指标的作用有限。

随着"走出去"以及"海洋发展"等战略的进一步深化，越来越多的中国企业选择实施境外投资战略。境外投资行为对企业短期绩效和长期绩效产生的促进作用，对我国水产品加工业具有借鉴意义。一是境外投资提高了公司的短期绩效，因此企业可通过境外上市打开国际知名度，从而实现企业的资产证券化，进而为企业实施下一步的发展战略提供重要的融资渠道。二是境外投资对改善上市企业的长期绩效作用有限，因此企业在实施境外投资前应先进行调研论证，明确该对外投资项目是否能显著提升企业绩效，提高公司营运、股东获利等能力，从而避免盲目的境外投资行为。三是境外投资受公司经营状况等因素的影响，因此企业应积极适应国际市场环境，灵活应对，并适时调整企业内部的管理体制及经营机制等，革除弊端，促使境外投资发挥其协同效应，进而达到企业盈利的目的。四是企业在进行境外投资时，应保留企业中具有优势的核心成分比如专利或先进工艺等，而其他相对弱势的生产经营活动则可通过外包方式转给相关优势企业，扬长补短，继而提升企业的国际竞争力，又可促成国与国间的新型协作方式。

第七章　乳制品境外投资与公司绩效研究[①]

第一节　研究背景

中国是乳制品消费大国，同时，面临着较高的生产成本压力，在"走出去"战略背景下，乳制品行业选择境外投资有助于提升企业竞争能力。在中国农业实施农业"走出去"战略是新时代赋予的重要研究领域。中国农业对外投资与中国农业发展水平紧密相关，随着经济的快速发展和企业实力的不断增强，中国农业由长期的"引进来"开始逐渐转变为与"走出去"相互结合，农业对外投资的规模不断扩大，领域不断拓宽。2003—2015 年，中国农业对外投资规模不断扩大，农业对外投资额从 0.8 亿美元增长到 25.7 亿美元，增长了 31.13 倍，同时农业对外直接投资的速度高于全国对外投资增长速度，2007—2015 年全国对外投资增速为 23.7%，同期农业对外投资的增速为 32.4%。

随着我国人民的收入水平不断提高，我国乳制品的消费量快速增长。2011—2016 年，我国乳制品的消费量从 2 480.5 万吨增加到 3 204.7 万吨，中国市场对乳制品的需求从长期来看将呈增长趋势。然而，我国人均乳制品折合生鲜乳消费量为 36.1 千克，仅为世界平均水平的三分之一。同时，中国乳业现在面临着自然资源短缺、养殖成本高、奶源品质低等问题，如何获得比国内更低成本、更加稳定、质量更高的奶源，如何制定和实施乳制品行业食品安全，如何引进国外先进工艺和科技成果提高企业竞争能力等是亟待解决的问题。其中，优质草场资源是乳业的核心资源，谁收购了世界上最优质的牧场，谁就获得了世界上优质的奶源，就能够获得

[①]　本章节执笔人：朱穗昌、胡凝、程小茹、李尚蒲等。

国际乳业的话语权和定价权，在跨国产业链中，中国企业通过境外投资控制优质奶源，成为提升乳品类企业竞争能力的关键因素。因此，本书以乳制品上市公司为研究对象，通过事件研究方法和财务指数分析来研究乳制品企业境外投资对企业短期、长期绩效的影响。

第二节　乳业境外投资背景与现状

一、乳业境外投资背景

1. 自三聚氰胺事件以来，国内消费者信心尚未恢复，倾向购买进口乳制品

根据《中国奶业质量报告（2017）》数据显示，2016 年，中国进口乳制品总量为 217.7 万吨，同比增长 21.8%，比 2011 年增长了 1.2 倍。进口乳制品数量的增加对中国乳制品企业的发展造成了一定程度的影响。因此，国内乳制品企业可以通过境外投资，收购优质的乳制品企业，较快地增加消费者对自身的认可度，逐渐恢复信任。

2. 中国原料乳生产成本偏高

由于我国农业资源短缺、饲料质量受农药污染的影响、劳动力成本的提高，原料乳生产成本不断增加。我国原料乳的生产成本比其他主要产奶国要高出不少，尤其是 2012 年以来的价格差越来越大，国产原料奶的价格远远高于主要出口国。

3. 乳制品的产品结构单一

我国乳制品产量逐渐提升，但是大部分为普通液态奶，产品同质化严重，我国乳制品尚处于初级加工阶段。根据《中国奶业质量报告（2017）》数据显示，2016 年，我国乳制品产量 2 993.2 万吨，同比增长 7.6%，其中：液态奶产量 2 737.2 万吨，同比增长 8.6%；奶粉产量 139 万吨，同比下降 2.1%。企业通过境外投资，可以获得核心技术，学习引入外国公司先进的生产与管理模式，增加产品的多样性，提升企业的竞争力。

二、乳业境外投资状况

上市公司已成为中国企业中的领先者，其通常具有较好的经营效益和透明的管理，拥有的融资渠道较多，相比非上市公司进行境外投资的能力较强。另外，上市公司的特殊性使其相关财务数据拥有较高的透明性，所需公司事件、会计数据等信息具有真实性、准确性，有利于进行数据研究。根据《2017年第3季度上市公司行业分类》，经营收入包括乳制品类的上市公司共15家（不包括生产蛋白质类饮料、豆奶类饮料等上市公司）。由于非主营乳制品的公司业务较多，其公司股价和财务指标受到乳制品业务以外的影响较多，因此在本书中予以剔除。本书关注的主营业务收入为乳制品类产品的10家上市公司，详见表7-1。

表7-1　国内上市主营业务收入为乳制品的上市公司

类型	股票代码	股票名称	是否存在境外投资
深市	300106	西部牧业	否
深市	002329	皇氏集团	否
深市	002570	贝因美	是
深市	002719	麦趣尔	否
深市	002732	燕塘乳业	否
深市	002770	科迪乳业	否
沪市	600419	天润乳业	否
沪市	600429	三元股份	否
沪市	600597	光明乳业	是
沪市	600887	伊利股份	是

数据来源：商务部。

通过查询10家上市公司的公告和年报，寻找境外投资的上市公司项目，发现贝因美、光明乳业、伊利股份等三家上市公司在多个奶粉项目、生乳深加工项目和高温灭菌奶项目等方面进行境外投资（表7-2）。2013—2017年，贝因美在爱尔兰、澳大利亚进行了5次境外投资，4次境外投资获得成功。光明乳业2010—2015年在英国、新加坡、新西兰、澳大利亚等进行了11次境外投资，7次境外投资获得成功，其中最大一笔交易为收购英国维他麦60%股权，其金额高达121.9亿元。2012—2016年，伊利股份在新西兰进行了8次投资，6次境外投资项目获得成功。

表 7-2 乳制品类上市公司境外投资项目

公司	时间	被并购方	金额	股权	结果
贝因美	2013 年 2 月	在爱尔兰设立全资子公司贝因美（爱尔兰）有限公司	2 000 万欧元	100%	失败
	2013 年 11 月	本公司孙公司贝因美（中国香港）投资控股有限公司出资设立贝因美（爱尔兰）有限公司	2 000 万欧元	100%	成功
	2015 年 10 月	收购恒天然澳大利亚私有有限公司达润工厂	8 200.8 万澳元	51%	成功
	2015 年 10 月	与恒天然方共同组建非公司型合资	1.02 亿澳元	未披露	成功
	2017 年 4 月	全资子公司宁波广达盛贸易有限公司设立全资子公司	—	100%	成功
光明乳业	2010 年 7 月	澳大利亚澳糖公司（CSR）	16.8 亿澳元	未披露	失败
	2010 年 7 月	新西兰新莱特公司（Synlait Milk）	8 200 万新西兰元	51%	成功
	2010 年 11 月	英国联合饼干公司（UB）	10 亿～25 亿英镑	未披露	失败
	2011 年 1 月	美国健安喜公司（GNC）	25 亿～30 亿美元	未披露	失败
	2011 年 3 月	法国优诺公司	17.5 亿欧元	51%	失败
	2011 年 8 月	澳大利亚玛纳森食品公司	3.975 亿澳元	75%	成功
	2012 年 5 月	英国维他麦	121.9 亿元人民币	60%	成功
	2012 年 6 月	法国 DIVA 葡萄酒公司	未披露	70%	成功
	2014 年 10 月	意大利橄榄油企业 Salov 集团	未披露	90%	成功
	2015 年 3 月	以色列食品企业 Tnuva	约 86 亿谢克尔	77.7%	成功
	2015 年 6 月	Bright Food Singapore Investment Pre. Ltd	68.73 亿元人民币	100%	成功
伊利股份	2012 年 6 月	Kinderfroh Nutritions Gmbh	2.5 万欧元	100%	失败
	2012 年 6 月	财富堡国际有限公司	5 万美元	100%	失败
	2012 年 12 月	新建新西兰婴儿配方奶粉项目	21 405.44 万新西兰元	未披露	成功
	2014 年 11 月	新建新西兰奶粉项目	20 100 万新西兰元	未披露	成功
	2014 年 11 月	新建新西兰生乳深加工项目	4 020 万新西兰元	未披露	成功
	2014 年 11 月	新建新西兰超高温灭菌奶项目	9 240 万新西兰元	未披露	成功
	2014 年 11 月	新建新西兰婴幼儿配方乳粉包装项目	6 640 万新西兰元	未披露	成功
	2016 年 1 月	认购优格控股（中国香港）有限公司的母公司优格控股（开曼）有限公司的部分增资	14 亿元人民币	40%	成功

数据来源：根据历年上市公司年报整理。

第三节　乳业境外投资对公司短期绩效的影响

一、事件分析法

事件分析方法是通过事件公告时的前后日期股票价格的变动以分析该事项对公司短期的绩效影响情况。事件分析法主要分为选取事件窗口、对市场模型参数进行估计、估计正常收益和超额收益、进行显著性检验四个步骤。本书选择的事件包括：①2013 年 2 月 5 日，贝因美在爱尔兰设立全资子公司贝因美（爱尔兰）有限公司[①]。②2012 年 5 月 3 日，光明乳业收购英国维他麦 60% 股权。③2012 年 12 月 17 日，伊利股份新建新西兰婴儿配方奶粉项目。且均以事件公告日作为事件日。本书将以超额收益率的正负、累计超额收益的正负与趋势作为判断境外投资事件对短期绩效影响的标准。

具体研究步骤如下：

第一步，选择事件公告日作为事件日，以事件日前 130 天至 31 天作为估计区间，以事件日前后 30 天（－30，30）作为事件区间。

第二步，以（－130，－31）估计区间内的个股价格和市场指数，计算出个股的日收益率（R_{it}）和市场的日收益率（R_{mt}），公式如下：$R_{it} = \dfrac{P_t}{P_{t-1}} - 1$；$R_{mt} =$ 当天的指数/前一天的指数－1。其中：P_t 指股票在 T 日的收盘价，P_{t-1} 指股票在 $T-1$ 日的股票价即前收盘价。

第三步，以（－130，－31）估计区间内个股的日收益率（R_{it}）和市场的日收益率（R_{mt}）为样本，通过市场模型 $R_{it} = \alpha + \beta \times R_{mt}$，得出 α 和 β 的值。

第四步，通过市场模型 $R_{it} = \alpha + \beta \times R_{mt}$ 和得到的 α、β 的值，计算出（－30，30）区间的日正常收益率 R'_{it}。

---

① 虽然，2013 年 11 月 25 日，贝因美将于爱尔兰设立全资子公司贝因美（爱尔兰）有限公司的决定更改为贝因美（中国香港）投资控股有限公司出资设立贝因美（爱尔兰）有限公司。但因为设立贝因美（爱尔兰）有限公司的公告已在 2013 年 2 月 5 日公布，所以本书选取 2013 年 2 月 5 日，贝因美于爱尔兰设立全资子公司贝因美（爱尔兰）有限公司作为事件日进行短期绩效分析。

第五步，通过公式 $AR_{it} = R_{it} - R_{it}'$ 计算出股票的超额收益率 AR_{it}。并且计算（-30，30）区间的累计超额收益率 CAR_{it}。

第六步，进行统计显著性检验。假定事件发生对股价没有影响时的 CAR 服从均值为 0 的正态分布，从而对 CAR 是否显著异于 0 进行统计检验，其检验统计量服从 t 分布。显著性水平 $\alpha = 0.05$ 下，利用 Stata14 得到 t 检验结果。

二、贝因美于爱尔兰设立全资子公司的短期绩效分析

计算结果如表 7-3 所示，方程通过显著性水平检验，则可认为贝因美股票的个股日收益率与市场指数日收益率存在正相关性，其中，α 和 β 的值为 -0.0001 和 0.9539。根据 $R_{it} = -0.0001 + 0.9539R_{mt}$，计算事件日前后 30 天的日正常收益率 R_{it}'，并求出超额收益率 AR_{it} 及累计超额收益率 CAR_{it}。

表 7-3　贝因美市场模型回归分析

	$Coefficient$	标准误	t 值	P 值	方程显著性	Adjusted R^2	观测值
C	-0.0001	0.0019	-0.0600	0.955	0.0000	0.3242	99
X	0.9539	0.1398	6.8200	0.000			

由图 7-1 可以看出，公布设立全资子公司当日的超额收益率为 0.0136，可见该事件的公布有推动股价上升的作用。在公布日前后 30 天，累计超额收益率基本呈现持续上涨，说明可能存在交易消息提前泄露的情况。整体而言，累计超额收益率呈持续快速增长趋势，则说明从短期绩效来看，对外直接投资的信息公布对贝因美的市场表现高于大盘表现。解释变量通过变量显著性检验，即企业公布对外直接投资消息对其股价产生显著的正面影响，股价的上升也体现了公司经营管理水平良好。

三、光明乳业收购英国维他麦的短期绩效分析

计算结果如表 7-4 所示，方程通过显著性水平检验，则可认为光明乳业股票的个股日收益率与市场指数日收益率存在正相关性，其中，α 和 β

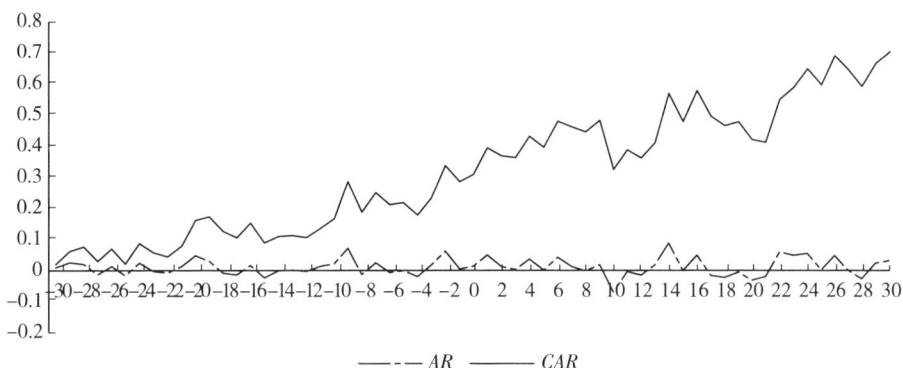

图 7-1　贝因美事件日前后 30 天 AR 及 CAR 变化趋势图

的值为 0.000 6 和 0.833 3。根据 $R_{it}=0.000\ 6+0.833\ 3R_{mt}$ ，计算事件日前后 30 天的日正常收益率 R_{it} ，并求出超额收益率 AR_{it} 及累计超额收益率 CAR_{it} 。

表 7-4　光明乳业市场模型回归分析

	$Coefficient$	标准误	t 值	P 值	方程显著性	Adjusted R^2	观测值
C	0.000 6	0.001 5	0.39	0.694			
X	0.833 3	0.120 1	6.94	0.000	0.000 0	0.331 7	99

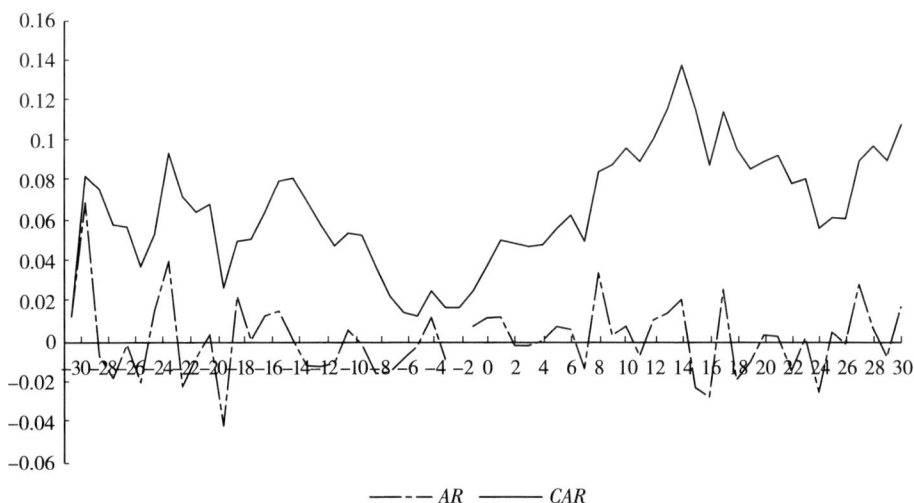

图 7-2　光明乳业事件日前后 30 天 AR 及 CAR 变化趋势图

由图 7-2 可以看出，公布收购英国维他麦 60％股权当日的超额收益率为 0.012 4，比公布日前一天高出 0.4％，并在公布日第二天升至 0.012 8，可见该事件的公布有推动股价上升的作用。公布日前后 30 天内超额收益率有几个较大波动，可见有提前泄露交易信息和公司收购维他麦对公司的短期股价影响有滞后效应的可能。公布日前后 30 天，累计超额收益率均呈增长趋势，说明从短期绩效来看，对外直接投资的信息公布对伊利股份的市场表现高于大盘表现，且有提前泄露交易信息的可能。解释变量通过变量显著性检验，即企业公布对外直接投资消息对其股价产生显著的正面影响，股价的上升也体现了公司经营管理水平良好。

四、伊利股份新建新西兰婴儿配方奶粉项目短期绩效分析

计算结果如表 7-5 所示，方程通过显著性水平检验，则可认为伊利股份股票的个股日收益率与市场指数日收益率存在正相关性，其中，α 和 β 的值为 0.000 7 和 0.832 1。根据 $R_{it}=0.000\ 7+0.832\ 1\ R_{mt}$，计算事件日前后 30 天的日正常收益率 R_{it}'，并求出超额收益率 AR_{it} 及累计超额收益率 CAR_{it}。

表 7-5　伊利股份市场模型回归分析

	$Coefficient$	标准误	t 值	P 值	方程显著性	Adjusted R^2	观测值
C	0.000 7	0.002 0	0.33	0.743			
X	0.832 1	0.211 6	3.93	0.000	0.000 2	0.127 4	100

由图 7-3 可以看出，公布当日的超额收益率为－0.013 1，公布日前后分别为－0.012 5 和－0.023 3，则表明收购公布日当天市场对该事件的反应并不好。在公布日后，累计超额收益率持续有大幅度增长，从－0.108 上涨到 0.081 2，说明从短期绩效来看，对外直接投资的信息公布对伊利股份股价产生明显的正向影响。最后，使用 Stata 进行 t 检验，得到 $t=-5.593\ 2$，绝对值大于显著性水平 0.05 下自由度为 60 的 t 临界值 2.000，拒绝原假设，即企业公布对外直接投资消息对其股价产生显著的正面影响。

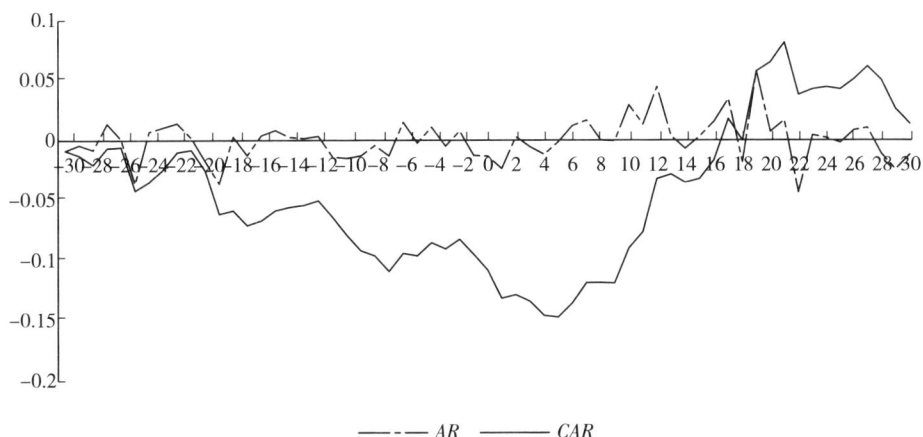

—·— AR　　—— CAR

图 7 - 3　伊利股份事件日前后 30 天 AR 及 CAR 变化趋势图

第四节　乳业境外投资对企业长期绩效的影响

一、长期绩效指标

本书通过财务指标法来分析乳业公司的长期绩效。财务指标法一般以资产收益率、资产负债率等财务指标作为绩效评价指标，通过比较在投资行为发生前后的财务指标变化来评价投资绩效。针对乳品制造业上市公司的绩效分析，本书将通过净资产收益率、销售净利率、总资产周转率、净利润增长率、资产负债率对股东获利能力、盈利能力、营运能力、发展能力、偿债能力的变化趋势形成评价体系。表 7 - 6 为境外投资长期绩效评定表。

表 7 - 6　境外投资长期绩效评定表

评价指标	具体指标	计算公式
盈利能力	销售净利率	净利润/营业收入×100％
股东获利能力	净资产收益率	净利润/平均股东权益×100％
营运能力	总资产周转率	营业收入/资产总额×100％
偿债能力	资产负债率	负债总额/资产总额×100％
发展能力	净利润增长率	(本年净利润－上年净利润)/上年净利润×100％

二、贝因美对外投资的长期绩效分析

对比贝因美实施境外投资前后 2011—2012 年和 2013—2015 年的企业绩效指标，净资产收益率、销售净利率、总资产周转率、净利润增长率在进行境外投资后均下跌，这主要是因为在 2013 年到 2014 年间，贝因美奶粉被检测出质量问题，导致销量大幅下降。在 2016 年，贝因美因为发生假奶粉事件，净资产收益率、销售净利率、总资产周转率、净利润增长率大幅度下跌，跌到了这 6 年间的最低点。而资产负债率一直维持在正常水平（表 7-7）。

表 7-7　贝因美对外投资绩效

单位：%

年份	净资产收益率	销售净利率	总资产周转率	资产负债率	净利润增长率
2011	13.72	9.23	1.36	25.74	3.4
2012	15	9.51	1.21	25.66	16.73
2013	18.43	11.79	1.27	23.15	41.54
2014	1.93	1.25	1.03	24.45	−91.24
2015	2.83	1.97	0.90	31.12	41.61
2016	−27.08	−27.92	0.49	51.60	−962.86
2011—2012 年平均值	14.36	9.37	1.29	25.70	10.07
2013—2015 年平均值	7.73	5.00	1.07	26.24	−2.70

数据来源：东方财富网。

三、光明乳业对外投资的长期绩效分析

光明乳业境外投资对公司长期绩效产生正面影响。对比光明乳业 2010 年进行境外投资前，净资产收益率、销售净利率、净利润增长率均上升，说明光明乳业在盈利能力、股东获利能力、发展能力上都得到了一定幅度的提升。而营运能力、偿债能力上有所下降，这是因为光明乳业进行境外投资需要大量的资金，而从光明年报获知，境外投资的资金主要通过大量的融资获取，融资金额较大，导致企业负债金额增加，便出现了资

产负债率升高的情况。光明乳业为进行境外投资，营业收入的增量小于资产增长幅度，所以总资产周转率下降（表7-8）。

表7-8 2004—2016年光明乳业对外投资绩效

单位：%

年份	净资产收益率	销售净利率	总资产周转率	资产负债率	净利润增长率
2004	16	4.95	1.93	37.31	18.97
2005	10	2.95	1.91	38.84	−39.28
2006	7	2.25	1.95	39.74	−18.02
2007	9	2.45	2.02	40.73	20.14
2008	−14.4	−3.64	1.8	48.5	−233.21
2009	5.81	1.62	1.95	46.69	148.01
2010	8.34	2.38	1.9	55.03	77.26
2011	9.7	2.3	1.77	61.56	18.89
2012	7.76	2.43	1.65	52.62	23.71
2013	9.49	2.91	1.56	56.57	41.69
2014	12.59	2.86	1.67	59.64	22.88
2015	9.22	2.56	1.37	65.93	−14.91
2016	11.28	3.34	1.28	61.69	36.09
2004—2009年平均值	5.57	1.76	1.93	41.97	−17.23
2010—2016年平均值	9.77	2.68	1.60	59.00	29.37

数据来源：东方财富网。

四、伊利股份对外投资的长期绩效分析

对比伊利股份实施境外投资前后2005—2011年和2012—2016年的企业绩效指标，净资产收益率、销售净利率、净利润增长率均上升，说明伊利股份在盈利能力、股东获利能力、发展能力上都得到了一定幅度的提升。资产负债率从64.16%下降到50.95%，回到了合理的区间，说明偿债能力有所提升。而总资产周转率有小幅度下降，是因为伊利股份为进行境外投资增加投资资产，营业收入的增量小于资产增长幅度。总而言之，伊利股份境外投资对公司长期绩效产生正向的影响。表7-9为2005—

2016 年伊利对外投资绩效。

表 7-9　2005—2016 年伊利对外投资绩效

单位：%

年份	净资产收益率	销售净利率	总资产周转率	资产负债率	净利润增长率
2005	12.92	2.78	2.36	52.35	27.95
2006	13.2	1.18	2.59	59.66	−42.03
2007	−2.73	−0.51	2.21	53.73	−150.42
2008	−60.5	−8.02	1.97	72.6	−37 958.3
2009	18.81	2.74	1.95	71.79	138.31
2010	18.42	2.68	2.08	70.63	19.62
2011	30.03	4.89	2.12	68.36	130.27
2012	23.41	4.13	2.11	62.02	−5.26
2013	19.77	6.7	1.81	50.38	84.4
2014	22.24	7.72	1.49	52.34	30.16
2015	23.18	7.78	1.51	49.17	11.71
2016	24.53	9.40	1.53	40.82	21.80
2005—2011 年平均值	4.31	0.82	2.18	64.16	−5 404.94
2012—2016 年平均值	22.63	7.15	1.69	50.95	28.56

数据来源：东方财富网。

第五节　结论与建议

　　本章节通过事件研究法和财务指数分析等方法研究乳制品行业上市公司境外投资对公司绩效影响发现：在短期绩效方面，光明乳业、伊利股份、贝因美的境外投资消息均对股价产生正向影响。在长期绩效方面，光明乳业和伊利股份的境外投资对公司长期绩效产生正面影响。贝因美公司因为经营不善，在境外投资后多次出现经营负面消息，削弱了境外投资对公司长期绩效的影响。因此，乳制品企业公布境外投资消息会对其短期股价产生明显正向的影响，并对乳制品企业的长期绩效产生正向影响。

　　据此，本章节提出强化对乳制品行业"走出去"的宏观指导、建立国外重点乳业生产加工基地、积极引进相关专业的人才、降低跨国并购风险和遵循国际行业标准等政策建议：

一是强化对乳制品行业"走出去"的宏观指导。①将乳品业"走出去"纳入国家双边或者多边经贸谈判框架中，强化外交服务手段，开辟通关绿色通道。②建立乳制品行业"走出去"专项经费，用于企业开拓国际市场的各种补贴、贴息和援助等，建立境外乳业投资企业的保险制度，鼓励我国有实力的保险公司为乳制品行业"走出去"提供保险屏障。

二是建立国外重点乳业生产加工基地，拓宽国际乳品物流渠道。从乳业资源分布看，新西兰、澳大利亚、荷兰等地的乳业资源丰富，对这些重点国家和地区进行境外投资时注意强化进出口渠道的控制能力，投资国际乳制品物流体系等进而平抑国内乳制品价格波动。

三是培养、引进国际专业的人才。乳制品企业可以根据自身的需要，培养和引进相应的境外并购国际化人才。如熟悉国际并购规则、具备国际投资分析能力的人才以及了解跨国并购业务、企业兼并的财务和管理型人才等。

四是降低乳制品行业跨国经营和并购风险，鼓励乳制品企业结合自身状况，量力而行实施"走出去"战略，同时遵循乳品行业国际标准，汲取贝因美奶粉"亚硝酸盐超标"等负面教训，严格把控乳制品的质量安全。

第八章　安琪酵母境外投资绩效分析[①]

第一节　安琪酵母境外投资背景与历程

酵母属于民生类行业的基础工业食品，受经济波动影响较小，需求相对稳定，过去主要是对老面发酵的替代带动酵母行业扩容。目前，在烘焙行业保持高景气的背景下，酵母行业维持稳定增长。中国的酵母市场已形成安琪酵母、乐斯福和英联马利三足鼎立的寡头竞争局面，三者合计市场份额占比超过 70%，其中安琪酵母占据国内市场近 50% 份额，为了利用境外糖蜜（制作酵母原材料）的价格优势，扩大在全球市场的份额，安琪酵母于 2009 年开启了境外直接投资的事业。

一、安琪酵母境外投资背景

安琪酵母股份有限公司[②]成立于 1986 年，是从事酵母及酵母衍生物产品经营的国家重点高新技术企业、上市公司。经过 30 多年发展，公司酵母生产规模、市场占有率均居于国内及亚洲之首，是中国酵母行业唯一的上市公司、全球第三的酵母制造商、全球第二大的酵母抽取物供应商。2017 年，该公司在全球的市场份额达到 12%，产品已进入全球 150 多个国家和地区，主营业务包括酵母及深加工产品、生物制品、食品添加剂、豆制品、奶制品、调味品、粮食制品的生产、销售。

安琪酵母位于产业链重心，对上承接糖业，对下应用广泛，用于面包烘焙、食用酒精发酵、调味品、生物饲料以及保健品等领域。近年来公司

---

　　① 主笔人：程小茹、李尚蒲等。该章节的主要参与人是华南农业大学 2015 级农林管理 1 班：李婷、林瑾珍、周绮丽。

　　② 公司于 2000 年在上海证券交易所上市，股票代码为 600298。

产品逐渐向高附加值产品方向渗透，大大扩充了获利空间，而进行境外投资可以抢抓全球酵母和酵母衍生产品的快速发展机遇，能够以更低的成本覆盖更多的境外市场，提高国际市场竞争优势和市场地位，优化公司全球酵母生产布局，加速推进公司国际化战略。

中国一直是贸易保护主义的最大受害国，为突破贸易壁垒，安琪酵母在完成国内"东西南北中"生产布局，于湖北、广西、新疆、内蒙古、河南、山东、云南建立大型酵母生产基地后，2009 年开始走出国门，布局境外，在有着"丰富的糖蜜资源、廉价天然气以及关税优惠政策"的非洲大国——埃及建立分公司。

埃及对于安琪，优势很多：①埃及加入了多个自由贸易区，主要包括"东南非共同市场"，即东部和南部非洲共同市场，共有 20 个成员国，这是非洲第一个自由贸易区；②签署了埃及欧盟自贸协定；③签署了三方自贸区（TFTA）协定，由 26 个非洲国家签署。这份协定旨在建立非洲地区最大的自由贸易区，将覆盖 6.25 亿人口。此外，安琪产品从中国海运到北非及周边地区，过去需要 40 天以上时间，而在埃及建厂后，一周内可全部到达周边国家市场，仅运费一项即可节约 30%～50%。埃及建厂，给了安琪酵母丰厚的回报，企业突破了关税壁垒，降低了贸易成本。经初步测算，仅关税一项，每年可为该公司节省成本约 2 000 万元。

对酵母业来说，最大的成本是生产成本。生产成本中，又以原材料为主。糖蜜是生产酵母主要用到的原材料，占生产成本的 40%，可谓酵母决定性的"战略成本"。俄罗斯是全球重要的酵母消费市场，年需求总量将近 5 万吨，但自身供应能力不足。而且俄罗斯是制糖大国，甜菜资源丰富，公司未来的生产成本较低。另外俄罗斯加入独联体自由贸易区协议，相互取消进口关税，酵母产品潜在需求量较大[①]。2015 年，正式成立了以俄罗斯为主体的欧亚经济联盟，建立了拥有 1.7 亿人口的统一市场。安琪酵母在俄罗斯设立分公司，有利于公司深度开发独联体酵母市场、巩固并拓展中东非洲市场。

[①]　安琪酵母境外投资属于低成本寻求型。我国的经济增长所面临的资源约束刺激了资源寻求型境外投资的需求，该类投资主要是希望利用东道国的区位优势，获取更多自然资源或学习新技术。

二、安琪酵母境外投资历程

虽然安琪酵母的产品已打开全球 150 多个国家和地区的市场，但是它境外直接投资的程度并不高。2007 年 11 月，安琪就确定了境外建厂的目标，随后实地考察俄罗斯、巴西、泰国、土耳其、埃及、越南六个国家。2009 年，经过为期 2 年的实地考察和研究，初步确立先选址埃及建设第一个境外工厂。同年，安琪酵母在埃及注册 200 万美元设立安琪酵母（埃及）有限公司，并由安琪埃及子公司新建年产 15 000 吨高活性干酵母项目。埃及项目历时两年论证考察、近 1 年筹备审批、28 个月的施工建设，最终于 2013 年 2 月建成投产。直到 2015 年，为加快推进安琪酵母股份有限公司"国际化、专业化生物技术大公司"战略的实施，进一步加快俄罗斯等独联体国家以及周边市场的开发，安琪酵母在俄罗斯设立安琪酵母（俄罗斯）有限公司，并投资新建年产 2 万吨酵母项目。2017 年，对俄罗斯子公司增资 1.81 亿元人民币（表 8-1）。

表 8-1　安琪酵母境外投资项目

公司	时间	被并购方	金额	股权（%）	结果
安琪酵母 600298	2009 年 12 月 17 日	在埃及设立安琪酵母（埃及）有限公司	200 万美元	100%	成功
	2015 年 7 月 2 日	在俄罗斯设立安琪酵母（俄罗斯）有限公司	4.98 亿元人民币	100%	成功
	2017 年 7 月 13 日	对安琪酵母（俄罗斯）有限公司增资	1.81 亿元人民币	100%	成功

第二节　安琪酵母境外投资对公司短期投资的影响

一、事件分析法

事件研究法是指明确研究目的，选取某一个事件，并分析该事件发生前后上市公司股价（或异常收益率）的变化及原因。此方法假设市场是有效率的，股票价格会因特定事件的影响迅速做出反应。本书的研究事件分别为：①2009 年 12 月 17 日，安琪酵母在埃及设立安琪酵母（埃及）有限公司。②2015 年 7 月 2 日，安琪酵母在俄罗斯设立安琪酵母（俄罗斯）有限公司。通过计算交易事件引起的个股的累计超额收益率，来前瞻性地判断对外直接投资是否给企业带来正面绩效，验证境外投资消息的发布对于公司短期股价的影响。

具体研究步骤为：①选择研究事件公告发布日作为事件日，以事件日前 130 天至前 31 天（−130，−31）作为估计窗口，以事件日前后 30 天（−30，30）作为事件窗口。②计算实际收益。③根据市场模型 $R_{it} = \alpha + \beta \times R_{mt}$，通过 Stata 软件采用最小二乘法（OLS）估计参数 α 和 β。④推测（−30，30）事件窗口的正常收益率（R'_{it}）和超额收益率（AR）。⑤计算累计超额收益率。⑥进行统计检验。

二、设立安琪酵母（埃及）有限公司的短期绩效分析

计算结果如表 8−2 所示，方程通过显著性水平检验，则可以认为安琪酵母股票的个股日收益率与市场指数日收益率存在正相关性，其中 α 和 β 的值为 10.946 7 和 0.003 7，根据 $R_{it} = 10.946\,7 + 0.003\,7 R_{mt}$，再估算出事件日前后 30 天的日正常收益率，并求出超额收益率及累计超额收益率。

表 8−2　安琪酵母市场模型回归分析（1）

	系数	标准误	T 值	P 值	方程显著性	Adjusted R^2	观测值
C	10.946 7	3.770 9	2.90	0.005	0.003 9	0.072 4	100
X	0.003 7	0.001 2	2.95	0.004			

从图 8−1 中可以看出，公布安琪酵母在埃及设立子公司当日的超额收益率为 6.407 9，日前为 6.968 1，表明收购公布日当天市场对该事件的反应并没有好于收购前，事件公布第二日，超额收益率为 5.757 5，比事件公布当日还要低，说明此次并购对公司的短期股价有连续影响。事件公布日前超额收益率虽有波动，但其幅度较小，说明不存在并购消息提前泄露的情况。事件公布日后超额收益率均为正数，累计超额收益率也持续上

升，说明资本市场的反应对于安琪酵母境外投资来说是比较正面的。最后，使用 Stata 14.0 进行 t 检验，得到 $t=12.1707$，大于显著性水平 $\alpha=0.05$ 下自由度为 60 的 t 临界值 2.0，拒绝原假设，即企业公布境外投资消息对于其股价产生明显的正向影响。

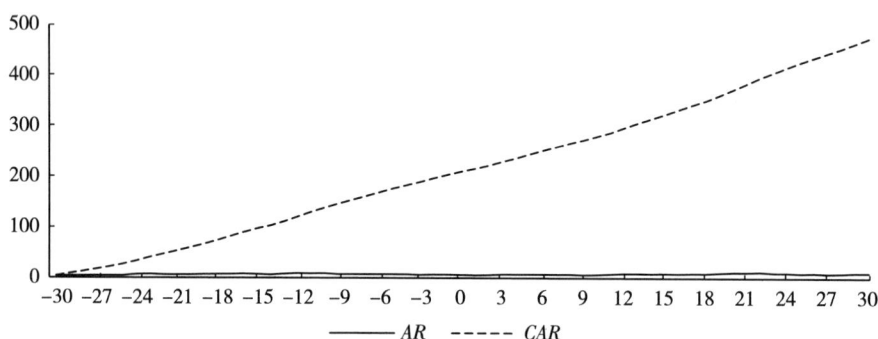

图 8-1　境外投资事件日前后 30 天 AR 及 CAR 变化趋势图

三、设立安琪酵母（俄罗斯）有限公司的短期绩效分析

计算结果如表 8-3 所示，方程通过显著性水平检验，则可以认为安琪酵母股票的个股日收益率与市场指数日收益率存在正相关性，其中 α 和 β 的值为 3.6102 和 0.0053，根据 $R_{it}=3.6102+0.0053R_{mt}$，再估算出事件日前后 30 天的日正常收益率，并求出超额收益率及累计超额收益率。

表 8-3　安琪酵母市场模型回归分析（2）

	$Coefficient$	标准误	T 值	P 值	方程显著性	Adjusted R^2	观测值
C	3.6102	1.0269	3.52	0.001	0.0000	0.7787	100
X	0.0053	0.0003	18.69	0.000			

从图 8-2 中可以看出，公布安琪酵母在俄罗斯设立子公司当日的超额收益率为 4.7835，日前为 7.1410，表明收购公布日当天市场对该事件的反应并没有好于收购前，事件公布第二日和第三日，超额收益率分别为 4.8335、6.6146，说明资本市场对于此次境外投资的反应有些滞后。事件公布日后超额收益率均为正数，累计超额收益率也持续上升，说明资本市场的反应对于安琪酵母境外投资来说是比较正面的。最后，使用 Stata

14.0 进行 t 检验，得到 $t=9.4608$，大于显著性水平 $\alpha=0.05$ 下自由度为 60 的 t 临界值 2.0，拒绝原假设，即企业公布境外投资消息对其股价产生明显的正向影响。

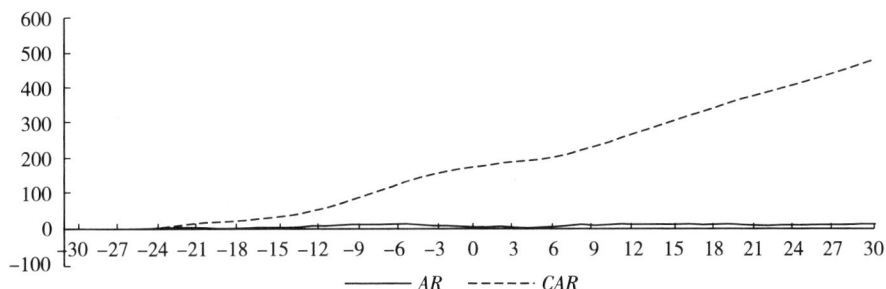

图 8-2 境外投资事件日前后 30 天 AR 及 CAR 变化趋势图

第三节 安琪酵母境外投资的长期绩效影响

一、长期绩效指标的选取

鉴于安琪酵母公司实施境外投资前后，外部大环境因素并没有多大变化，因此，能基本认定各财务指标的变化是由企业境外投资行为引起的。本书运用财务指标法来分析企业的营利能力、股东获利能力、营运能力、偿债能力和成长能力指标，据此评价公司长期绩效水平（表 8-4）。

表 8-4 安琪酵母境外投资长期绩效指标

评价指标	具体指标	计算公式
盈利能力	销售净利率	净利润/营业收入×100%
股东获利能力	净资产收益率	净利润/平均股东权益×100%
营运能力	总资产周转率	营业收入/资产总额×100%
偿债能力	资产负债率	负债总额/资产总额×100%
成长能力	净利润增长率	（本年净利润—上年净利润）/上年净利润×100%

二、安琪酵母境外投资的长期绩效分析

在长期绩效的分析中，由于 2015 年在俄罗斯建立子公司，而 2017 年

再次增资，其境外投资长期影响未能很好地显现出来，因此本书选择了2009年安琪酵母在埃及设立子公司作为研究的重点。总体而言，安琪酵母的对外直接投资对公司长期绩效产生了明显的正面影响（表8-5），各指标分析如下：

第一，盈利能力分析。2010年糖蜜价格涨幅较大，主要是受越南、印度尼西亚甘蔗减产的影响，安琪酵母2次上调出口产品价格，同时调整产品结构以应对成本压力，但由于国内产品尚未提价，故综合销售利润率有所下降。此外，由于新疆和赤峰所得税优惠政策的到期，公司综合税率有较大幅度上涨，实际所得税率的上调也成为影响业绩的主要因素之一。

2012年国外经济下行、政局动荡，影响了酵母的需求。公司产品受到一些低价杂牌酵母的冲击和人民币升值等的影响，挤压了出口毛利率。同时，国内糖蜜价格略高于国外糖蜜，也在一定程度上削弱了公司的竞争力。2015年以来，公司经营全方面好转，受益于产能利用率提升、提价、本币贬值[①]、税率波动、糖业扭亏、减值会计政策变更等，2017年安琪酵母的销售净利率已回升至15.46%。

第二，股东获利能力分析。2010—2014年，受消费需求不旺、市场竞争加剧等因素影响，主导产品收入增长缓慢，期间费用的快速增长态势未能得到有效遏制，压缩了公司产品的盈利空间。2015—2017年企业净资产收益率逐步提高，这可能得益于埃及子公司工厂运行顺利，有利于欧盟以及非洲周边国家的出口。

第三，营运能力分析。2010—2013年公司进行了对埃及子公司工厂的投资，从而资产周转率持续下降。直到2013年后，埃及工厂建成投产，公司步入"正常扩张"轨道，包含新产能带来收入的营业总收入继续保持增长，营业总收入增速超过总资产增速，从而让处于较低水平的资产周转率得以提高。

第四，偿债能力分析。2013年安琪酵母埃及子公司项目建成投产，随着境外布局的进一步扩展，企业资产负债率有所上升。随后几年，资产负债率保持稳定之余有些许下降，可以认为境外投资后公司得到了良好的发展。

---

① 项本武（2006）研究发现汇率能显著影响中国对外投资。

第五，发展能力分析。境外投资当年净利润增长率高达 101.15%，达到了上市以来年度最高点，同时，对比境外投资前后的平均净利润增长率，境外投资后高于投资前，企业发展能力有所提升。

表 8-5　2000—2017 年安琪酵母对外直接投资长期绩效

单位:%

年份	销售净利率	净资产收益率	总资产周转率	资产负债率	净利润增长率
2000	22.57	15.37	0.44	11.95	15.36
2001	20.80	9.14	0.37	16.81	28.12
2002	10.05	5.00	0.42	20.28	-40.29
2003	10.56	6.93	0.53	19.86	40.60
2004	9.98	8.73	0.65	28.92	29.38
2005	9.16	9.81	0.70	39.68	16.21
2006	11.63	11.30	0.72	40.00	26.73
2007	11.44	11.94	0.72	44.61	14.72
2008	10.91	12.57	0.72	51.41	15.25
2009	17.75	22.19	0.77	48.87	101.15
2010	15.98	22.82	0.80	47.26	35.59
2011	13.14	16.31	0.72	35.02	4.71
2012	10.33	9.43	0.57	47.69	-18.51
2013	5.84	5.38	0.53	53.76	-39.78
2014	4.84	5.29	0.58	51.75	0.51
2015	7.56	9.55	0.68	47.27	90.29
2016	11.88	16.47	0.75	48.39	91.04
2017	15.46	24.02	0.78	49.01	58.33
2000—2008 年平均值	13.01	10.09	0.59	30.39	16.23
2009—2017 年平均值	11.42	14.61	0.69	47.67	35.93

第四节　结论与建议

本书以国家重点高新技术企业、国内酵母行业龙头企业——安琪酵母作为研究对象，通过事件研究法和会计研究法来分析安琪酵母境外投资行为对公司绩效的影响。短期绩效以安琪酵母在埃及设立安琪酵母（埃及）

有限公司、在俄罗斯设立安琪酵母（俄罗斯）有限公司为例，通过测算境外投资信息公布前后 30 天的超额收益率和累计超额收益率来判断事件的发生对股价的影响，发现境外投资对安琪酵母股市价格有着显著的正向影响，有利于农业企业进行资产再融资。长期绩效通过企业的盈利能力、股东获利能力、营运能力、偿债能力和成长能力指标在境外投资前后的对比来研究，数据分析表明，从长期来看，境外投资明显改善了公司的绩效指标，这可能得益于跨国经营能力增强、行业地位大幅提升、营业收入保持增长、技术创新能力不断提高等。

　　针对安琪酵母上市公司境外投资的分析，本书提出了如下建议：一是安琪酵母应加强以市场为导向，以客户为中心的经营理念。追求顾客价值，是实现企业价值的基本途径，国际品牌必须要有国际市场，必须要考虑当地特殊的顾客价值。公司应充分发挥产能优势，优化品种结构，提升市场销量，争取新项目早日达产。二是加强产品本量利分析，运用边际贡献理论，确保每笔销售都能带来贡献，同时加强市场竞争力强的产品的推广力度，灵活运用价格杠杆，实现多领域、多品种、多渠道的市场策略。三是推进新产品开发，加强生产和质量管理，降低成本，严格工艺管理，增强技术累积。随着经济的增长和人们生活水平的日益提高，消费者已经开始有意识地选择更具针对性的产品，而且更加注重健康，更加关注原料的纯天然。因此企业必须注重产品市场的细分，有针对性地向消费者推荐产品，建立品牌信任感。四是安琪酵母应该继续加大科研活动力度。作为酵母行业的龙头，企业担负着更大的市场引导作用，而且酵母与微生物的研究联系较为紧密，因此企业应该加强与高校的合作，积极引进高科技研发人员，发表有权威价值的前沿论文，为新产品的开发提供理论依据，从而增强可信度。

第九章　隆平高科境外投资与绩效分析[①]

第一节　研究背景

一、我国种业发展历程

种业发展已提升到国家战略层面，种业已成为事关我国农业产业安全、国家粮食安全和生态环境安全的战略性新兴产业。梳理近十年的中央1号文件，发现"加快发展现代种业，做大做强育繁推一体化种子企业"是政策主线，其中2010年指出"推动国内种业加快企业并购和产业整合，引导种企与科研单位联合，抓紧培育有核心竞争力的大型种企"；2012年提出"重大育种科研项目要支持育、繁、推一体化种子企业，加快建立以企业为主体的商业化育种新机制，优化调整种子企业布局，提高市场准入门槛，推动种子企业兼并重组，鼓励大型企业通过并购、参股等方式进入种业"。2014年要求"加快发展现代种业，做大做强育繁推一体化种子企业"。2016年提出"加快推进现代种业发展。大力推进育繁推一体化，提升种业自主创新能力，保障国家种业安全。"2020年强调："加强农业生物技术研发，大力实施种业自主创新工程，实施国家农业种质资源保护利用工程，推进南繁科研育种基地建设"。

国务院和农业农村部也作出了相关部署，明确种业的基础性战略地位。2011年国务院颁布的《关于加快推进现代农作物种业发展的意见》（国发〔2011〕8号），2012年颁布的《全国现代农作物种业发展规划（2012—2020年）》（国办发〔2012〕59号），以及2013年《国务院办公厅

① 本章节由李尚蒲修订并重新计算。参与人：2015级会计学专业李静，2015级农林经济管理专业的黄昊、罗立凯、冯睿恒、林春晖以及2015级市场营销专业林生辉、陈卓权、张尤晟等。

关于深化体制改革提高创新能力的意见》（国办发〔2013〕109 号）等标志性文件推动着种业改革步伐、促进现代种业健康发展、鼓励种企整合以提升行业竞争力。2017 年由农业部等四部门联合发布的《共同推进"一带一路"建设农业合作的愿景与行动》要求加强种质资源交换、共同研发，促进品种、技术合作。

1949 年中华人民共和国成立以来，我国种业的发展先后经历了从自留种（1949 年至 19 世纪 70 年代末）、计划供种（19 世纪 70 年代末至 20 世纪末）到市场供种（2000 年至今）三个阶段（王磊等，2014）。2000 年我国颁布并实施了《种子法》，通过完善配套法规规章，深化种子管理体制改革，极大地调动了社会资源投入种业的积极性，多元主体进入种业市场带动了种业快速发展。发展至今，我国已培育出了超级杂交稻、优质小麦、玉米、蔬菜等一大批优良品种，品种大规模更新换代了数次，我国农作物良种覆盖率已达到 95％以上（王磊，2014）。

我国种业发展至今，存在着诸多困境。一是中国是仅次于美国的全球第二大种业市场，约占世界种子总规模的 20％，但是中国种业出口占全球市场份额比重小，国际同行竞争压力大，根据国际种子联盟（ISF）统计，2016 年中国种子出口额为 1.97 亿美元，位居全球第 15 位。二是种业科技研发投入不足，市场化育种模式发展滞后。2016 年我国种子企业共 4 316 家，其中主板和创业板上市企业有 10 家，前 50 强企业的市场份额为 35％左右，具有研发活动的种业公司仅有约 100 家。在研发强度上，国外跨国种业公司研发投入强度一般为 10％左右，中国除种业前 50 强企业平均研发投入强度为 7.4％外（数据来源于农业农村部），其余种子企业研发投入强度普遍偏低，多数不足 1％，低于国际公认的 1.5％ "死亡线"（赖晓敏等，2019）。我国种业处于市场化初级阶段，国内主要育种科技资源集中在高校院所，在现有的审定与研发机制下，农业科研院所低水平重复研究盛行，研发品种多缺乏商业推广价值，而企业研发能力有限，使得国内市场流通的自主研发品种仅占约 3％（张永强等，2018）。三是种子市场定价偏低，与种子对农作物增产的贡献不匹配。根据《全国农产品成本收益汇编》和美国农业部数据，2014 年我国种子费用在种植总成本中的比例在 5％左右，同时期，美国种子费用在种植总成本中比例为 15％左右。种子价值与其贡献的不匹配对于种子企业研发和推广良种带来负面的影响。

二、隆平高科业务简介

袁隆平农业高科技股份有限公司简称隆平高科，是由湖南省农业科学院、湖南杂交水稻研究中心、袁隆平院士等发起设立，以科研单位为依托的农业高科技股份有限公司。2000 年 5 月在深圳证券交易所上市，注册资本为 1.05 亿元（股票代码：000998）。公司是以杂交水稻为核心，玉米、小麦等大田作物以及蔬菜瓜果种子全面发展的全方位的种子科研、生产和推广企业，是世界最大的杂交水稻种子生产经营企业，是亚洲及太平洋地区最大的种子企业。由于公司在杂交水稻方面有国际性的权威，广泛开展对外经济合作与境外投资，这也是目前唯一有境外投资行为的企业（表 9 - 1）。

表 9 - 1　种植业上市公司与境外投资行为

类型	股票代码	股票名称	是否存在境外投资
深市	002041	登海种业	否
沪市	600354	敦煌种业	否
深市	300087	荃银高科	否
深市	000713	丰乐种业	否
沪市	600371	万向德农	否
深市	300189	神农基因	否
深市	002385	大北农	否
沪市	600313	农发种业	否
深市	000998	隆平高科	是
沪市	600540	新赛股份	否
沪市	600108	亚盛集团	否

数据来源：商务部。

农业"走出去"战略的实施为我国种子企业提供了发展机会，除了中国外大概有百分之九十五的水稻种植面积分布在了"一带一路"辐射带地区[①]。根据预测，在未来的 10～15 年，全球将拥有至少一亿公顷的杂交水稻种植面积，每年大概需要 150 万～200 万吨杂交稻种子，预估市场需求有 120 亿～160 亿美元（张俊，2014）。2007 年，公司投资 1 119.9 万元建立隆平高科菲律宾研发中心。2008 年，隆平高科与中地境外农业发展有限公司合资在 Nigeria 设立了绿色农业西非有限公司，占股百分之十二点五（谢小玲，2014）。2009 年，公司与 PT Bangun Pusaka 公司共同创建隆平高科印尼有限公司，出资 1 301.48 万元。隆平高科还与巴基斯坦的嘎德农业研究公司合作，成功培育出 LP3、GUARD53 等 7 个杂交水稻品种，都通过了巴基斯坦农业研究委员会的审核，推广面积超过 30 万公顷。由于东南亚一些引进国为保护当地的种子市场，严加看管进口的亲本和杂交水稻种子本地化生产，检疫要求也变得更加严格，隆平高科因此细化"走出去"战略，开展有针对性的境外育种工作。2015 年印度总理莫迪对中国访问后，隆平高科紧紧跟随"一带一路"倡议，开设了印度隆平研发中心。隆平高科正着力将"杂交水稻外交"打造成一张国际友好名片。截至 2018 年 7 月，隆平高科助力我国十多个援外技术合作项目的开展，同时，亚非拉 60 多个发展中国家的 5 000 余名农业技术人才也先后得到了隆平高科的技术援助[②]。

三、隆平高科的股权变动

2004 年 8 月 10 日，隆平高科发布股权转让公告，控股股东——湖南省农业科学院宣布退出股份公司，受让方长沙新大新集团有限公司（以下简称"新大新"）以 2.53 亿元完成股权收购，隆平高科从国有资本控股改变为民营资本控股。2007 年该控股公司更名为长沙新大新威迈农业有限公司（以下简称"新大新威迈"）。作为隆平高科控股股东，该公司成立于 1996 年，法定代表人为伍跃时先生。

2007 年，中国香港 Vilmorin Hongkong Limited（VHK）入股"新大

---

① 在这众多区域里面，杂交水稻的推广面积少于总体种植面积的 3%，水稻的平均单产水平也只约为我国的一半。现在全球水稻产销量的 90% 都来源于亚洲，但是现在东南亚地区水稻种类的商品化率仅为 15%，远低于中国和其余发达国家（约 60%）。

② 隆平高科公司简介，网址 http：//lpht. com. cn/content/about. html＃page1。

新",公司更名为"新大新威迈",注册资本为 3.53 亿元,企业性质为中外合资的有限责任公司[①]。VHK 在我国香港注册的公司,为 Vilmorin & Cie 集团的控股子公司,而 Vilmorin & Cie 集团为法国利马格兰集团持股 72% 的控股子公司,主要从事大田作物种子和蔬菜种子运营,其股票在法国巴黎证券交易所上市交易,是世界大规模种业集团之一,与隆平高科在杂交水稻等领域形成良性互补。

2011 年初 VHK 退出"新大新威迈","新大新"将受让 VHK 持有的全部"新大新威迈"股权(占新大新威迈股权比例的 46.5%)。"新大新"股份成为"新大新威迈"的唯一股东,企业性质将由中外合资经营企业变更为内资有限责任公司[②]。本次股权转让并没有对新大新股份的股权结构和实际控制权产生影响,其第一大股东仍然为自然人伍跃时先生(张华波,2011),股权结构如图 9-1 所示。

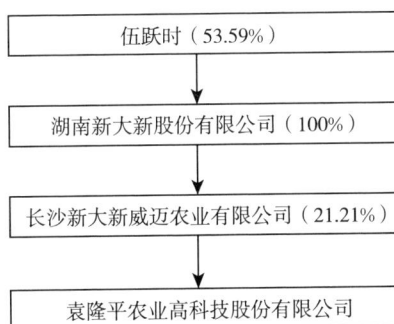

图 9-1　2011 年 6 月 30 日隆平高科股权结构

2014 年 10 月 16 日,隆平高科通过公司公开发行股票预案:以 11.88

---

① 2007 年 8 月 2 日,湖南省商务厅已向长沙新大新集团有限公司出具了《湖南省商务厅关于长沙新大新集团有限公司变更为外商投资企业的批复》(湘商外资〔2007〕58 号)和中华人民共和国台港澳侨投资企业批准证书(商外资湘审字〔2007〕0033 号),批复同意中国香港 Vilmorin Hongkong Limited(以下简称"VHK")与湖南新大新股份有限公司和长沙新大新集团有限公司于 2007 年签署的增资转股协议,公司变更为中外合资企业,其中新大新占合资公司 53.5% 的股份,VHK 占合资公司 46.5% 的股份。

② 这也源于隆平高科对国家种业扶持政策的前瞻性预判。2011 年 4 月,国务院出台了《关于加快推进现代农作物种业发展的意见》,意见提出未来 10 年中国种业发展的目标,即培育一批突破性优良品种,建设一批优势种子生产基地,打造一批现代农作物种业集团,作为集规模优势和股权结构"纯内"优势于一身的纯内资种子企业,公司将在种业改革浪潮中成为主要帮扶对象,在内资企业中独占鳌头。

元/股的价格，向中信兴业投资集团有限公司（简称"中信兴业"）等 5 名特定对象发行股份，募集 35.76 亿元。2016 年 1 月，隆平高科以非公开股票发行的方式，引入了战略投资者中信集团，中信集团成为隆平高科的实际控制人。《隆平高科：非公开发行 A 股股票发行情况报告书暨上市公告书》，发行对象为中信集团控制的中信兴业投资、中信建设、信农投资，以及现代种业基金和汇添富－优势企业定增计划 5 号资产管理计划。本次非公开发行完成后，隆平高科的实际控制人将变为中信集团，最终控制人为中国财政部（安鑫，2018）。

对比引入战略投资者中信集团前后，观察隆平高科的股权变动情况。2015 年前五大股东中，属于机构的持股（湖南新大新股份有限公司、湖南杂交水稻研究中心和中汇金）占比共计 23.15％，个人持股占比 5.31％。2016 年引入战略投资者后，以增发的方式非公开发行 260 094 674 股。定向增发后的前五大股东均为机构持股，属于中信集团的持股比例最终为 18.79％，湖南新大新持股比例为 11.49％，中信集团成为实际控股人，而中信集团隶属于中国财政部，最终控制人为中国财政部。隆平高科的企业性质变为混合所有制企业，控股股东性质为中央国有控股（表 9 - 2）。

表 9 - 2　隆平高科股权变动（前五大股东）情况

序号	2015 年		2016 年	
	股东名称	持股比例	股东名称	持股比例
1	湖南新大新股份有限公司	14.49％	湖南新大新股份有限公司	11.49％
2	湖南杂交水稻研究中心	6.71％	中信兴业投资集团有限公司	8.71％
3	袁丰年	2.96％	中信建设有限责任公司	6.72％
4	廖翠猛	2.35％	湖南杂交水稻研究中心	5.32％
5	中央汇金资产管理有限责任公司	1.95％	深圳市信农投资中心	3.36％

资料来源：2015 年和 2016 年年报。

隆平高科确定"3＋X"产品新战略，以水稻、玉米和蔬菜种子作为主营业务，凭借雄厚国企资金优势开展种业兼并动作。隆平高科的连续并购已经引起了广泛重视（吴慧香、李星翰，2017；杨博，2019），自 2015 年初至 2017 年底，通过增资扩股的形式先后并购国内 7 家公司，平均每年并购 2 起，其中交易价格过亿的大型并购事件有 5 起。2015 年斥资 1 亿元成立了隆平国际公司，面向"一带一路"沿线国家拓展国际种业市场。2017 年 12 月，隆平高科参与投资陶氏益农在巴西的玉米种子业务，包括种子加工厂、种子研究中心以及玉米种质资源库，旨在借助巴西业务打开南美洲玉米种子市场。

第二节　隆平高科境外投资短期绩效分析

一、2017 年收购陶氏益农在巴西的特定玉米种子业务

2016 年 4 月 29 日，成立中信现代农业产业投资基金（CITIC Agri Fund）。该投资基金由中信股份旗下中信现代农业投资股份有限公司（CITIC Agriculture）与袁隆平农业高科技股份有限公司（000 998. SZ）及其他两家上市农业公司共同成立。其中，中信现代农业产业投资基金注册资本为 10 000 万元，中信现代农业投资股份有限公司出资 3 800 万元，占出资比例的 38%，袁隆平农业高科技股份有限公司出资 2 800 万元，占出资比例的 28%。中信农业基金建立的初衷是整合中信的投资实力和隆平高科等农业企业的技术能力，在农化种业行业进行横向产业并购和纵向产业链延伸。

2017 年 7 月 10 日，中信农业基金与陶氏益农签署协议，约定以 11 亿美元收购陶氏益农在巴西特定玉米种子业务。该交易包括种子加工厂和种子研究中心、Dow Agro Sciences 巴西玉米种质资源库的备份、使用 Morgan 种子品牌，以及在一段时间内使用 Dow Sementes 品牌的许可。随后，隆平高科在 2017 年 8 月 16 日宣布拟出资不超过 4 亿美元认购 Amazon Agri Biotech HK Limited 不超过 36.36% 的股份（该公司系中信农业基金境外子公司，未来将全资持有陶氏益农在巴西特定玉米种子业务）。在 2017 年 11 月 30 日，隆平高科与中信农业基金宣布完成对陶氏益农巴西特定玉米种子业务的收购，举行了交割签约仪式。

此次收购能够成功的原因在于：①陶氏和杜邦两家国际种业龙头公司合并，需要符合反垄断法的相关规定，促使其必须完成相关种业销售事项。陶氏和杜邦两家公司于 2015 年 12 月宣布达成协议，进行对等合并，此项合并案获得美国反垄断机构的批准，但附带条件要求两家公司出售某

些农作物保护产品以及其他资产。②此次收购是隆平高科所需要的，有助于促进公司的国际化发展战略目标。陶氏在玉米种子上的品种资源和研发技术将对隆平高科形成补充，有助于提高公司在玉米育种领域的竞争力。隆平高科作为全球杂交水稻龙头，且陶氏在巴西的玉米种子业务市场占有率排名第三，这有助于拓展巴西的玉米和水稻市场。③中信农业基金早在 2016 年便设立了境外分部，对陶氏化学与杜邦并购案以及其他一些国际农化巨头之间的并购进行了长期追踪和情报分析，对其巴西业务的剥离有着充分准备和事前预案（卢骏，2018）。此次收购的达成不仅体现了中信农业基金的即时决策与执行能力，更显示了其在集中了资本和技术能力基础上所体现的强大的长期战略规划、综合分析和资源整合的能力。

二、收购陶氏益农的短期绩效分析

收购陶氏益农的短期绩效分析使用事件研究法，即选取某一个事件，并分析该事件发生前后上市公司股价（或异常收益率）的变化及原因。此方法假设市场是有效率的，股票价格会因特定事件的影响迅速做出反应。本书的研究事件分别为以下三个事件：一是 2017 年 7 月 10 日，中信农业基金与陶氏益农签署协议；二是 2017 年 8 月 16 日，隆平高科宣布拟出资不超过 4 亿美元认购 Amazon Agri Biotech HK Limited 不超过 36.36％的股份；三是 2017 年 11 月 30 日，隆平高科与中信农业基金宣布完成对陶氏益农巴西特定玉米种子业务的收购。

本书通过计算交易事件引起的个股的累计超额收益率，来前瞻性地判断隆平高科对外直接投资是否给企业带来正面绩效，验证境外投资消息的发布对于公司短期股价的影响，并使用深证成分指数和深证成分 A 股指数分别检验计算结果的稳健性。具体研究步骤为：①选择研究事件公告发布日作为事件日，以事件日前 130 天至前 31 天（−130，−31）作为估计窗口，以事件日前后 30 天（−30，30）作为事件窗口。②计算实际收益。③根据市场模型 $R_{it} = \alpha + \beta \times R_{mt}$，通过 Stata 软件采用最小二乘法（OLS）估计参数 α 和 β。④推测（−30，30）事件窗口的正常收益率（R'_{it}）和超额收益率（AR）。⑤计算累计超额收益率。⑥进行统计检验。

计算结果如表 9 - 3 所示，只有事件三通过显著性水平检验，即 2017 年 11 月 30 日，隆平高科与中信农业基金宣布完成对陶氏益农巴西特定玉米种子业务的收购的个股日收益率与市场指数日收益率存在正相关性。因此，仅对事件三展开：模型 M（5）的 α 和 β 的值为 0.003 3 和 $-11.852\ 9$，根据 $R_{it} = -11.852\ 9 + 0.003\ 3R_{mt}$；模型 M（6）的 α 和 β 的值为 0.002 7 和 $-10.300\ 2$，根据 $R_{it} = -10.300\ 2 + 0.002\ 7R_{mt}$。根据上述回归结果，估算出事件日前后 30 天的日正常收益率，并求出超额收益率及累计超额收益率。

表 9 - 3 隆平高科收购陶氏益农的模型回归分析

	2017 年 7 月 10 日协议		2017 年 8 月 16 日公告		2017 年 11 月 30 日完成	
	M（1）	M（2）	M（3）	M（4）	M（5）	M（6）
深成指	0.000 2		−0.000 2		0.003 3***	
	(0.000 3)		(0.000 3)		(0.000 2)	
深成 A 指		0.000 2		−0.000 1		0.002 7***
		(0.000 3)		(0.000 3)		(0.000 1)
常数项	18.108 6***	17.821 6***	23.121 4***	21.421 2***	−11.852 9***	−10.300 2***
	(3.095 8)	(3.135 2)	(3.222 2)	(3.288 0)	(1.989 1)	(1.852 1)
Observations	100	100	100	100	100	100
R - squared	0.006 3	0.007 6	0.005 3	0.000 4	0.760 1	0.769 5
F 检验	0.620 0	0.760 0	0.520 0	0.040 0	310.560 0	327.200 0
Prob>F 值	0.433 0	0.386 9	0.473 2	0.850 9	0.000 0	0.000 0

注：①括号中的是标准误；②***$P<0.01$，**$P<0.05$，* $P<0.1$。

从图 9 - 2 中可以看出，基于深证成份指数计算的隆平高科与中信农业基金宣布收购陶氏益农当日的超额收益率为 0.523 9，日前为 0.527 9，表明收购公布日当天市场对该事件的反应并无太大的波动，事件公布第二日，超额收益率为 0.965 3，比事件公布当日要高，说明此次并购对公司的短期股价有连续影响。从图 9 - 3 可以看出，基于深证成份 A 股指数计算的事件公布日当日的超额收益率为 0.522 5，日前为 0.500 2，表明收购公布日当天市场对该事件的反应并没太大的波动，事件公布第二日，超额收益率为 0.951 3，比事件公布当日要高，说明此次并购对公司的短期股价有连续影响。收购前超额收益率虽有波动，但其幅度较小，说明不存在并购消息提前泄露的情况。事件公布日后超额收益率均为正数，累计超额收益率也持续上升，说明资本市场的反应对于隆平高科境外投资来说是比较正面的。最后，进行单样本的 t 检验，得到 t 值分别为 10.305 7 与 10.553 7，大于显著性水平 $\alpha=0.05$ 下自由度为 60 的 t 临界值 2.0，拒绝原假设，即隆平高科企业境外投资消息对于其股价产生正向影响。

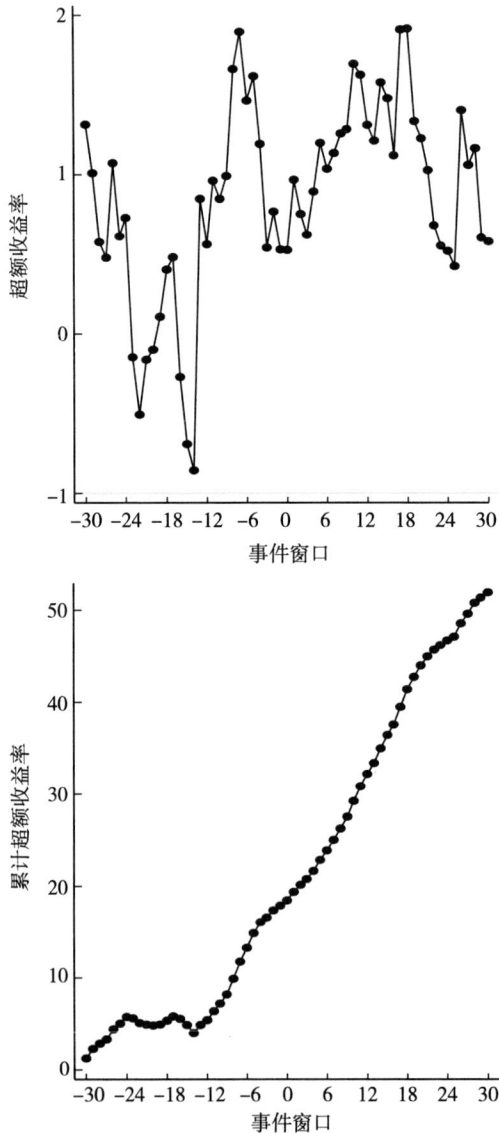

图 9-2　基于深证成份指数计算的事件日前后 30 天超额收益率股权结构

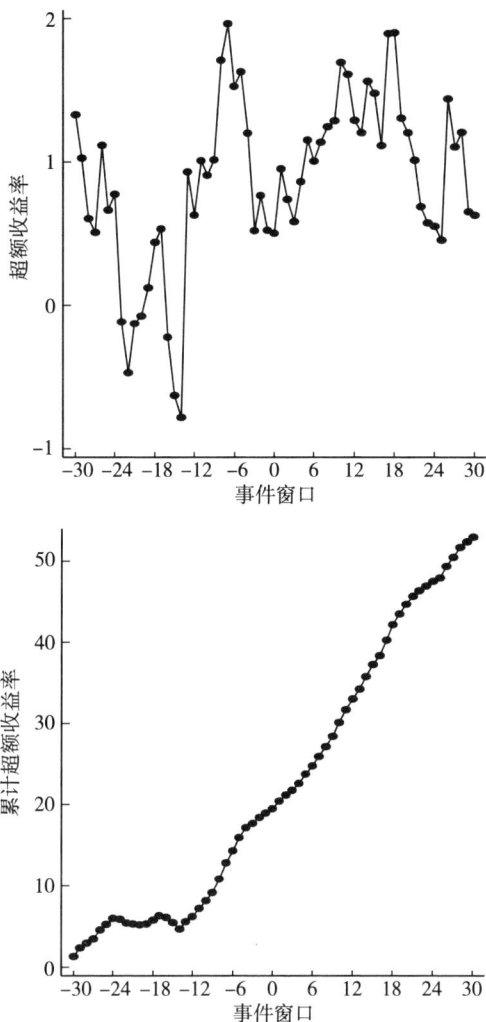

图 9-3 基于深证成份 A 股指数计算的事件日前后 30 天超额收益率股权结构

第三节 隆平高科境外投资的长期绩效影响

一、长期绩效指标的选取

财务指标分析法是按照相应的标准从企业财务报表中选取一定的指标，运用计量模型或评分体系，将所研究的一定期限的结果进行比较，进而得到企业境外投资的长期绩效。这种研究方法没有严格要求对资本市场的有效性假定，经常被拿来研究长期绩效。根据企业绩效评价指标体系和上市公司所披露的年报，本书选取了5个财务指标，从盈利能力、股东获利能力和发展能力等多方面对企业境外投资长期绩效进行综合分析。表9-4为具体选取的财务指标。

表9-4 上市公司综合绩效评价指标体系

评价指标	具体指标	计算公式
盈利能力	销售毛利率	（销售收入－销售成本）/销售收入×100%
股东获利能力	净资产收益率	净利润/平均股东权益×100%
营运能力	存货周转率	营业成本/存货平均余额×100%
偿债能力	资产负债率	负债总额/资产总额×100%
发展能力	净利润增长率	（本年净利润－上年净利润）/上年净利润×100%

二、隆平高科境外投资的长期绩效分析

（1）盈利能力指标。盈利能力通常是指企业在一定期间内获取利润的能力，这里采用"销售毛利率"来评价，反映公司产品的竞争获利潜力。从2007年开始，中国香港Vilmorin Hongkong Limited（VHK）入股"新大新"，公司的销售净利率稳步上升。2017年，隆平高科收购了陶氏益农在巴西的特定玉米种子业务后，销售利润率依旧维持在20%的水平。

（2）股东获利能力通常采用"净资产收益率"来评价，反映公司所有者权益的投资报酬率，该指标越高则说明投资带来的收益越好。结合隆平高科的股权变动情况，在2011—2014年隆平高科的企业性质从外资企业再次转变为民营企业期间的净资产收益率最高。然而，隆平高科在2017年11月30日收购了陶氏益农在巴西的特定玉米种子业务后获利能力并没有出现明显的提升，甚至在2019年出现负增长。

（3）营运能力指运用各资产来获取利润的能力，采用"存货周转率"来评价，反映公司销售能力和流动资产流动性。在一般情况下，存货周转率越高，表明公司的销售能力越好。其中，在2000—2004年隆平高科股

权性质是国有企业，该阶段企业的存货周转率最高。境外投资行为发生之后，存货周转率并没有明显地下降。

（4）偿债能力使用"资产负债率"来评价，反映了企业举债经营的能力，通常资产负债率在 40%～60% 这个范围内较为适宜。在 2014 年之前，隆平高科的资产负债率较低，在 2014 年中信集团入驻隆平高科之后资产负债率回归到正常水平，2017 年收购了陶氏益农后，资产负债率明显提高，2019 年的资产负债率为 55.34%。

（5）发展能力是指公司在保证生存的前提下，扩展规模、加强自身实力的潜在能力。该指标采用"净利润增长率"来评价，反映企业实现自身价值最大化的扩张速度。一般来说，净利润增长率越大，代表企业的发展能力越强。2000—2004 年，隆平高科的净利润增长为负，2007 年和 2009年净利润增长率有着较明显的改善。2017 年 12 月，自收购了境外业务，净利润增长率开始逐年增加。表 9 - 5 为 2000—2019 年隆平高科境外投资的长期绩效分析。

表 9 - 5 2000—2019 年隆平高科境外投资的长期绩效分析

单位：%

年份	销售净利率	净资产收益率	总资产周转率	资产负债率	净利润增长率
2000	35.39	0.05	1.57	16.02	−8.76
2001	18.99	0.05	1.45	15.58	−20.57
2002	14.05	0.02	1.40	16.85	7.42
2003	10.12	0.03	0.78	6.78	−26.76
2004	6.47	0.03	1.47	2.45	−8.46
2005	7.72	0.03	0.21	15.06	21.38
2006	19.19	0.04	1.25	21.01	270.43
2007	25.75	0.06	0.79	36.87	103.38
2008	4.53	0.06	4.99	35.51	−76.83
2009	35.20	0.07	1.15	40.94	719.29
2010	35.78	0.02	2.15	42.43	24.91
2011	37.65	0.16	2.32	43.51	46.11
2012	34.72	0.09	1.13	54.31	47.16

（续）

年份	销售净利率	净资产收益率	总资产周转率	资产负债率	净利润增长率
2013	29.69	0.07	1.12	54.65	12.73
2014	28.03	0.01	1.38	50.78	30.01
2015	23.59	0.05	1.41	51.15	10.42
2016	21.64	0.06	3.40	27.29	3.36
2017	22.11	0.04	1.08	50.41	2.61
2018	23.37	0.01	2.06	51.24	7.02
2019	20.74	−0.07	1.66	55.34	13.61
2000—2004 年平均值	17.00	0.04	1.33	11.54	−11.43
2005—2014 年平均值	25.83	0.06	1.65	39.51	119.86
2015—2019 年平均值	22.29	0.02	1.92	47.09	7.40
2000—2017 年平均值	22.81	0.05	1.61	32.31	64.32
2018—2019 年平均值	22.05	−0.03	1.86	53.29	10.32

数据来源：国泰安经济金融数据库财务报表与财务指标。

第四节　结论与建议

本书以国内目前唯一一家有进行境外投资的种业上市公司——隆平高科作为研究对象，通过事件研究法和会计研究法来分析隆平高科的境外投资行为对公司绩效的影响。短期绩效以隆平高科收购陶氏益农在巴西的特定玉米种子业务为例，通过测算境外投资信息公布前后 30 天的超额收益率和累计超额收益率来判断事件的发生对股价的影响，发现境外投资对隆平高科的股票价格有着显著的正向影响，有利于农业企业进行资产再融资。

长期绩效则通过简单对比企业境外投资前后的财务指标，分别从企业的盈利能力、股东获利能力、营运能力、偿债能力和成长能力等方面进行分析。遗憾的是由于能够观测的数据样本较少，本研究仅能基于有限样本进行分析，结果表明：一是境外投资有助于隆平高科提高发展能力，净利润同比增长率明显提升。二是中信集团入股隆平高科后，提高了隆平高科的负债能力，尤其是在境外投资行为发生后，隆平高科资产负债率保持在合意的水平。三是隆平高科的存货周转率和净资产收益率是未来值得关注的两个财务指标。境外投资行为发生之后，隆平高科的存货周转率较高。受到 2019 年经营业绩下滑的影响[①]，2019 年隆平高科的净资产收益率首次出现了负值。首先，针对存货周转率较高的问题，本书建议隆平高科未来应加强存货管理，合理安排生产与销售，在不影响生产的同时降低原材料库存的前提下，减少产品以及加大产成品销售力度。其次，关注境外投资风险，提高净资产收益率。通过对农业境外投资的项目前景预测，科学预判投资的风险及回报情况，保障境外资产维持在较高的质量水平意旨在提高企业的抗风险能力。

　　针对种业的境外投资，本书提出如下建议：①立足战略型基础产业，制定企业境外投资的长期发展战略，保持境外投资战略定力。我国种业已成为关系我国农业产业安全、国家粮食安全和生态环境安全的战略性新兴产业，充分利用国内和国际两个市场。在种子企业境外投资过程中，既需要关注企业境外投资对公司主营业务的短期影响，同时也需要根据企业的使命、核心价值观和远景目标正确评估境外投资的风险和收益。②在"一带一路"倡议带动下，我国与沿线国家农业合作不断深化，合作领域不断拓展，沿线国家已成为我国境外农业投资热点区域，建议加强对"一带一路"沿线国家境外投资的培训和辅导，提高农业企业尤其是种子企业的跨境收购与并购成功率。③关注种子企业境外投资的后续发展问题。境外投资受到境外并购只是国内外农业资源整合的第一步，并购之后的整合更具有挑战性，如何实现资源的优势互补，需要配合相应的管理创新、体制创新和观念创新，最终实现协同发展和经营质量提升。

---

　　① 资料来源：隆平高科 2019 年净利亏损 2.98 亿元，政府结构性改革影响较大，时间：2020 年 4 月 30 日。网址：https：//baijiahao.baidu.com/s? id＝1665400562287605321&wfr＝spider&for＝pc。受国家持续推进农业供给侧结构性改革，行业深度调整的影响下，隆平高科 2019 年实现营业收入 31.29 亿元，比上年同期下降 12.58%；归属于上市公司股东的净利润－2.98 亿元，比上年同期下降 137.71%。主要系报告期内种子行业下行影响所致杂谷种子销售量增长、库存量减少，主要系 2019 年部分地区气候恶劣，多品种产量下降。

第十章 中国一拖境外投资与绩效分析[①]

第一节 研究背景

一、中国农业机械工业发展概况

我国是世界著名的农业大国，农业生产一直延续着精耕细作的小农经济，农业机械化是衡量农业现代化水平的重要标志，是促进传统农业向现代农业转变的关键要素。发展农业机械化是实现农业现代化的必由之路，同时也为乡村振兴、脱贫攻坚、农业农村现代化提供有力的支撑。《中华人民共和国农业机械化促进法》指出"农业机械是指用于农业生产及其产品初加工等相关农事活动的机械、设备"。广义的农业机械化包含了农业生产的前中后全周期，包含了种植、养殖、农副产品加工等全程的机械化，类型上包括了农、林、牧、渔作业和辅助机械以及副产品加工机械等。

早在 1959 年，我国制造农业机械的企业就已多达 4.8 万家左右，每年可以生产上亿件农具（朱显灵，2007）。经过了近七十年的发展，我国农业机械工业目前形成了拥有 10 多个细分子行业，2 000 多家规模以上农业机械制造企业，300 多种农业机械产品的较为完备的工业体系。其中，2017 年企业数量排名靠前的细分行业包括（图 10-1）：机械化农业及其园艺机具制造业企业 733 家，占比 35.19%；农副产品加工专用设备制造业企业 440 家，占比 21.12%、农林牧渔机械配件制造业企业 369 家，占比 17.71%；拖拉机制造业企业 174 家，占比 8.35%。

我国始终重视农业机械行业的发展和完善。2004 年 11 月 1 日开始实

---

① 本章节主要执笔人：李尚蒲、曹迎迎、程小茹等。

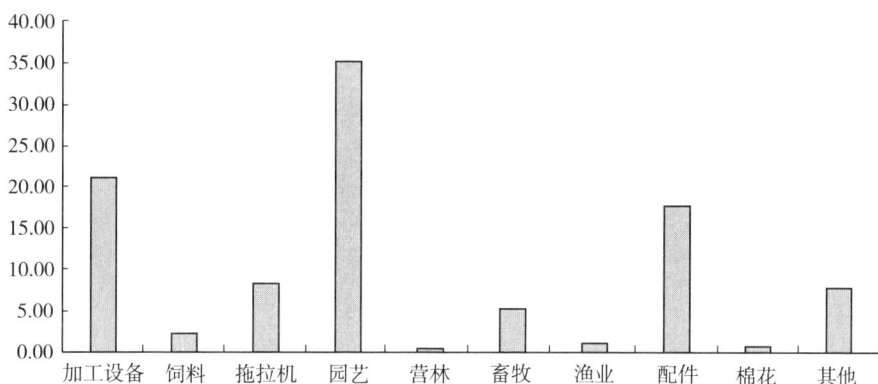

图 10-1　2017 年农业机械工业细分行业的企业数量占比（％）

数据来源：2018 年《中国农业机械工业年鉴》。

注：图例中使用了细分行业的简写，全称为：农副产品加工专用设备制造业、饲料生产专用设备制造业、拖拉机制造业、机械化农业及其园艺机具制造业、营林及木竹采伐机械制造业、畜牧机械制造业、渔业机械制造业、农林牧渔机械配件制造业、棉花加工机械制造业、其他农林牧渔业机械制造业。

施《农业机械化促进法》，第一次以法律的形式规定国家各级政府和有关部门对农业机械化的支持。2004 年我国还实施农机购置补贴政策，截至 2019 年累计补贴为 2 500 余亿元。2004 年全国 1 466 个规模以上企业实现销售收入 858.61 亿元，2017 年 2 429 家规模以上企业主营业务收入 4 291.35 亿元。2010 年国务院印发的《关于促进我国农业机械化和农机工业又好又快发展意见》、农业农村部组织编写的《全国农业机械化发展第十三个五年计划》和《农机装备发展行动方案（2016—2025）》，以及"中国制造 2025"和"乡村振兴战略规划"等文件的颁布引领着农业机械工业行业的发展。同时，国务院连续颁布的中央 1 号文件，为我国农业机械工业的健康发展创造了良好条件。2019 年中央 1 号文件指出"培育一批农业战略科技创新力量，推动生物种业、重型农机、智慧农业、绿色投入等领域自主创新"，对农业机械行业产业升级和结构调整提出了方向。

　　21 世纪以来中国农业机械工业发展迅速，特别是中央及各级政府实施农业机械购置补贴后，在一系列利好政策和市场需求持续增长等多重因素的拉动下，农业机械工业得到前所未有的发展，我国农业机械工业迎来了"黄金十年"的发展时期（2004—2013 年），我国成为全球第一的农机制造大国。2014 年以后，农机工业持续高速发展积累的各种矛盾和问题开始显现，发展速度缓慢，进入相对稳定发展的新常态。规模以上企业的主营业务收入和利润总额在经历了快速增长的同时，亏损企业亏损额也在 2014 年之后呈现波动增长（表 10-1）。我国农机行业面临的主要问题是：大而不强，产业集中度低，产品发展不平衡、不充分，同质化中低端产品产能严重过剩与高端产品供给不足的结构性矛盾突出。科技创新和自主研发能力依然薄弱，具有自主知识产权的产品较少，先进技术装备和制造技术应用不广泛，部分高端关键核心零部件制造瓶颈尚未完全突破，整机质量和可靠性仍有很大的提升空间。某些产品与国际先进水平持续拉大的趋势依然存在。

表 10-1　2010—2017 年我国农业机械分行业主要经济指标

年份	企业数（家）	主营业务收入（亿元）	利润总额（亿元）	亏损企业亏损额（亿元）
2010	2 670	2 606.73	180.91	39.08
2011	1 783*	2 580.46	161.18	1.86
2012	2 076	3 257.21	238.93	111.34
2013	2 154	3 779.78	244.15	10.67
2014	2 428	4 170.88	251.24	24.62
2015	2 510	4 494.21	276.52	21.44
2016	2 496	4 735.07	267.52	39.39
2017	2 083	3 830.91	217.26	28.33

数据来源：2011—2018 年的《中国农业机械行业统计年鉴》。

注：上述指标均来自年鉴中"农业机械分行业主要经济指标"表，对企业个数、主营业务收入、利润总额和亏损企业亏损额等指标进行分行业加总计算，或直接摘录其汇总值。如果以 2017 年为基准行业分类，那么部分年份的年鉴报告增加或者缺失部分细分行业：①2010 年缺少"棉花加工机械制造业"；②2011 年缺少"其他交通运输设备制造业"以及"棉花加工机械制造业"等；③2013 年、2014 年、2015 年、2016 年比其他年份增加了农用及园林用金属工具制造、水资源专用机械制造、其他未列明运输设备制造等。

在国内市场低迷之时，农机出口交货值却逆攀升。国产农业机械广泛出口于"一带一路"沿线国家，1996—2016 年我国对这些国家的农业机械产品出口规模不断扩大（赵明、杨孟卓，2019）。在国内市场低迷之时，新世纪以来农业机械的出口金额却逆势增长。2000 年农业机械的出口量仅为 9.18 亿美元，2005 年农业机械的出口量环比增幅最大，2015 年农业机械出口交货量达到新世纪以来的最高值 326.4 亿美元。农业机械出口量增长可能基于以下原因，一是"一带一路"建设等利好政策的拉动；二是农业机械"走出去"是解决国内传统产品产能过剩问题的较好路径，前期的研究也关注农机行业对外贸易的产品结构、贸易主体和出口方式等（马志刚，2012）；三是近期我国部分农机企业面临着较为严峻的市场形势，注重国外市场的拓展可能是生存的需要。其中，积极探索拓展"一带一路"国际市场的农业企业有：一拖股份、星光农机、新研股份、吉峰农业等（李社潮，2019）。通过查阅相关年报，上述公司实施农业机械类境外投资的只有中国一拖集团有限公司。因此，本书将中国一拖集团有限公司作为农业机械工业境外投资的案例研究对象。图 10 - 2 为 2000—2017 年中国农业机械出口情况。

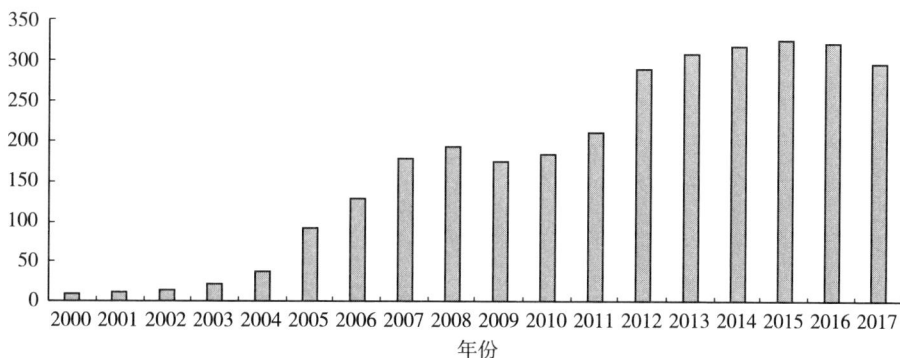

图 10 - 2　2000—2017 年中国农业机械出口情况（亿美元）

数据来源：2001—2018 年的《中国农业机械行业统计年鉴》。

注：2000—2004 年数据使用农业机械出口数据，2005—2017 使用农业机械出口交货量数据。

二、中国一拖的境外投资历程

中国一拖集团有限公司（以下简称"中国一拖"）是国家"一五"时期 156 个重点建设项目之一，1955 年开工建设，1959 年建成投产，现为中国机械工业集团有限公司子公司。新中国第一台拖拉机、第一辆军用越野载重汽车在这里诞生。建成投产六十余年来，为国家农业机械化提供拖拉机、柴油机等各种装备 500 多万台，企业产业、产品覆盖农业机械、工程机械、动力机械等，属于大型综合性企业，拥有中国驰名商标——"东方红"。

1997 年中国第一个农业概念股"第一拖拉机"在我国香港上市（股票代码：00038）。2008 年经过国资委批准中国一拖与中国机械工业集团有限公司（简称"国机集团"）进行重组。2007 年洛阳市国有资产经营公司（持有一拖股份 52.48％股权）与国机集团签订股权转让协议，无偿向国机集团转让其持有的一拖集团 67％的股权。2008 年中国香港联交所上市的一拖股份《公司控股股东完成转让股份》公告称，国机集团已控股一拖集团，从而间接控股我国香港上市公司一拖股份，中国一拖有限公司从此转变为央企。2012 年中国一拖 A 股在上海证券交易所正式挂牌上市（股票代码：601038，简称"一拖股份"），成为我国正式进入内地资本市场的首家境外上市农机企业。

改革开放以来，中国一拖已在境外设立了 100 多个经销网点，产品销往 130 多个国家和地区。全球采购、全球制造、全球销售已成为中国农机骨干企业实现国际化发展的必由之路，2015 年中国一拖前董事长赵剡水就提出农机制造业加快走出去步伐，他指出"加快我国农机企业国际化经营步伐，持续提升我国农机工业在全球的综合实力。"中国一拖早在 20 世纪 90 年代末，就已经在非洲、欧洲、南美洲等设立办事处。1998 年 3 月 27 日在科特迪瓦设立了一拖科特迪瓦农机装备公司。2011 年 3 月 7 日，成功收购意大利 ARGO 集团旗下 McCormick 法国工厂，更名为一拖（法国）农业装备有限公司。2015 年 5 月中国一拖进驻中白工业园，2017 年 8 月 1 日在白俄罗斯设立一拖白俄技术有限公司，并控制 100％的股权（表 10 - 2）。

表 10 - 2　中国一拖境外投资历程

时间	交易事件	金额	股权	结果
1998 年 3 月 27 日	在科特迪瓦设立一拖科特迪瓦农机装备公司	未披露	95％	成功
2011 年 3 月 7 日	收购意大利 ARGO 集团旗下 McCormick 法国工厂更名为一拖（法国）农业装备有限公司	800 万欧元	100％	成功
2015 年 5 月 12 日	中白工业园入园仪式举行	—	—	成功
2017 年 8 月 1 日	在白俄罗斯设立一拖白俄技术有限公司	未披露	100％	成功

资料来源：中国一拖有限公司官网，http://www.yituo.com.cn/gyyt/fzlc/。

第二节 中国一拖境外投资短期绩效分析

一、事件分析法与境外投资事件选择

事件分析法是通过事件公告时的前后日期股票价格的变动以分析该事项对公司短期的绩效影响情况。事件分析法主要分为选取事件窗口、对市场模型参数进行估计、估计正常收益和超额收益、进行显著性检验四个步骤。本书选择中国一拖所有的境外投资事件，包括：①1998 年 3 月 27 日，中国一拖在科特迪瓦设立一拖科特迪瓦农机装备公司，并控制 95％ 的股权。②2012 年 5 月 3 日，中国一拖花费 800 万欧元收购意大利 AR-GO 集团旗下 McCormick 法国工厂，并且控制一拖（法国）农业装备有限公司 100％ 的股权。③2015 年 5 月 12 日，中国一拖入驻中白工业园。④2017 年 8 月 1 日，中国一拖在白俄罗斯设立一拖白俄技术有限公司，并且控制其 100％ 的股权。且均以事件公告日作为事件日。本书将以超额收益率的正负、累计超额收益的正负与趋势作为判断境外投资事件对短期绩效影响的标准。

具体研究步骤如下：一是选择事件公告日作为事件日，以事件日前 130 天至 31 天作为估计区间，以事件日前后 30 天（−30，30）作为事件区间；二是通过（−130，−31）估计区间内的个股价格和市场指数，计算出个股的日收益率（R_{it}）和市场的日收益率（R_{mt}）；三是以（−130，−31）估计区间内个股的日收益率（R_{it}）和市场的日收益率（R_{mt}）为样本，通过市场模型 $R_{it}=\alpha+\beta\times R_{mt}$，得出 α 和 β 的值；四是通过市场模型 $R_{it}=\alpha+\beta\times R_{mt}$ 和得到的 α、β 的值，计算出（−30，30）区间的日正常收益率 R'_{it}；五是通过公式 $AR_{it}=R_{it}-R_{it}'$ 计算出股票的超额收益率 AR_{it}。并且计算（−30，30）区间的累计超额收益率 CAR_{it}；六是假定事件发生对股价没有影响时的 CAR 服从均值为 0 的正态分布，从而对 CAR 是否显著异于 0 进行统计检验。

二、中国一拖境外投资的短期绩效分析

本书分别选取中国一拖 1998 年、2011 年、2015 年和 2017 年发生的

境外投资行为，运用事件研究法判断并购事件对前后 30 天企业的股价影响。通过（−120，−31）估计期的个股实际收益率和市场指数日实际收益率，估计市场模型 $R_{it} = \alpha + \beta \times R_{mt}$ 以得到个股在事件日前后 30 天内 α 和 β 的估计值。考虑到其"A＋H"股双重身份，则本书同时估算了 2015 年和 2017 年的境外投资行为分别对两个证券市场股价的影响，模型估算详见表 10 - 3。

表 10 - 3　中国一拖境外历次投资的模型回归分析

	1998 年 （1）	2011 年 （2）	2015 年 （3）	2015 年 （4）	2017 年 （5）	2017 年 （6）
恒生指数	0.000 4***					
	(0.000 0)					
恒生指数		0.000 6***				
		(0.000 1)				
恒生指数			−0.000 1***			
			(0.000 1)			
上证指数				0.004 2***		
				(0.000 0)		
恒生指数					−0.000 3***	
					(0.000 0)	
上证指数						0.017 4***
						(0.002 0)
常数项	−0.099 7	−3.374 3**	9.041 0***	−0.547 2	12.219 0***	−44.277 6***
	(0.341 2)	(1.364 1)	(1.476 3)	(0.381 0)	(0.706 0)	(6.295 6)
观测值	100	100	100	100	100	100
$R\text{-}squared$	0.694 0	0.483 7	0.053 7	0.816 1	0.550 0	0.440 4
F 统计量	222.30	91.81	5.56	434.78	119.80	77.12
$Prob > F$	0.000 0	0.000 0	0.020 3	0.000 0	0.000 0	0.000 0

注：①括号中的是标准误；②***$P<0.01$，**$P<0.05$，* $P<0.1$。

1. 设立一拖科特迪瓦农机装备公司的短期绩效分析

基于恒生指数和一拖股份收盘价计算得到回归方程（2）为 $y = -3.374\,3 + 0.000\,6x$，回归系数通过变量显著性检验。从而计算出事件日前后 30 天的预期个股日收益率，并求出超额收益率 AR 和累计超额收益率CAR。

首先，设立境外子公司当天（1998年3月26日）的前超额收益率为0.055 8，设立境外子公司后一天（1998年3月30日）的超额收益率为0.356 4，可见中国一拖在境外设立子公司的事件公布有着推动股价上升的作用。

其次，判断是否存在消息泄露问题。并购前10天出现较大的超额收益率，说明可能存在交易信息提前泄露的情况。同时，回查中国一拖在事件公告日前3天就出现股价上涨，也印证了消息提前泄露的情况。

最后，t检验值为$-18.637\,4$，在双尾检验中显著拒绝累计收益率为零的假设，在分项检验中，均值大于0的原假设被拒绝。从图10-3可以看出，在公布日后30天的累计超额收益率均值为负值，即1998年中国一拖在一拖科特迪瓦农机装备公司，并没有扭转其背离我国香港股市大盘走势的局面。

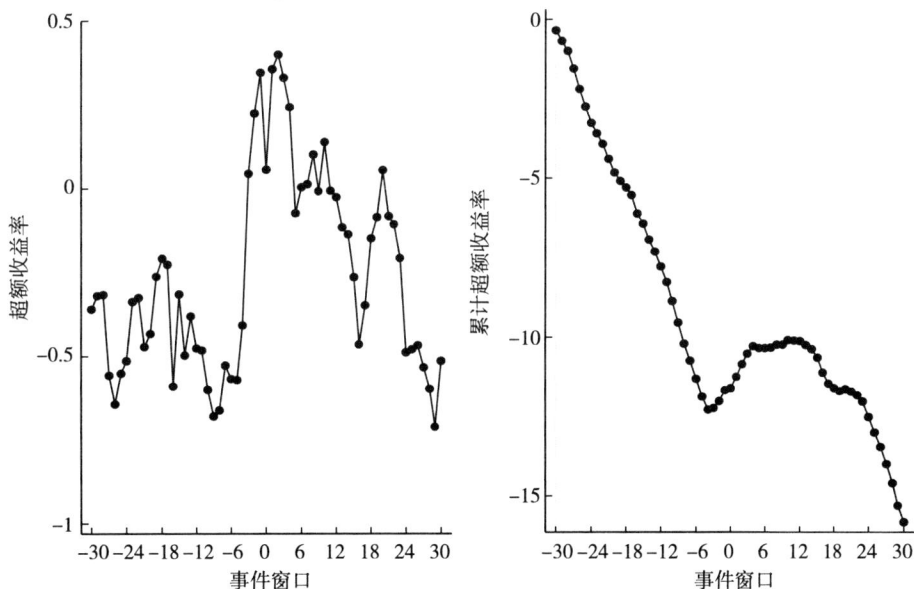

图10-3　1998年事件日前后30天AR和CAR变化趋势

2. 收购意大利ARGO集团旗下McCormick法国工厂的短期绩效分析

基于恒生指数和一拖股份收盘价计算得到回归方程（2）为$y=-0.099\,7+0.000\,4x$，回归系数通过变量显著性检验。从而计算出事件日前后 30 天的预期个股日收益率，并求出超额收益率 AR 和累计超额收益率 CAR。

首先，观测中国一拖收购意大利 ARGO 集团旗下 McCormick 法国工厂的前一天（2011 年 3 月 4 日）的超额收益率为－2.269 8，设立境外子公司后一天（2011 年 3 月 8 日）的超额收益率为－2.010 0，可见事件公布有着推动股价上升的作用。

其次，判断是否存在信息泄露问题。并购前 10 天没有出现较大的超额收益率波动，说明不存在交易信息提前泄露的情况，数据可用于判断对股价的影响。

最后，t 检验值为－13.777 6，在双尾检验中显著拒绝累计收益率为零的假设，在分项检验中，均值大于 0 的原假设被拒绝。从图 10－4 可以看出，在公布日后 30 天，累计超额收益率呈现持续下降，说明 2011 年在境外一拖收购意大利 ARGO 集团旗下 McCormick 法国工厂事件，并没有扭转中国一拖背离我国香港股市大盘走势的局面。

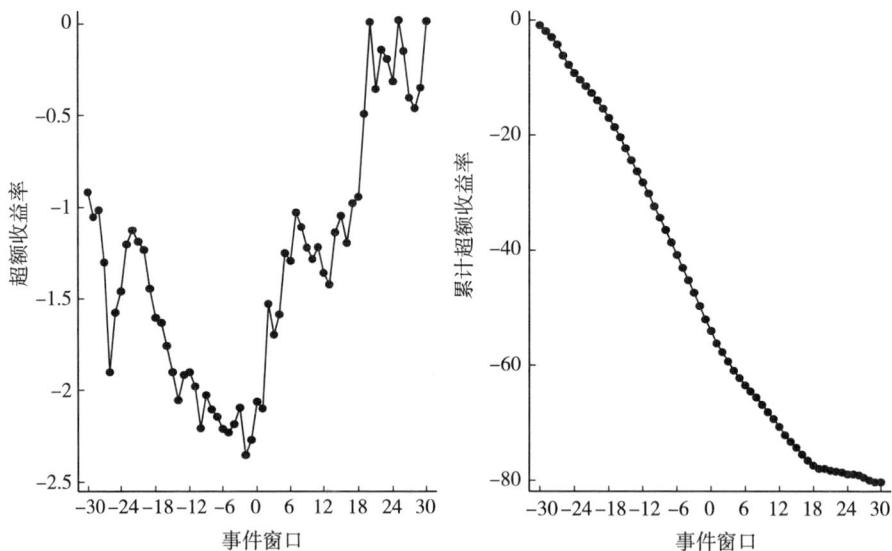

图 10－4　2011 年事件日前后 30 天 AR 和 CAR 变化趋势

需要指出的是，短期股价的变动、超额收益率和累计超额收益率并不能完全体现中国一拖境外并购行为的成败。现有的案例研究表明，中国一拖在并购意大利 ARGO 集团旗下 McCormick 法国工厂过程中，通过在决策阶段的技术甄选、并购实施阶段技术转移和并购整合阶段技术重构，以技术整合路径实现目标方技术能力获取、转移、整合和内化，最终提升了中国一拖新的自主研发创新能力（崔永梅等，2018）。

3. 入驻中白工业园的短期绩效分析

（1）基于港股数据的计算。基于恒生指数和一拖港股股价计算得到回归方程（3）为 $y=9.0410-0.0001x$，回归系数通过变量显著性检验。从而计算出事件日前后 30 天的预期个股日收益率，并求出超额收益率 AR 和累计超额收益率 CAR。

首先，观察在中国一拖入驻中白工业园的前一天（2015 年 5 月 11 日）的超额收益率为 1.584 8，入驻中白工业园后三天（2015 年 5 月 14 日—16 日）的超额收益率分别为 1.506 7、1.492 1、1.669 9，可见中国一拖入驻中白工业园区的事件公布有推动股价上升的作用。

其次，判断是否存在消息泄露问题。并购日公布当天市场对于并购事件的反应好于并购前，同时并购前 10 天超额收益率的波动较大，说明可能存在着交易信息提前泄露的情况。

最后，t 检验值为 12.232 8，在双尾检验中显著拒绝累计收益率为零的假设，在分项检验中均值小于 0 的原假设被拒绝。从图 10 - 5 可以看出，在公布日后 30 天，累计超额收益率呈现持续上涨，这与 t 检验结果一致，说明事件日前后 30 天的累计超额收益率均值为正值。

（2）基于沪市数据的计算。基于上证指数和一拖股份收盘价计算得到回归方程（5）为 $y=-0.5472+0.0042x$，回归系数通过变量显著性检验。从而计算出事件日前后 30 天的预期个股日收益率，并求出超额收益率 AR 和累计超额收益率 CAR。

首先，在中国一拖入驻中白工业园的前一天（2015 年 5 月 11 日）的超额收益率为 -3.006 2，入驻中白工业园后一天（2015 年 5 月 13 日）的超额收益率为 -2.764 3，可见中国一拖入驻中白工业园区的事件公布有着推动股价上升的作用。

其次，判断是否存在信息泄露问题。并购前 10 天出现较大的超额收益率波动情况，说明可能存在着交易信息提前泄露的情况，使用沪市数据进行计算可能存在着信息失真。

最后，t 检验值为 -11.430 0，在双尾检验中显著拒绝累计收益率为

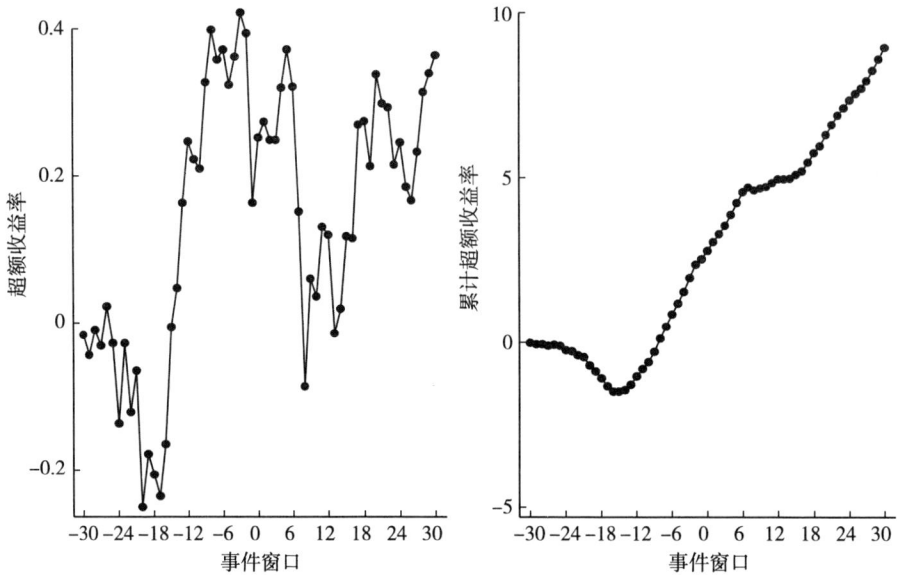

图 10 - 5　2015 年基于恒生指数计算事件日前后 30 天 AR 和 CAR 变化趋势

零的假设，在分项检验中均值大于 0 的原假设被拒绝。从图 10 - 6 可以看出，在公布日后 30 天，累计超额收益率持续下降，这与 t 检验结果一致，说明事件日前后 30 天的累计超额收益率均值为负值。

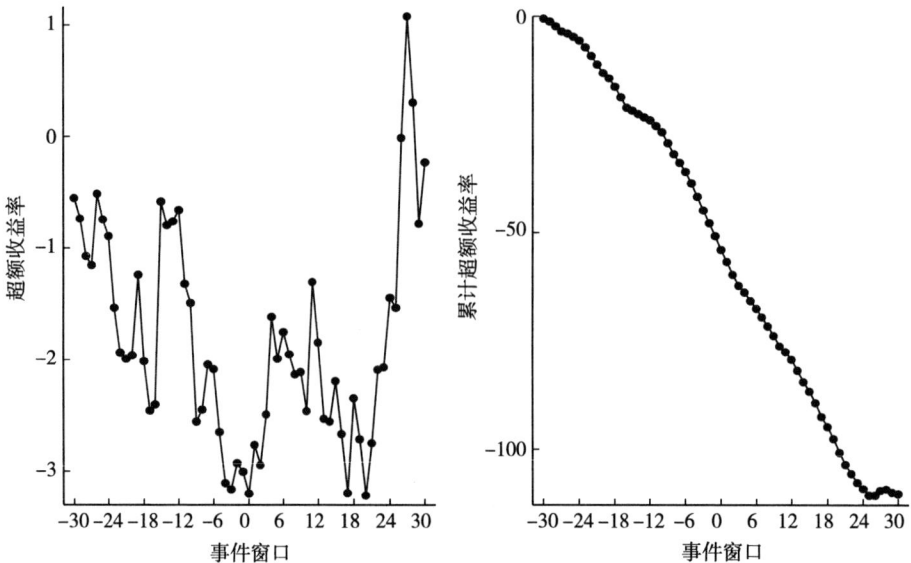

图 10 - 6　2015 年基于上证指数计算事件日前后 30 天 AR 和 CAR 变化趋势

4. 设立一拖白俄技术有限公司的短期绩效分析

（1）基于港股数据的计算。使用恒生指数和一拖港股股价计算得到回归方程（5）为 $y=12.129\,0-0.000\,3x$，回归系数通过变量显著性检验。从而计算出事件日前后 30 天的预期个股日收益率，并求出超额收益率 AR 和累计超额收益率 CAR。

首先，在中国一拖设立一拖白俄技术有限公司的前一天（2017 年 7 月 31 日）的超额收益率为 0.163 2，入驻中白工业园后一天（2017 年 8 月 2 日）的超额收益率为 0.273 0，可见一拖设立白俄罗斯技术有限公司有推动股价上升的作用。

其次，判断是否存在消息泄露问题。并购前 10 天并没有出现较大的超额收益率增长波动，说明不存在交易信息提前泄露的情况，数据可用于判断对股价的影响。

最后，t 检验值为 6.805 7，在双尾检验中显著拒绝累计收益率为零的假设，在分项检验中，均值小于 0 的原假设被拒绝。从图 10-7 可以看出，在公布日后 30 天，累计超额收益率呈现持续上涨，则说明信息公布后一拖股份在我国香港证券交易所的短期市场表现良好。

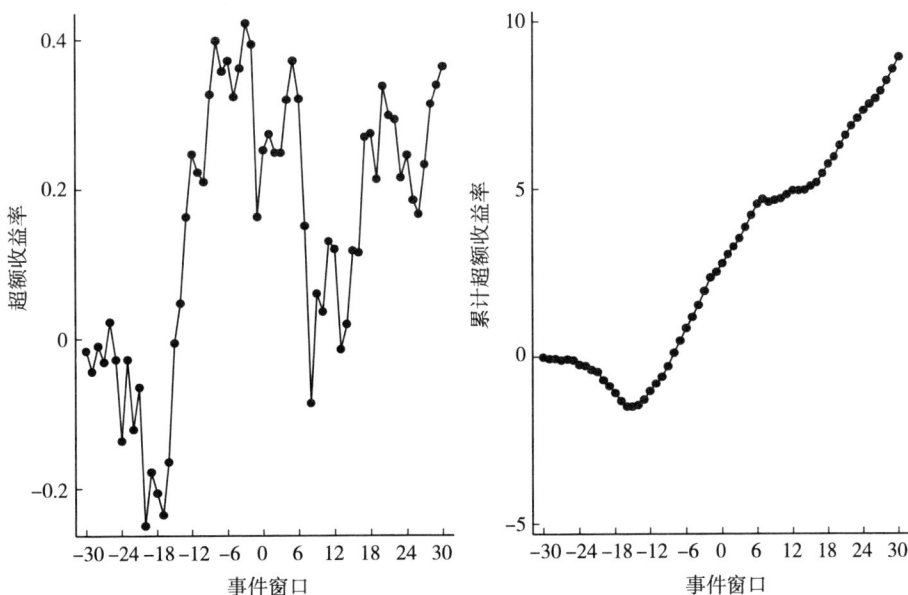

图 10-7 2017 年基于恒生指数计算事件日前后 30 天 AR 和 CAR 变化趋势

（2）基于沪市数据的计算。基于上证指数和一拖股份收盘价计算得到回归方程（6）为 $y=-44.2776+0.0174x$，回归系数通过变量显著性检验。从而计算出事件日前后 30 天的预期个股日收益率，并求出超额收益率 AR 和累计超额收益率 CAR。

首先，在设立一拖白俄技术有限公司前一天（2017 年 7 月 31 日）的一拖股份的超额收益率为 -3.6727，入驻中白工业园后一天（2017 年 8 月 2 日）的超额收益率为 -4.1220。这次境外投资事件并没有推动股价上升。

其次，判断是否存在消息泄露问题。并购前 10 天没有出现较大的超额收益率波动，说明不存在交易信息提前泄露的情况，沪市数据可用于判断对股价的影响。

最后，t 检验值为 -11.4300，在双尾检验中显著拒绝累计收益率为零的假设，在分项检验中均值大于 0 的原假设被拒绝。从图 10 - 8 可以看出，在公布日后 30 天，累计超额收益率呈现持续下降，说明信息公布后一拖股份的累计超额收益率在短期背离沪市大盘走势。

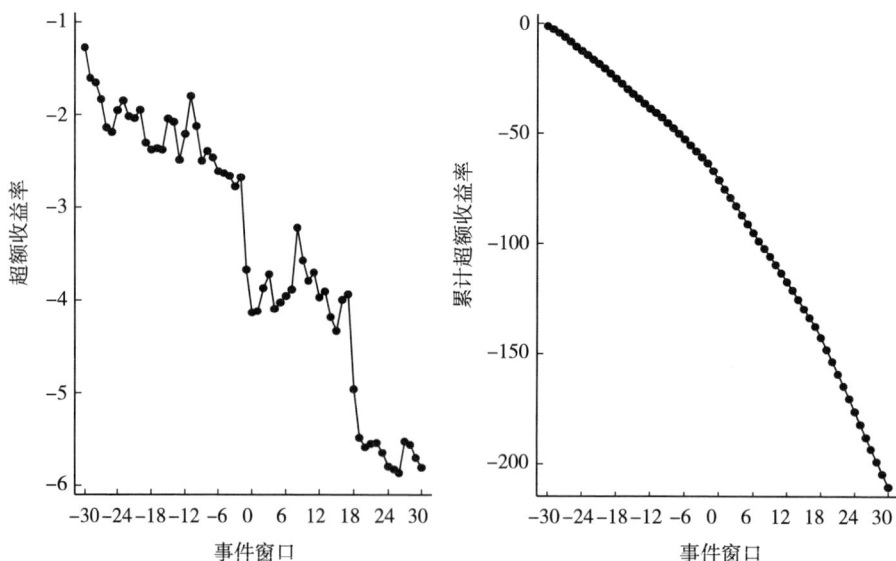

图 10 - 8　2017 年基于上证指数计算事件日前后 30 天 AR 和 CAR 变化趋势

第三节　中国一拖境外投资长期绩效分析

一、长期绩效指标的选取

财务指标分析法是按照相应的标准从企业财务报表中选取一定的指标，通过运用计量模型或评分体系，将所研究的一定期限的结果进行比较，进而得到企业境外投资的长期绩效。这种研究方法没有严格要求对资本市场的有效性假定，经常被拿来研究长期绩效。根据企业绩效评价指标体系和上市公司所披露的年报，本书选取了 5 个财务指标，从盈利能力、股东获利能力和发展能力等多方面进行对企业境外投资长期绩效的综合分析。表 10-4 为具体选取的财务指标。

表 10-4　上市公司综合绩效评价指标体系

评价指标	具体指标	计算公式
盈利能力	销售毛利率	（销售收入－销售成本）/销售收入×100％
股东获利能力	净资产收益率	净利润/平均股东权益×100％
营运能力	存货周转率	营业成本/存货平均余额×100％
偿债能力	资产负债率	负债总额/资产总额×100％
发展能力	净利润增长率	（本年净利润－上年净利润）/上年净利润×100％

二、中国一拖境外投资的长期绩效分析

（1）盈利能力指标。盈利能力通常是指企业在一定期间内获取利润的能力，这里采用"销售净利率"来评价，反映公司产品的竞争获利潜力。中国一拖的销售利润率波动与我国农业机械工业的行业发展基本一致。在农机工业行业的"黄金十年"（2004—2014 年）期间，中国一拖的销售利润率呈现波动上涨，销售净利润在 2010 年达到 5.54％。在农机行业的调整期（2015—2019 年），中国一拖的销售利润率增幅变缓，在 2018 年出现较大幅度负增长。

（2）股东获利能力通常采用"净资产收益率"来评价，反映公司所有者权益的投资报酬率，该指标越高则说明投资带来的收益越好。结合中国一拖的股权变动情况，2008 年中国一拖的企业性质从洛阳国资委下属地方国企，转变为国资委下属央企之后，企业的净资产收益率显著提升。净资产收益率在 2000—2007 年均值为 −0.68%，2008−2019 年均值为 3.46%。如果排除 2018 年的巨额亏损，经过 2011 年、2015 年和 2017 年三次境外投资后的净资产收益率均值 4.02%。因此，无法区分是股权结构变更还是境外投资导致的股东获利能力上升。

（3）营运能力指运用各资产来获取利润的能力，采用"存货周转率"来评价，反映公司销售能力和流动资产流动性。在一般情况下，存货周转率越高，表明公司的销售能力越好。前期研究表明，在 2013—2017 年按照 A 股计算的中国一拖的存货周转率高于农机行业的平均水平（马婧媛，2018）。对比 2000—2011 年以及 2012—2019 年两个阶段的存货周转率均值在 5.5%～5.8%，2011 年境外投资后存货的占用水平更低，流动性略强。同时表明中国一拖按照 H 股计算的营运能力较好，回收资金的速度更快，投资效率较高。

（4）偿债能力使用"资产负债率"来评价，反映了企业举债经营的能力，通常资产负债率在 40%～60% 这个范围内较为适宜。在 2004 年之前，中国一拖的资产负债率较低，之后回归到正常水平。经过 2011 年、2015 年和 2017 年三次境外投资后的资产负债率均值为 59.13%，高于前期的 43.28%，2012—2019 年的资产负债率仍然保持在合理水平。

（5）发展能力是指公司保证生存的前提下，扩展规模、加强自身实力的潜在能力。该指标采用"净利润增长率"来评价，反映企业实现自身价值最大化的扩张速度。一般来说，净利润增长率越大，代表企业的发展能力越强。同样，中国一拖的利润率增长与我国农业机械工业的行业发展基本一致，从 2004—2014 年一拖股份的净利润均呈现波动上涨，其中 2011 年的净利润达到新世纪以来的最高值 5.618 7 亿元。然而，中国一拖 2017 年和 2018 年的净利润呈现下滑，尤其是 2018 年亏损高达 −1.365 0 亿元。企业净利润下滑一方面是一拖股份近期的自身盈利能力有待提高，前期研究发现在 2013—2017 年按照 A 股计算的一拖股份最终盈利能力低于行业平均（马婧媛，2018），另一方面是与农机行业进入深度调整期，拖拉机、粮食作物收获机市场持续低迷有关（张光华，2019）。表 10 - 5 为基于 H 股的 2000—2019 年中国一拖境外投资长期绩效分析。

表 10 - 5　基于 H 股的 2000—2019 年中国一拖境外投资长期绩效分析

单位：%

年份	销售净利率	净资产收益率	存货周转率	资产负债率	净利润增长率
2000	−9.072 1	−7.055	3.330 0	30.391 5	—
2001	−6.064 6	−5.435 5	2.806 6	29.599 4	36.868 51
2002	−2.226	−2.862	3.422 2	35.398 4	54.654 57
2003	1.001 6	0.793 8	4.149 9	40.030 7	163.666 3
2004	0.230 5	0.577 5	4.765 9	38.712 8	−70.143 83
2005	−1.250 5	−2.455 5	5.440 9	43.022 9	−711.551 7
2006	1.171 2	3.445 3	6.853 8	52.555 7	219.763 2
2007	2.897	7.616 1	7.054 8	49.838 7	173.872 8
2008	1.017 7	2.665 6	8.443 5	50.456 2	−59.106 58
2009	3.049 9	9.088 6	8.279 0	48.562 6	238.709 7
2010	5.536 6	18.390 8	7.383 3	57.546 9	105.103 6
2011	4.035 2	12.825 2	8.007 0	60.201 3	−18.574 73
2012	3.658 6	9.078 4	7.902 1	55.847	−9.404 27
2013	2.366 4	5.021 3	5.964 0	56.649 9	−36.852 2
2014	1.844 8	3.698 9	4.641 5	56.936 2	−37.254 88
2015	1.500 6	2.920 4	5.823 0	59.324 9	−15.327 47
2016	2.613 4	4.700 9	6.492 7	58.339	62.443 95
2017	0.525 6	1.174 1	5.531 5	61.433 2	−83.305 09
2018	−24.829 2	−29.533 2	3.924 8	64.567 6	−3 719.527
2019	2.221 2	1.522 2	3.954 0	58.862 7	109.268 5
2000—2011 年平均值	0.027 2	2.251 8	5.828 1	43.283 3	12.114 7
2012—2019 年平均值	−1.262 3	1.267 6	5.529 2	59.129 1	−466.244 8

数据来源：Wind 数据库。选择 Wind 数据库中关于中国一拖集团的 H 股的相关财务指标。

注：①净利润增长率使用净利润值进行环比计算。②2018 年的利润为 −1.365 0 亿元。如果排除 2018 年数据，2012—2019 年销售净利率平均值为 2.10%，净资产收益率为 4.02%，净利润增长为 −1.49%。③局限于篇幅，本书没有增加公司实际控制人的变化对净资产收益率的影响，2000—2007 年均值为 −0.67%，2008—2019 年均值为 3.46%。

第四节 结论与建议

一、基本结论

本书关注境外投资对中国一拖集团有限责任公司绩效的影响，短期绩效分析发现，境外投资事件对中国一拖短期绩效的影响方向并不明确。这与 Henry（2002）的前期研究的统计结果有些相似之处，他统计 302 个并购案例认为 61% 的收购方降低了股东财富。本书通过中国一拖 1998 年设立了一拖科特迪瓦农机装备公司，2011 年收购意大利 ARGO 集团旗下 McCormick 法国工厂，2015 年进驻中白工业园，2017 年设立一拖白俄技术有限公司等事件进行测算分析。由于 2015 年进入中白工业园事件在我国香港证券交易所和上海证券交易所均表现出信息泄露问题，不纳入总结范围。

一是 1998 年设立了一拖科特迪瓦农机装备公司的境外投资事件，在事件日前后 30 天对中国一拖的 H 股股价、超额收益率 AR 和累计超额收益率 CAR 影响为负。

二是 2011 年收购意大利 ARGO 集团旗下 McCormick 法国工厂的境外投资事件，在事件日前后 30 天对中国一拖的 H 股股价、超额收益率 AR 的影响为正。然而，该阶段中国一拖的累计超额收益率 CAR 却持续下降，说明该事件没有扭转中国一拖背离我国香港股市大盘走势局面。

三是 2017 年设立一拖白俄技术有限公司的境外投资活动对股价影响具有不确定性，即使用不同市场的股票交易数据得到相反的结论。在事件日前后 30 天，境外投资事件对中国一拖 H 股的股价、超额收益率 AR 和累计超额收益率 CAR 影响为正。然而，同样的境外投资事件，对中国一拖 A 股的股价、超额收益率 AR 和累计超额收益率 CAR 影响为负。

对于长期绩效分析，考虑到数据原因本书简单对比了中国一拖的港股财务指标，分别从企业的盈利能力、股东获利能力、营运能力、偿债能力和成长能力等方面进行分析。结果表明：一是境外投资对中国一拖的发展能力（销售利润率），以及盈利能力（净利润增长率）的影响力较弱，中国一拖的利润波动与我国农业机械工业的行业发展基本一致。在农机工业行业的"黄金十年"（2004—2014 年）期间，中国一拖的销售利润率和净利润增长率呈现波动上涨，在 2017 年和 2018 年上述财务指标呈现明显下滑。二是经过 2011 年、2015 年和 2017 年三次境外投资后，中国一拖的净资产收益率均值要远高于 2011 年之前的指标，但是考虑到 2008 年中国一拖的控股股东发生改变，本书尚无法区分是股权结构变更还是境外投资导致的股东获利能力上升。三是对比 2011 年前后的境外投资，中国一拖的存货周转率略有提升，存货的流动性略强，同时，中国一拖的资产负债率也略有提升，保持在合意的水平。

二、政策建议

本书对中国一拖"走出去"提出相关政策建议：①正视补贴和优惠政策的双刃剑。农机工业行业指标位于世界前列，部分原因得益于国家的扶持政策。企业应该清醒认识到我国农机购置补贴政策是普惠性财政政策，可能出现未在补贴范围的创新产品，价值越高的产品以及规模越大的企业，越不占据补贴优势。因此，中国一拖需要保持战略定力，保护好未来核心竞争力的源泉。②农机类企业境外并购对企业现金流提出了较高的要求，需要金融部门改善融资环境，增加信贷和信保额度，解决融资需求，降低融资成本。对我国农机企业兼并重组国外企业或在国外投资建厂等给予资金和信贷支持，同时对该类企业所生产的产品在进入国内市场销售时，应免征进口环节税收。③制定长期境外投资战略规划、关注核心领域保持创新势头、引领行业标准。农业机械工业"走出去"并非政治任务，需要结合企业发展状况和行业发展规律制定的战略规划。中国一拖要保护好"东方红"民族品牌、通过技术创新解决农艺活动多样性与农机制造单一性难题，一方面使得出口企业全面通过国际市场认证，例如：ISO9000 质量体系认证和 ISO14000 环保认证，另一方面针对农艺活动多样性和复杂性，以柔性制造系统完善现行农机制造行业标准，健全国际营销网络和服务体系。

本书研究的不足体现在农业机械工业行业实施"走出去"以及进行境外并购行为的企业还有很多，由于数据限制，很多农业机械工业"走出去"企业未能纳入研究范畴。一是难以获得未上市的农业机械类企业的财务数据，例如：福田雷沃国际重工股份有限公司、山东时风集团公司、常林机械集团股份有限公司等；二是在案例选择中剔除了并购活动非农业机械工业类，例如：中联重科在 2008 年与高盛和曼达林基金收购意大利工程机械制造商 CIFA 这类经典案例。三是对于中国一拖的案例研究只是停留于历史资料的获取，缺乏采用访谈、调研等多个手段对中国一拖进行研究。

第十一章　大豆加工企业境外投资研究①

第一节　研究背景

一、大豆行业概况

大豆是我国食用油和蛋白食品的主要原料，也是畜牧业重要的饲料来源，是保障国计民生的重要战略物资。我国大豆 20 世纪 90 年代还基本可以自给自足，从 90 年代后期开始大量进口大豆，到了 2005 年成为世界最大的大豆进口国。我国大豆生产方面，由于国内种植户收益下降，国产大豆种植面积不断减少，2015 年种植面积仅为 610 万公顷，但近些年由于国家政策引导农民减少种植玉米，提倡粮豆轮作，加上玉米市场价格下跌，使得大豆种植面积明显增加，2016 年大豆种植面积回升至 720 万公顷，2017 年更增加至 790 万公顷，增幅接近 10%；同时单产从 2015 年的 1.79 吨/公顷提升至 2017 年的 1.82 吨/公顷。得益于种植面积大幅增加，大豆产量经历 2015 年谷底 1 100 万吨后，2017 年的产量回升至 1 455 万吨。

我国大豆对外依存度都超过 80%，2017 年我国进口大豆 9 554 万吨，比上一年增加 1 163 万吨，增长率接近 14%。我国大豆进口集中在美洲几个国家，这些国家的大豆销售被少数几个寡头垄断，造成我国大豆进口的议价能力不足。2003 年由于受到天气影响，美国农业部预期未来大豆的价格将飙升，为了降低国内大豆加工企业的采购成本，我国近 20 家豆油企业组成采购团到美国采购大豆。采购后国际大豆价格急跌近 50%，我国豆企业出现违约。美国粮商进行了有预谋的起诉，索要高额赔偿金，使

① 节选自华南农业大学经济管理学院研究生黄茜同学的毕业论文，并进行了修改，原稿参见《DL 粮油公司境外投资决策框架分析》，该毕业论文完成于 2018 年 6 月。

得国内相关加工企业受到重创。国际寡头甚至可以利用该手段控制国内企业的股价，进而趁低收购优良资产。跨国粮商占领他国市场的经营方式与路径基本一致：首先是对目标国的原材料进行供应的控制，利用操纵原料价格打压目标国竞争对手，与此同时，在目标国进行产能布局，并利用品牌进一步打击对手，实现兼并扩张最终形成垄断。

二、大豆压榨和食用油产业

大豆是我国重要油脂来源，同时也是蛋白食品和饲料蛋白的重要来源。大豆压榨业是指以大豆为原料通过压榨等工艺手段，生产包括油料产品、蛋白产品、全豆产品以及大豆皮产品在内的多种产品的行业。大豆压榨产业与种植业、加工业、养殖业、饲料工业和食品工业等密切相关，是关系到全国 4 200 万户豆农生计的重要民生产业。随着我国经济发展，食品和养殖等行业快速壮大，大豆压榨行业日加工能力从 2000 年的 3.4 万吨到 2016 年的最高峰 48.54 万吨，2017 年达到 44.98 万吨。

在 2001 年加入 WTO 后，我国在大豆进口方面实行与国际接轨的低税率后，特别是 2004 年大豆风波后，国外的资金开始进入大豆压榨行业，大量收购国内企业，一度占据中国市场半壁江山。后来国企通过合并重组，民企通过灵活经营等方式逐渐恢复并且正规化，从而形成目前国企、外资和民企三足鼎立的局面，大豆加工行业内部的竞争变得愈发激烈。目前，我国大豆加工产能排前十的企业分别为：益海嘉里 13%、中粮 10%、中储粮和渤海 6%、邦基 5%、嘉吉 5%、中纺和汇富均为 4%、达孚 3%、DL 公司 2%。因此，外资大豆压榨企业占据着主导地位，DL 公司是唯一的民营企业。近几年来，外资大豆压榨企业通过大举扩张大豆压榨产能、大量进口转基因大豆的形式挤压内资大豆压榨企业的生存空间。2000 年，内资大豆压榨企业的产能占全行业的 90.3%，到了 2017 年，该纯内资企业产能占全行业比例仅 50%～60%。

从 2011 年开始，我国食用油行业产能开始过剩，为了抢占市场份额和保证一定开工率以降低产能过剩的影响，各地食用油企业展开激烈的价格战，行业利润持续下降。由于大部分企业处于微利状态，对食用油原料价格的敏感度不断上升，大豆原料价格一旦小幅波动都可能使得整个行业利润大幅上升或者普遍亏损。2006 年以后，大豆压榨加工企业的开工基本处于 45％～55％水平。2017 年，我国大豆日加工产能超过 44.98 万吨，年加工大豆能力超过 1.5 亿吨。内资大豆压榨企业在原材料的采购过程中，如果选用国产大豆，企业就基本处于亏损的状态，选用进口大豆利润率仍然落后于外资企业。在大豆套期保值交易上，国际大豆市场价格轻微的变化往往就导致内资大豆压榨企业利润全无，经常出现只要内资大豆企业开始采购，价格立即上涨，内资大豆压榨企业采购结束价格就立刻回调的情况。

国家早在 2008 年 8 月推出《促进大豆加工业健康发展的指导意见》，在《意见》中明确提出了要控制当前大豆压榨加工产能的进一步扩张，一方面控制规模，另一方面要减缓速度。针对目前内资大豆压榨企业技术水平相对低下，品牌建设能力不强的现状提出要扶持国内龙头企业，提高国内企业的竞争力。在《意见》中同时还明确指出了要通过对大豆压榨企业的结构调整，引导内资大豆压榨企业通过兼并、重组的方式，进行行业内资源的有效整合，通过淘汰规模相对较小的大豆压榨企业的方式，提升行业的整体水平。同时，2012 年工业和信息化部、农业部发布的《粮食加工业发展规划（2011—2020 年）》中明确了大豆加工业的产业布局和发展方向是要"促进豆制品生产标准化、规模化和优质化，形成具有特色的豆制品加工产业区"。

第二节　DL 公司基本情况

DL 公司为广东的大型民营大豆加工企业，业务包括油脂压榨、粮食贸易、基础物流等。DL 公司历经十多年发展，以其稳定的质量、优良的服务在市场中享有崇高的品牌声誉。DL 公司拥有两条日处理量 5 000 吨大豆的生产线，同时还拥有干散货库，油罐和两座泊位，日物流配送能力达 30 000 吨。DL 公司为我国最重要的商品期货交易所大连商品交易所的注册交割仓库之一，在保障本区域粮食安全及城乡居民菜篮子工程建设方面发挥着积极重要的作用。相比于大型国企（中粮或者中储粮）和外资企业（益海嘉里），DL 公司生产规模虽然较小，但是 DL 在我国民营企业中市场份额较大，具有一定的代表性。

一、DL 公司的财务状况

近年来由于不断受到外资大豆油企业的挤压、原材料采购价格波动和国内增长放缓等影响，DL 公司的盈利能力下降。DL 公司的销售政策以出厂代理为主，实行出货付清的政策，销售费用率体现了公司近几年对品牌建设投入减少。即便在广州各大超市，也很难见到 DL 公司的粮油产品。这种销售方式的优点在于较低的应收账款周转率，假设年销售收入达到 100 亿元的规模，其应收账款仅为 2 000 万～4 000 万元。

DL 公司主要的财务状况表现为盈利能力较弱以及品牌建设投入较少等。大豆行业固定投入相对低廉，例如 DL 公司第二条日处理量 5 000 吨的生产线固定投资仅为 4.3 亿元，年处理量超过 150 万吨，按照目前产品价格可获取的营业收入超过 70 亿元，固定费用目前大约在 1 亿元。因此，即便 DL 公司产能利用率处于低点，企业也能生存，如果产品价格转好或者采购成本下降，则可能有着数亿元的利润（一年回本）。因此，DL 公司的品牌建设投入较少更多体现了降低企业风险，则需要控制采购成本。表 11 - 1 为 DL 公司 2009—2017 年的生产经营状况。

表 11 - 1　DL 公司 2009—2017 年的生产经营状况

单位:%

年份	毛利率	销售费用率	应收账款周转率
2009	6.47	0.69	248.95
2010	7.72	0.32	504.07
2011	0.89	0.26	103.83
2012	1.68	0.12	390.42
2013	2.97	0.14	274.23
2014	1.56	0.19	600.66
2015	3.9	0.17	610.23
2016	2.63	0.19	479.93
2017	3.64	0.19	465.74

数据来源：DL 公司内部数据。

注：①毛利率是营业收入与营业成本之比；②销售费用率是销售费用占销售收入之比；③应收账款周转率是企业在一定时期内赊销净收入与平均应收账款余额之比。

二、DL 公司的优势

一是 DL 公司具有民族品牌优势。DL 公司是一家纯内资民营企业，既能获得国家政策上对内资的支持，也有民营企业灵活的经营模式，对市场的反应更加迅速，企业运作效率更高。公司历经十多年发展，以其稳定的质量，优良的服务在市场中享有崇高的品牌声誉。公司目前为我国最重要的商品期货交易所——大连商品交易所的注册交割库之一，在保障本区域粮食安全及城乡居民菜篮子工程建设方面发挥着积极重要的作用。国人对自己国家的关注度不断上升，选择民族品牌的消费者越来越多，因此宣传好民族品牌，树立正面形象，企业更容易生存和发展。

二是 DL 公司具有科学管理优势。公司全套引进比利时 De‐Smet（迪斯美）公司的大豆加工工艺、技术和设备，从原粮接收到产品出厂，全部自动化控制。在节省人力成本的同时，还可以保证产品质量。经历了数次行业洗牌危机，DL 公司历练了优秀的管理团队。近年来，为了公司的生存发展，已经开展部分大豆种植的研究，也与国内相关的种子企业进行合作。

三、DL 公司的劣势

一是 DL 公司缺乏原材料的定价权。国际粮商掌控全球的大豆生产，可以控制大豆价格，控制上游。国内的大型国企则可以影响大豆和豆粕的价格，影响下游。DL 公司只能是大豆和豆油豆粕价格的接受者。

二是 DL 公司的规模较小，受运输成本影响较大。大豆加工行业具有区域性特征，受到运输成本的影响。跨国粮商境外投资通常会对东道国进行全国布局减少运输成本影响，可以利用超大型货轮进一步降低单位运输成本。

三是 DL 公司的规模较小，企业技术创新受到限制。以研发费用为例，益海嘉里企业规模较大，全国拥有超过 60 家工厂，日处理量达 6 万吨，2015 年其防城港工厂开发出一套废水吸油设备，在经过工业试验后运作良好，那么就可以在全国其他工厂同时铺开，一套设备每年由于在废水中吸收可用的成分，使得每个工厂原材料节约 5 万～6 万元，全国 60 多家工厂由于这项技术每年节省超过 330 万元。DL 公司只有两家工厂，日处理量仅为 1 万吨，体量与这些全国性企业无法相比。

四是 DL 公司的生产、加工和销售产业链较短。跨国粮商巨头基本走产业链一体化、产品多元化的道路，抗风险和竞争力非常强大，例如益海嘉里，大豆在生产豆油后，低温粕（白豆片）分别经过碱溶酸沉喷粉、研磨、醇洗/干燥等工艺，生产出大豆分离蛋白粉、大豆烘焙蛋白粉、大豆组织蛋白粉、大豆浓缩蛋白粉、糖蜜等产品，产品数量超过 200 种。

第三节　境外投资战略模式与选择

一、订单农业模式

订单农业模式（也称为合同农业模式）是目前跨国粮商普遍采用的方式，具体就是粮商和农户签订固定价格的大豆收购协议，农户免费使用粮商提供的种子、化肥和农药，但未来需要用大豆偿还。订单农业模式是农业跨国企业进入国外市场时运用的最显著的"走出去"模式。订单农业具有市场性、契约性、预期性及风险性，订单中规定的农产品收购数量、质量和最低保护价，使双方享有相应的权利义务及约束力，不可能单方面毁约。

为保证合同的实施，这些农业跨国企业的办法是提供贷款优惠帮助农户解决种子、化肥等生产必需的投入，有的甚至直接给农户提供种子、化肥等。在许多国家由于大多数农户需要解决生产资金短缺、融资成本较高的问题，因此订单农业模式很容易被当地农民接受。这样的模式下，虽然农户不需要太多初期投入，但在后期的农业种植中，却提高了农户的风险，将来必须销售固定数量的大豆，才能偿还粮商当初提供的种子和化肥欠款，超过这个数量，农户才有自己的收入，一旦遇到旱灾或者水灾等自然灾害，农户很可能全年白忙还要欠粮商款项。粮商利用这种模式可以降低自身的风险，还可以控制当地的大豆种植。

粮商通过订单农业和控制收储和运输链条，把当地的大豆相关产业牢牢控制在自己的手里。一旦出现竞争对手争抢大豆，跨国粮商就可以利用以下几种模式打压竞争对手。如果要打破这种情况，那么最好的方式是把当地相关企业和设施一并收购，这可能面临着非常高的收购价格。

（1）在大豆采购方面。国际粮商利用资金优势进行恶性竞争，通过全球范围的调配打压市场价格，同时，把自己低价收购的大豆高价卖给竞争者，从中赚取利润。

（2）在大豆内陆运输方面。国际粮商利用与相关内陆运输公司的关系，垄断大豆运输市场，禁止相关运输公司为新的竞争者提供服务。由于签订长期合同和利益捆绑关系，一般运输公司都会就范，这就让新的竞争者即使买到大豆也无法运到港口。

（3）在港口方面。国际粮商通过控制港口运作，优先满足自己大豆运输的需要，通过排期的方式使竞争者的大豆滞留港口，并收取每天数万美元的滞留费，从而使竞争者难以进入该区域。

（4）在海运方面。大多国际粮商都是多元化经营的巨头，自己本身很可能有运输船队，或者与运输集团有长期契约，可以大幅降低海运成本；新的竞争对手在这里很容易受制于人，被国际粮商在海运费用上再剪一次羊毛。

目前，DL 公司并没有这方面的资金实力。假设 DL 公司取得大豆供应的控制权，国际粮商仍然可以通过其他方式进行打压。大豆生产国集中在美洲，普通贸易模式可以进行，由于部分南美国家的政局不稳以及经济风险较高，大规模境外投资则需要慎重。

二、绿地模式

绿地投资即在东道国投资境内创立工厂、独资、合资企业，这样的模式直接提升了东道国的产出与就业。绿地模式应用于大豆企业中具体是指到非专业生产大豆的国家或非传统大豆生产强国进行规划、试验、生产，自行开垦土地，聘请当地农民，进行新基地的生产。

绿地模式拥有着以下优势：一是不在原来国际粮商传统经营区域经营，受到的影响可以说非常小；二是可以按照自己的实力进行多期规划，从而降低整体风险；三是利用该基地降低国际大豆波动给企业带来的影响，在新基地大豆无法完全满足需求时，如果大豆价格上升，则可以优先使用新基地的大豆；如果大豆价格下降，则可以采购部分国际大豆满足需求。四是自行开垦可以通过人为调节使得土壤处于最适宜耕种大豆的状态，可以提高单产。五是采用绿地模式，一方面可以自行兴建部分水利设施，减少灾害影响；另一方面可以采用最新的耕种科技，例如大型农耕机械和无人机技术进行耕种，从而提高产量。六是利用当地劳动力进行生产，在可能情况下，聘用当地的农户，经培训合格后，由他们负责大部分的种植任务，这样一方面可以降低成本，另一方面还可以提高当地居民收入。

绿地模式拥有着以下劣势：一是投资大，一旦投资即使在初期也需要比较大量的资金量进行投入；二是见效慢，一般从选址到开垦再到耕种，最后才收成，这个过程将经历数年时间；三是开垦难度较大，在政局比较稳定的国家，一般容易开垦的土地已经被开发，而没有被开垦的一般都是土地贫瘠、当地无法开垦的地区；而如果有一大片容易开垦的土地，则很可能当地的政局并不稳定；四是基础设施落后，世界上绝大多数国家都没有像中国那样的基础设施，多数国家还经历战争，基础设施已经被严重破坏，需要重建。五是水土不服，我国培育的品种甚至是国外的转基因品种，由于生长环境不同很可能出现水土不服的情况。

绿地模式确实面临着诸如重新投资、重新开垦、评估大豆品种等难题。如果 DL 公司能够紧跟国家"一带一路"的步伐，优先在已经建设港口的国家或者地区进行考察选点，或者在沿线国家和地区同时进行试培育，可能降低部分投资风险。选择亚投行已经资助投资基础设施的国家，其相关战争和疫病风险、政治风险、宏观经济风险等可以得到相应控制。

三、DL 公司境外投资的战略选择

DL 公司采取延伸上游产业链的战略措施。2013 年 12 月，DL 公司在美国芝加哥设立公司全资子公司 ZL 公司，并在美国芝加哥设立控股子公司 YL 公司。YL 公司主要经营范围为谷物等饲料原料的采购、物流装运等业务。YL 公司设立的目的是了解国际市场行情，尽量降低原料价格波动带来的风险，一方面可以从源头上获取市场动态，与当地信誉良好、品质稳定的谷物供应商建立业务往来；另一方面，帮助公司及时、准确地获取国际市场资讯。

控制大豆价格波动风险，是 DL 公司境外投资的第一步。解决原料价格波动问题，需要寻找便宜稳定的大豆供应来源，这是 DL 公司境外投资战略部署的第二步。2017 年末，DL 公司开始谋划境外大豆种植的绿地投资。借助国家"一带一路"的战略规划，在沿线国家寻找合适的大豆种植地区进行绿地投资，平抑大豆价格波动和国际粮商盘剥。

（1）境外风险评估与区域选择。DL 公司主要在"一带一路"沿线国家中选择适合的国家或者地区。境外投资风险识别非常重要，这部分工作甚至需要交付给咨询专业机构进行严格评估（表 11-2）。由于 DL 公司规模较小，融资能力有限，可用于境外投资的资金相对短缺，在境外投资战略选择上宜采取追随战略。为确保我国粮食安全，一些实力雄厚的大型农业企业实施境外投资，这些"走出去"的大型农业企业基本上进行严格的境外投资风险评估。有些企业资金实力雄厚，甚至直接在当地进行相关基础设施建设。作为规模较小的民营企业，DL 公司通过学习大型农业企业的境外投资经验，分享已经投资建设的设施，包括道路、仓储和运输设施等降低境外投资成本和风险。

表 11-2 境外投资的风险类型

分类	风险类别	风险涵盖的内容
国家风险	政治风险	政权更迭、战争和相关政治因素产生的风险
	法律风险	东道国公司面临外汇管理、税收和经济活动等法律变动风险
	文化风险	当地居民对外来投资的接受程度、内部矛盾、民风、犯罪率
	经济风险	东道国经济波动、汇率变化产生的风险
	政府风险	政府的执行力和公信力、腐败程度、政府产业导向等
	国际金融	融资方式、融资成本和相关政策风险
企业风险	决策风险	盲目性投资风险
	市场风险	内部经营和市场环境变化的不确定性
	监控体系风险	对当地投资的监控方式和紧急情况下的应急预案
	文化融合风险	东道国的文化和本企业差异大，无法融合的风险
	人才风险	缺乏愿意到国外的员工或者当地无法招聘合格员工的风险

（2）区域调研。大豆不同生长时期的适宜温度：在 10～12℃ 开始发芽，以 15～20℃ 最适、生长适温 20～25℃、开花结荚期适温 20～28℃。

低温下结荚延迟，低于 14℃不能开花，温度过高植株则提前结束生长。

大豆适宜生长在肥沃的土壤。DL 公司通过以旅游或者公干的名义到实地进行考察，对当地的土壤进行取样检测，并根据内部掌握的相关指标和表 11-3 的权重进行评分。大豆生产最好选择宽广的平原地区，便于大规模采用农用机械，便于降低种植成本。大豆运输成本与当地的基础设施情况密切相关，需要评估公路、港口和铁路等交通设施以及运输条件。

局限于篇幅，本书仅列举了 DL 公司关于大豆种植适宜区域分析的自然因素指标权重表（表 11-3）。从区域调研获得的数据，一方面结合前两项进行综合评分，另一方面则是对可能投资的区域进行经济性评价，包括根据自然因素指标权重得出的开垦投资、可以利用当地的设施和需要投资的设施、当地的工资和本企业派出人员工资、营运成本和预计收成，从而计算得出预计的单位成本。最后根据单位成本和前述风险，得出最佳的数个投资目标国。

表 11-3　DL 公司关于大豆种植区域调研的自然因素指标权重

影响因子	指标	权重
气候因素	气候适宜度	0.292
地形地貌	坡向	0.047
	坡度	0.079
土壤	pH	0.068
	有机质含量	0.147
	碱解氮含量	0.071
	速效磷含量	0.068
	速效钾含量	0.081
	表土含盐量	0.084
自然灾害	自然灾害率	0.063

数据来源：DL 公司内部数据。

（3）试样种植。在确定最佳的投资目标国（可多个）后，则需要通过与当地农户进行合作，进行小范围的试样种植。首先，利用现有技术对当地的土壤进行改造，使得土壤含有的各种微量元素符合最佳大豆种植指标。其次，若目标国区域比较大，最好多个区域范围同时进行，避免不同区域之间的气候环境变化造成风险。再次，需要派遣专业技术人员对当地农户进行培训跟踪，或者直接利用相关资源进行种植，并进行相关种植记录。最后，根据收成，推算单位面积的实际产量，并对大豆的成分进行检验，包括实际含油率、饱满度、单位重量、颗株大小和形态等，并进行实际矫正，从而确定下一步投资的方向。

（4）小规模种植。根据以上的考察和实验结果，确定最终计划投资国。最终计划投资国最好有两个，分别在两个半球，由于大豆种植有季节性，同时在两个半球种植可以使得大豆供应交替进行。可以分批实行，即先开始一个国家的初期投资，然后再视情况开展另一个国家的投资。

初次投资时，建议采用合资的策略，虽然合资容易造成管理决策不一、技术泄密和分配矛盾等问题，但是初期利用合资策略，有以下好处：一是可以利用对方熟悉东道国的相关法律政策，降低法律风险的同时还可以获得较多税收或者政策上的优惠；二是分担风险，降低投资和损失；三是利用对方对东道国的了解，有助于做出正确的决策方案。

初期投资为了降低风险，建议尽量利用当地的基础设施，仅仅进行少量必要的设施投资，开垦的面积严格控制在可控范围内，在有收成时，及时汇总总结，改进技术方案的同时，推算按照正规耕种方式的效益，从而决定是否大规模种植。

（5）大规模种植。当效果符合预期时，可以考虑是否大规模开垦种植。投资方式可以根据对当地的了解情况选择独资或者降低合作者的股份。采用总体规划的耕种模式，全面采用机械化和无人机作为耕种手段，降低成本；完善相关仓储设备，与物流配送企业签订长期合同；与兄弟单位合作操作港口业务，加快大豆运转，使之成为大型一体化大豆种植和运输配送基地。

四、大豆种植成本与价格比较

（1）国内大豆成本。国内平均每亩大豆的种植成本为 361 元，其中直接成本为 177 元，间接成本为 184 元，二者相差不大（表 11-4）。在直接成本中，占比最多的是机械作业费和化肥费，其次是人工费和种子费。间接成本中，地租费用占 79.8% 左右。

我国目前大豆普遍亩产 150~170 千克，按照这个亩产量水平，大豆单位成本为 2.12~2.41 元/千克。国内的相关科研单位试验的大豆亩产可以达到 300 千克/亩，最高可以达到 320 千克/亩。事实上，试验田的亩产在大规模推广后都很可能达不到那么高，原因在于：试验田面积不大但需要花非常多的人力物力进行耕种，真实推广不可能时刻监控土壤的各种参数，及时进行灌溉施肥和清理杂草。大规模推广时能和世界各种转基因大豆持平已经属于不错的效果，如果可以达到大约 196 千克/亩，那么单位成本则是 1.84 元/千克。

表 11 - 4　国内大豆种植成本

单位：元/亩

序号	项目名称	成本
1	直接成本合计	177
1.1	种子	24
1.2	化肥	44
1.3	农药	17
1.4	机械作业费	51
1.5	晒场占用费	7
1.6	人工费	26
1.7	其他费用	8
2	间接成本合计	184
2.1	管理费用	37
2.2	地租	147
3	合计	361

数据来源：DL公司内部数据。

（2）与进口大豆价格对比。在国外大豆亩产 150~170 千克，大豆单位成本为 2.12~2.41 元/千克，按照 6.9 汇率折合美元为 307.76~348.79 美元/吨，大豆成本的均值为 328.28 美元/吨。若经过改进使得亩产可以达到 196 千克，那么折合成美元则为 266.67 美元/吨。收储和运输到港费用大概为 100 美元/吨。

近五年我国进口大豆平均到岸价格和预计自产单价对比见表 11 - 5。在大豆价格处于高位时，则按照目前的产量进行投资，也可以节省超过 100 美元/吨的成本。在 2015 年、2016 年和 2017 年国际大豆价格处于相对低位，自产大豆的价格比世界大豆低。

在试样种植时，大豆推算亩产需要达到或者接近达到理想水平时才进行小规模种植。在国外试样种植时需要重新核算大豆的生产成本，以获得最准确的数据支撑投资决策。

表 11 - 5　自产大豆与进口大豆价格对比

单位：美元/吨、%

年份	进口价格	目前自产价格	与进口对比	理想自产价格	与进口对比
2012	565.305 7	428.28	−137.026	366.67	−198.636
2013	565.490 1	428.28	−137.21	366.67	−198.82
2014	527.070 1	428.28	−98.790 1	366.67	−160.4
2015	425.457 1	428.28	2.822 944	366.67	−58.787 1
2016	404.957 7	428.28	23.322 31	366.67	−38.287 7
2017	414.95	428.28	13.331 82	366.67	−48.278 2

数据来源：DL 公司内部数据。

第四节　DL 公司境外投资意向对公司绩效的影响

一、数据来源与变量选择

DL 粮油公司是非上市公司，数据主要来源于公司内部的资产负债表以及利润表，选取 2012 年 1 月—2018 年 6 月的月度数据，考察公司的对外投资意向对于公司绩效的影响。

首先，被解释变量的选取。反映公司绩效的指标有很多，本书选择月度毛利润、月度毛利率和营业成本率作为因变量。

其次，核心解释变量的选取是 DL 公司境外投资行为和意向。由于 DL 公司是 2013 年 12 月在美国设立全资子公司 YL 公司，由于商业保密等原因并未拿到 DL 公司投资金额数据，据此设置了境外投资行为的虚拟变量。同时，本书设置是否有境外投资意向变量，了解到 DL 粮油公司 2017 年末布局大豆种植业境外投资，考虑到中国春节假期等影响，本书将 2018 年 3 月作为 DL 公司有境外投资意向的起始时间点，据此设立虚拟变量。

最后，控制变量的选取。本书选择股东权益比率、负债率、速动比率、资产规模对数值以及高管持股比例作为控制变量。表 11-6 为变量定义与描述统计。

表 11-6　变量定义与描述统计

分类	名称	定义	平均值	标准差	最小值	最大值
因变量	月度毛利润	营业收入－营业成本	−0.037 6	0.529 7	−1.17	1.5
	月度毛利率	月度营业毛利润/ 月度营业收入	−0.004 4	0.057 9	−0.124 2	0.137 5
	营业成本率	营业成本/营业收入	1.004 4	0.057 9	0.862 5	1.124 2
核心 自变量	境外投资行为	2014 年 1 月以后（含）＝1, 其他＝0	—	—	—	—
	境外投资意向	2018 年 3 月以后（含）＝1, 其他＝0	0.051 3	0.222	0	1
控制 变量	股东权益比率	股东权益总额/资产总额	0.030 2	0.082 1	−0.090 3	0.178 7
	资产负债率	负债总额/资产总额×100%	0.967	0.024	0.923 2	0.995 3
	速动比率	速动资产/流动负债	0.818 4	0.023 9	0.788 1	0.860 7
	资产规模对数	公司资产规模（取对数值）	1.834 2	0.039 4	1.787	1.906 2
	高管持股比例	公司高管持股所占比重	0.052	0.021 2	0.012 4	0.065 1

二、模型选择与估计

（1）模型选择。由于 DL 公司是 2013 年 12 月在美国设立 YL 公司，据此本书设置了境外投资的虚拟变量 *OFDIRdum*，2014 年 1 月以后设置为 1，其他月份设置为 0。DL 公司 2018 年 3 月开始布局大豆境外种植计划，并未展开实际的境外投资行动，据此本书设置了大豆境外投资意愿虚拟变量 *OFDISdum*，2018 年 3 月以后设置为 1，其他月份设置为 0。由于选择了不同的绩效考核指标，本书选择以月度毛利润、月度毛利率和营业成本率为被解释变量。并通过构建多元回归模型分析境外投资意向对公司绩效的影响，具体模型见式（11-1）和（11-2）。

$$y = \alpha + \beta OFDIRdum + \gamma Z + \xi \qquad (11-1)$$
$$y = \alpha + \beta OFDISdum + \gamma Z + \xi \qquad (11-2)$$

其中，*y* 为 DL 公司绩效指标，本书用毛利润、毛利率和营业成本率表征。核心解释变量是公司实际境外投资行为虚拟变量 $OFDIRdum$ ，境外投资行为虚拟变量 $OFDISdum$ 。Z 为控制变量，选择股东权益比率、负债率、速动比率、资产规模对数值以及高管持股比例等。ξ 为随机扰动项，α,β,γ 为待估计参数。

（2）模型估计结果。根据上文选取的变量进行多元回归，结果如表 11-7 所示。模型有 6 个。其中，模型（1）、（2）和（3）是基于 DL 公司境外投资行为对公司绩效的影响结果，模型（4）、（5）和（6）是基于 DL 公司境外投资意向对公司绩效的影响结果。模型（1）和（4）的解释变量是月度毛利润，模型（2）和（5）的解释变量月度毛利率，模型（1）和（4）的解释变量是营业成本率。

首先，分析 DL 公司境外投资行为对公司绩效的影响，发现境外投资行为对公司绩效的影响显著为正。其中，当使用月度毛利润和月度毛利率等公司绩效指标，发现境外投资行为对公司绩效影响显著为正，当使用营业成本率——体现公司绩效的反向指标，发现境外投资行为对公司绩效的影响显著为负。模型（1）、（2）和（3）同时也验证了境外投资行为对公司绩效影响的稳健性。其他控制变量中，仅有资产规模数值对 DL 公司的月度毛利润影响为负，这说明 DL 公司有进一步拓展的空间。这说明控制变量的选择存在着遗漏变量的可能，然而局限于数据获取无法对模型进行进一步的修正。

其次，分析 DL 公司境外投资意向对公司绩效的影响，发现境外投资意向对公司绩效的影响显著为正。其中，当使用月度毛利润和月度毛利率等公司绩效指标，发现境外投资意向对公司绩效影响显著为正，当使用营业成本率——体现公司绩效的反向指标，发现境外投资意向对公司绩效的影响显著为负。同样，模型（4）、（5）和（6）同时也验证了境外投资行为对公司绩效影响的稳健性。与前面模型（1）结果类似，模型（4）、（5）和（6）中的资产规模对数值则对企业绩效的影响为负，同时控制变量股东权益比率、速动比率能显著提升企业的绩效。

表 11-7　DL 公司境外投资对公司绩效影响的回归结果

变量	模型（1）	模型（2）	模型（3）	模型（4）	模型（5）	模型（6）
境外投资行为	0.906 0*	0.089 5*	−0.089 5*			
	(0.482 5)	(0.052 3)	(0.052 3)			

（续）

变量	模型（1）	模型（2）	模型（3）	模型（4）	模型（5）	模型（6）
境外投资意向				0.887 5**	0.089 1**	−0.089 1**
				(0.350 2)	(0.038 0)	(0.038 0)
股东权益比率	3.151 0	0.265 4	−0.265 4	9.657 0**	0.918 4**	−0.918 4**
	(3.099 0)	(0.335 7)	(0.335 7)	(3.950 1)	(0.428 8)	(0.428 8)
资产负债率	−8.173 5	−1.449 4	1.449 4	40.278 5*	3.394 1	−3.394 1
	(20.207 7)	(2.189 2)	(2.189 2)	(23.006 9)	(2.497 5)	(2.497 5)
速动比率	8.556 2	0.563 5	−0.563 5	46.224 6**	4.338 3*	−4.338 3*
	(17.656 5)	(1.912 8)	(1.912 8)	(21.502 4)	(2.334 2)	(2.334 2)
资产规模对数值	−10.808 9*	−1.024 8	1.024 8	−18.666 6**	−1.816 3**	1.816 3**
	(6.254 5)	(0.677 6)	(0.677 6)	(7.138 1)	(0.774 9)	(0.774 9)
高管持股比例	0.605 2	0.260 6	−0.260 6	6.209 6	0.813 0	−0.813 0
	(7.373 2)	(0.798 8)	(0.798 8)	(6.372 2)	(0.691 7)	(0.691 7)
常数项	19.924 3	2.730 9	−1.730 9	−43.238 9	−3.580 0	4.580 0
	(24.690 5)	(2.674 8)	(2.674 8)	(27.757 5)	(3.013 2)	(3.013 2)
样本量	78	78	78	78	78	78
F 值	2.75	3.01	3.01	3.29	3.51	3.51
$Prob > F$	0.018 6	0.011 3	0.011 3	0.006 5	0.004 2	0.004 2
R^2	0.188 3	0.202 6	0.202 6	0.217 6	0.228 8	0.228 8

数据来源：华南农业大学经济管理学院研究生黄茜同学的毕业论文《DL粮油公司境外投资决策框架分析》的附录部分。

注：①"（）"括号内的是标准误；②＊表示变量在 0.01 的显著性水平下显著，＊＊表示变量在 0.05 的显著性水平下显著，＊＊＊表示变量在 0.1 的显著性水平下显著。

第五节　结论与建议

一、基本结论

大豆是我国食用油和蛋白食品的主要原料，也是畜牧业重要的饲料来源，是保障国计民生的重要战略物资。国内对大豆需求量较大，而国内大豆产量供给严重不足，导致进口量日益增多，大豆对外依存度较高。由于大豆进口渠道较为单一，主要被大豆主产国的寡头企业垄断，国内大豆市场议价能力不足。本书以 DL 粮油公司为研究对象，分析其大豆境外投资战略以及对公司绩效的影响。DL 公司是我国一家民营企业，在民营企业中占据大豆压榨行业最大的市场份额。同时，DL 公司是我国最重要的商品期货交易所大连商品交易所的注册交割仓库之一。

在境外投资方面，DL 公司分了两步走。第一步是 2013 年 12 月，DL 公司在美国芝加哥设立公司全资子公司 ZL 公司，并在美国芝加哥设立控股子公司 YL 公司，目的在于了解市场信息，控制大豆价格波动风险。第二步是 2018 年 3 月，谋划境外大豆种植的绿地投资。本书梳理 DL 粮油公司基本情况，分析 DL 公司的优势和劣势，最后通过大豆成本预测、单位成本预测、大豆成本对比等讨论 DL 公司境外种植大豆决策的可实施性。

最后，本书选取 DL 公司 2012 年 1 月至 2018 年 6 月的月度数据，实证分析了 DL 公司境外投资行为和境外意向对公司绩效的影响。实证结果表明：DL 公司境外投资行为和境外投资意向均对公司绩效的影响显著为正，通过稳健性分析发现 DL 公司境外投资行为和意向有助于提高公司的月度利润率、月度净利率，降低了营业成本率等绩效指标。

二、政策建议

一是处理好大豆生产的国际和国内市场关系。粮食安全是国家安全的基础，保障国家粮食安全关系着一国政治、经济与社会发展，关系着国家和社会的稳定局面。转基因大豆的大量进口与外资在豆油压榨行业的垄断导致国产大豆种植面积与产量不断萎缩，我国从大豆原产国转变为世界上最大的大豆进口国。国内市场需要明确大豆的主粮属性，加大对大豆育种、制种、良种推广的政策扶持，加强大豆的良种补贴与良种良法推广，扩大中国大豆主产区、大豆优势生产区的大豆种植面积。充分利用国外市场，加强国际合作，加大大豆种植转移，寻找"一带一路"沿线国家适合种植大豆的国家和地区，例如：俄罗斯等，充分利用国内国外两种资源、两个市场保障供给。

二是明确境外投资目的，降低境外投资风险。要处理好公司利益和国家利益的关系，必须解决大豆加工企业为什么要走出去的问题。国家鼓励企业对外投资的目的是解决在国内无法解决或者不容易解决的问题。因此，根据国家战略，企业制定符合自身比较优势的投资策略，从而降低境外投资风险。DL 公司大豆种植的绿地投资策略利于降低大豆采购风险，降低采购价格，在真正实施时，必须谨慎，量力而行，循序渐进，控制风险，切忌在没有了解清楚当地情况的条件下，盲目投资，造成企业资产的损失。

三是处理好竞争与合作的关系。DL 公司需要处理好与国际粮商的竞争与合作关系，通过研究国际粮商发展历程，总结成功与失败的案例，借鉴其境外投资风险控制经验。DL 公司需要与国内"走出去"企业保持密切交往，境外大豆种植计划需要依托前期"走出去"企业建设的基础设施，需要借助他们积累的公共关系。DL 公司的境外大豆种植计划，更离不开东道国政府、社区、合作单位和居民的配合，关注企业境外投资社会责任，雇佣当地人工作、关注民生、减少抵触情绪。

第十二章 广东海大集团境外投资绩效分析[①]

第一节 研究背景

广东海大集团股份有限公司（以下简称海大集团）是国家重点高新技术企业，在全国饲料行业中位于前五位之列，作为主营水产、禽畜饲料的农牧企业，是我国农业对外投资合作的民营企业代表。为保证原料供应和开拓境外市场，海大集团从2012年开始积极开展境外投资，截至2017年末已经在新加坡、越南、印度尼西亚、美国等国家地区设立子公司共30余家，投资累计2.4亿美元，为我国与"一带一路"沿线国家的贸易合作和国际友谊发展作出了突出贡献（江珊，2018）。

本书关注海大集团进行境外投资行为对公司长短期绩效的影响。针对短期绩效的研究，本书使用事件研究法，对公司境外投资事件的超额收益率和累计超额收益率进行分析，进而判断境外投资是否给公司股东创造正的并购财富效应[②]，即带来正向的短期绩效。对于长期绩效，本书采用两种方法。一是研究境外投资次数对企业股票价格的累积效应，二是采用EVA评价法观测境外投资对公司长期经营状况的影响。财务指标法经常被用来研究企业长期经营状况，然而财务指标中传统的会计利润无法准确反映企业的资本成本，导致利润虚增现象。而经济增加值EVA突破传统会计指标固有的局限性，从企业股东的角度定义企业的利润，体现了资本增值这一概念，增强了与企业投资决策目标的关联性（屠巧平、马李杨，2014）。

实证结果表明：一是境外投资总体上能为集团带来良好的短期绩效，

[①] 本章节主要执笔人：李娥、李尚蒲、曹迎迎等。

[②] 并购的财富效应指市场对并购的反应导致股票价值的变化，从而引起股东财富的变化。

给股东增加财富。二是境外投资给海大集团带来良好的长期绩效，明显增加了企业价值。通过科学评价海大集团的境外投资行为，对农牧企业理性地进行境外投资有着一定的借鉴意义。

第二节　海大集团境外投资背景及历程

一、海大集团境外投资背景

近年来，我国养殖业进入了生产速度放缓、结构逐步优化的新时期，饲料行业发展正面临市场竞争激烈、技术更新、产业融合等挑战。饲料总量增长速度减慢加剧了饲料行业内部的竞争。综合实力较强的企业若要在竞争中壮大，必须加强持续发展能力，加快打造全产业链的步伐。同时，加大国外饲料新兴市场投资，拓展发展空间，对拥有规模和技术优势的企业而言不失为一种良策。

海大集团核心产品为水产饲料和禽畜饲料，位于产业链中心，对上承接农产品原料，对下主要服务养殖业。近年来，公司产品逐渐向高附加值产品方向渗透，积极发展原料、动保、苗种、养殖、流通和食品加工等业务，大大扩充了获利空间。此时，进行境外投资不仅有利于公司应对国内饲料工业优化发展带来的挑战，还可以抢抓境外新兴市场饲料行业快速发展的机遇，开拓境外市场的占有率，加速公司生产和销售国际化的进程。

二、海大集团的境外投资历程

根据本团队在海大集团调研，以及查阅该上市公司的年度报告，共梳理出 22 起境外投资事项。因为有些投资事项的公告时间为同一天，所以本书按照公告时间归纳为 12 个事件，具体详见表 12-1：

表 12-1　海大集团的境外投资历程

事件	公告时间	投资事项	国家（地区）	股权	结果
1	2012 年 2 月 9 日	并购 Panasia Trading Resources Ltd	英属维尔京群岛	80%	成功

（续）

事件	公告时间	投资事项	国家（地区）	股权	结果
2	2013 年 9 月 30 日	并购越南海兴农水产种苗有限责任公司	越南	100%	成功
3	2015 年 5 月 6 日	成立 Rickworth Investments Limited	我国香港	100%	成功
4	2015 年 5 月 6 日	成立 Nano south Limited	我国香港	100%	成功
	2015 年 9 月 1 日	成立 Lanking Rickworth Pte. Ltd	新加坡	100%	成功
	2015 年 9 月 1 日	成立 Lanking Nano Pte. Ltd	新加坡	100%	成功
5	2015 年 9 月 1 日	成立海阳海大集团有限责任公司	越南	100%	成功
	2016 年 7 月 18 日	成立 Oceanic Forward ventures Limited	我国香港	100%	成功
6	2016 年 7 月 18 日	成立 Power spring investments Limited	我国香港	100%	成功
	2016 年 7 月 18 日	成立 Link Tide Limited	我国香港	100%	成功
	2017 年 6 月 23 日	成立 Kinghill holdings pte. ltd	新加坡	100%	成功
	2017 年 6 月 23 日	成立 Kinghill pte. ltd	新加坡	100%	成功
7	2017 年 6 月 23 日	成立 Kinghill resources pet. ltd	新加坡	100%	成功
	2017 年 6 月 23 日	成立 Kinghill agri pte. ltd	新加坡	100%	成功
	2017 年 9 月 28 日	成立印尼海大集团农业有限公司	印度尼西亚	100%	成功
8	2017 年 12 月 19 日	成立 HAID (ECUADOR) FEED CIA. LTDA	厄瓜多尔	100%	成功
9	2018 年 1 月 18 日	成立 PT. HAIDA SURABAYA TRADING	印度尼西亚	100%	成功
10	2018 年 11 月 22 日	并购 KEMBANG SUBUR INTERNATIONAL LTD.	马来西亚	100%	成功
	2018 年 11 月 22 日	并购南洋（越南）水产苗种有限公司	越南	100%	成功
11	2018 年 12 月 28 日	成立马来西亚升龙水产科技有限公司	马来西亚	100%	成功
12	2018 年 12 月 28 日	成立越南海贝生物技术有限责任公司	越南	100%	成功
	2019 年 1 月 10 日	成立印尼海兴农科技有限公司	印度尼西亚	100%	成功

资料来源：由上市公司公告、团队在海大集团调研整理所得。

第三节 海大集团的境外投资对公司短期绩效的影响

一、事件研究法

事件研究法是通过分析公告日前后的股票价格变动情况，从而判定该事件对公司短期绩效影响的方法。具体分为四个步骤：先确定事件窗口日期、接着算出市场模型参数、然后估计超额收益率和累计超额收益率、最后进行显著性检验。本书将以超额收益率的正负、累计超额收益的正负与趋势作为判断境外投资事件对短期绩效影响的标准（朱穗昌等，2018），具体的步骤为：

一是以事件公告日为 0 日，选择公告日前 130 天至前 31 天（−131，−31）作为估计区间，选择公告日前后 30 天（−30，30）作为事件区间。

二是使用（−130，−31）内的个股收盘价格和市场收盘指数，得到该估计区间的个股日收益率（R_{it}）和市场日收益率（R_{mt}）。计算公式为：$R_{it}=P_t/P_{t-1}-1$，$R_{mt}=Index_t/Index_{t-1}-1$。其中，$P_t$ 指第 t 日的股票收盘价，P_{t-1} 指第 $t-1$ 日的股票收盘价，$Index_t$ 指第 t 日的市场收盘指数，$Index_{t-1}$ 指第 $t-1$ 日的市场收盘指数。

三是以上述的个股日收益率（R_{it}）和市场日收益率（R_{mt}）为样本，构建市场模型 $R_{it}=\alpha+\beta R_{mt}$，利用 Stata 得到 α 和 β。

四是利用市场模型、α 和 β，通过 Stata 计算得到事件区间（−30，30）的日正常收益率。

五是计算股票在事件区间（−30，30）的超额收益率（AR）和累计超额收益率（CAR）。公式为：$AR=$ 股票的日实际收益率−日正常收益率，$CAR=\sum_{t=-30}^{30} AR$。

六是进行统计显著性检验。假定事件的发生不影响股票收盘价时 CAR 服从均值为 0 的正态分布，对 CAR 是否显著异于 0 进行统计检验，其检验统计量服从 t 分布。

二、海大集团境外投资的短期绩效分析

1. 对事件一的短期绩效分析

海大集团于 2012 年 2 月 9 日发布公告，收购 Panasia Trading Resources Ltd 80％股权。市场日收益率系数大于 0，在 1％的水平下显著，同时方程显著性为 0.000 0，表明海大集团的个股日收益率和市场日收益率正相关。

从图 12-1 中可以看出，［－1，－5］窗口期的超额收益率 AR 为负数，［－11，25］窗口期的累计超额收益率一直为负数，反映出市场对海大集团此次境外投资行为的消极情绪。而公告日第二十五个交易日（2015年 3 月 15 日）显著的超额收益率的产生，可能是因为海大集团 2012 年 3 月 13 日公布了《海大集团：关于使用自有资金进行投资理财进展的公告》，向证券市场透露出公司运转良好、资金充足的信息，从而提高投资者的投资信心。因此，此处的超额收益率和累计超额收益率异常，可忽略不计。使用 Stata 进行双侧 t 检验，得到 $t=-6.215\ 1$，小于 1％显著水平下的左侧临界值－2.66，累计超额收益率均值显著小于 0，证明公司公布境外投资消息对于其股价产生明显的消极影响。总而言之，市场的整体反

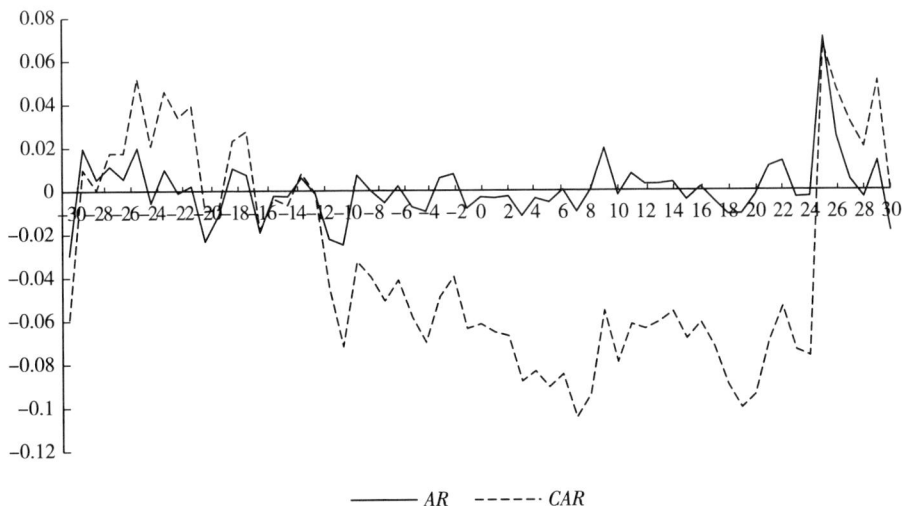

图 12-1　事件一窗口期内超额收益变动图

应验证了此次的境外投资事件对集团产生负向的短期绩效，给股东带来负的并购财富效应。表 12 - 2 为事件一的市场模型回归分析。

表 12 - 2　事件一市场模型回归分析

	Coefficient	标准误	t 值	P 值	方程显著性	Adjusted R^2	观测值
C	0.001 9	0.001 5	1.32	0.191	0.000 0	0.312 4	100
X	0.614 3	0.090 6	6.78	0.000			

2. 对事件二的短期绩效分析

海大集团于 2013 年 9 月 30 日发布公告，并购成立越南海兴农水产种苗有限责任公司。市场日收益率系数大于 0，在 5% 的水平下显著，同时方程显著性为 0.016 2，表明海大集团的个股日收益率和市场日收益率正相关。

可以从图 12 - 2 中看到，公告日的超额收益率达到了 0.057 2，可见该境外投资事件的公布有推动股价上升的作用。累计超额收益率在整个事件窗口期几乎为正数，且总体上呈快速增加趋势，则说明从短期绩效来看，境外投资的信息公布对海大集团的市场表现高于大盘表现。使用 Stata 进行双侧 t 检验，得到 t = 11.551 4，远大于 1% 显著性水平下的右侧临界值 2.66，累计超额收益率均值显著大于 0，证明公司公布境外投资消息对于其股价产生明显的积极影响。总的来说，市场的反应说明该境外投资事件给公司带来正向的短期绩效，为股东创造正的并购财富效应。表 12 - 3 为事件二的市场模型回归分析。

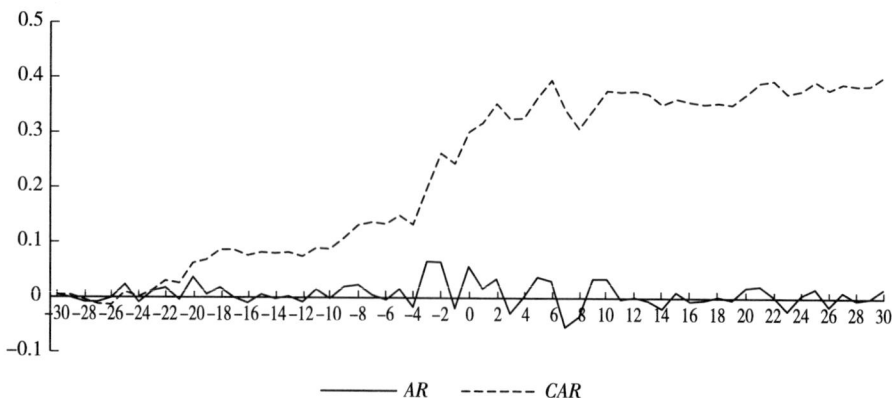

图 12 - 2　事件二窗口期内超额收益变动图

表 12 - 3 事件二市场模型回归分析

	Coefficient	标准误	t 值	P 值	方程显著性	Adjusted R^2	观测值
C	−0.004 8	0.003 1	−1.53	0.128			
X	0.491 7	0.200 9	2.45	0.016	0.016 2	0.048 0	100

3. 对事件三的短期绩效分析

海大集团于 2015 年 5 月 6 日发布公告，在我国香港成立 Rickworth Investments Limited 和 Nano south Limited。市场日收益率系数大于 0，在 1% 的水平下显著，同时方程显著性为 0.000 0，表明个股日收益率和市场日收益率正相关。

由图 12 - 3 可以看出，［−5，0］窗口期的超额收益率大多数为负，公告日当天的超额收益率为 −0.008 22，而公告后第四天超额收益率为 0.085 1，累计超额收益率开始呈增加的趋势，说明资本市场对此次境外投资的反应有些滞后，但整体趋势明朗。第十六天的累计超额收益率为 0.028 1，而在窗口期结束时为 −0.066 9，呈下降趋势，说明此次境外投资信息并不能强烈刺激市场。使用 Stata 进行双侧 t 检验，得到 $t = −5.908 5$，小于 1% 显著性水平下的左侧临界值 −2.66，累计超额收益率均值显著小于 0，证明公司公布境外投资消息对于其股价产生消极影响，最终表现为该投资事件给集团产生负向的短期绩效，给股东带来负的并购财富效应。表 12 - 4 为事件三的市场模型回归分析。

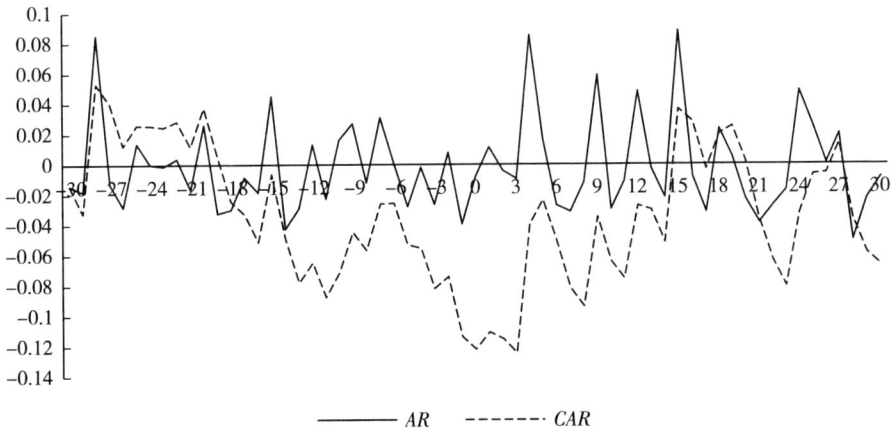

图 12 - 3 事件三窗口期内超额收益变动图

表 12 - 4　事件三市场模型回归分析

	$Coefficient$	标准误	t 值	P 值	方程显著性	Adjusted R^2	观测值
C	0.003 1	0.001 8	1.71	0.090	0.000 0	0.160 8	100
X	0.548 1	0.122 7	4.47	0.000			

4. 对事件四的短期绩效分析

海大集团于 2015 年 9 月 1 日发布公告，在新加坡成立 Lanking Rick-worth Pte. Ltd 和 Lanking Nano Pte. Ltd，在越南成立海阳海大集团有限责任公司。市场日收益率系数大于 0，在 1‰ 的水平下显著，同时方程显著性为 0.000 0，表明海大集团的个股日收益率和市场日收益率正相关。

从图 12 - 4 中可以看到，[-2，0] 窗口期的超额收益率为负，公告日后第一天实现正的超额收益率，说明资本市场对此次境外投资信息的滞后。公告后第一天的超额收益率虽然为正，但在随后的窗口期里一直围绕 0 轴上下波动，反映出部分投资者对海大集团一天之内公布三起境外投资行为持怀疑态度。尽管如此，[-10，30] 窗口期的累计超额收益率一直为正数，并且最终达到 0.090 8。使用 Stata 进行双侧 t 检验，得到 $t=$ 10.015 9，远大于 1‰ 显著性水平下的右侧临界值 2.66，累计超额收益率均值大于 0，证明公司公布境外投资消息对于其股价产生明显的积极影响。该投资事件对集团有良好的短期绩效，给股东带来正的并购财富效应。表 12 - 5 为事件四的市场模型回归分析。

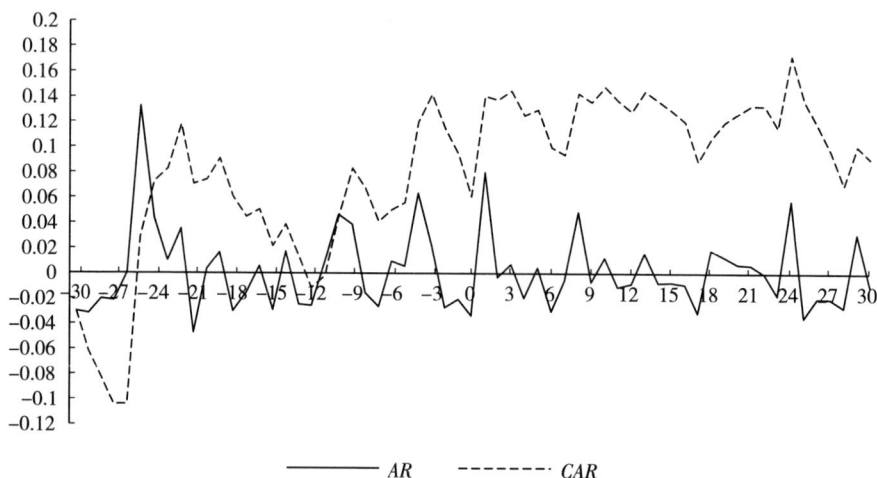

图 12 - 4　事件四窗口期内超额收益变动图

表 12 - 5 事件四市场模型回归分析

	$Coefficient$	标准误	t 值	P 值	方程显著性	Adjusted R^2	观测值
C	−0.001 4	0.004 4	−0.32	0.748	0.000 0	0.427 0	100
X	1.401 1	0.162 0	8.65	0.000			

5. 对事件五的短期绩效分析

海大集团于 2016 年 7 月 18 日发布公告，在我国香港成立 Oceanic Forward ventures Limited、Power spring investments Limited 和 Link Tide Limited。市场日收益率系数大于 0，在 1‰ 的水平下显著，同时方程显著性为 0.000 0，表明海大集团的个股日收益率和市场日收益率正相关。

从图 12 - 5 中可以看到，[−6，30] 窗口期的超额收益率一直围绕 0 轴波动，且多数为负数。整个事件窗口期的累计超额收益率总体呈不断下降趋势，除了公告日前 28 天的累计超额收益率为正数外，其他均为负数。由此看出，证券市场的广大投资者对海大集团此次投资行为持悲观看法。在窗口期结束时，投资事件为集团带来的是 −0.285 3 的累计超额收益率。使用 Stata 进行双侧 t 检验，得到 $t = −14.537 2$，远远小于 1‰ 显著性水平下的左侧临界值 −2.66，累计超额收益率均值显著小于 0，证明公司公布境外投资消息对于其股价产生明显的消极影响，市场的反应验证了该境

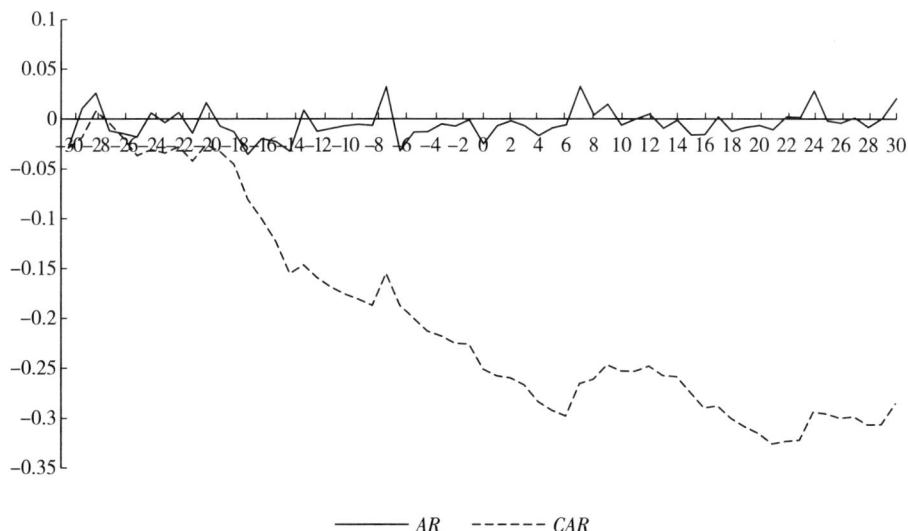

图 12 - 5 事件五窗口期内超额收益变动图

外投资事件对集团产生了负向的短期绩效，给股东带来负的并购财富效应。表 12 - 6 为事件五的市场模型回归分析。

表 12 - 6 事件五市场模型回归分析

	Coefficient	标准误	t 值	P 值	方程显著性	Adjusted R^2	观测值
C	0.003 3	0.002 7	1.23	0.220	0.000 0	0.374 8	100
X	0.837 8	0.107 8	7.77	0.000			

6. 对事件六的短期绩效分析

海大集团于 2017 年 6 月 23 日发布公告，在新加坡成立 Kinghill holdings pte. ltd、Kinghill pte. ltd、Kinghill pte. ltd 和 Kinghill agri pte. ltd。市场日收益率系数大于 0，在 1‰ 的水平下显著，同时方程显著性为 0.000 0，表明海大集团的个股日收益率和市场日收益率正相关。

从图 12 - 6 中可以看到，[－2，1] 窗口期的超额收益率均大于 0，但随后的超额收益率一直围绕 0 轴上下波动，可认为投资者一开始受到境外投资信息的刺激，对集团表现出积极的情绪，但随后出现观望行为和表现为不确定的态度。在事件窗口期结束时，累计超额收益率为－0.022 8。使用 Stata 进行双侧 t 检验，得到 t＝4.665 3，大于 1‰ 显著性水平下的右侧临界值 2.66，累计超额收益率均值显著大于 0，证明公司公布境外投资

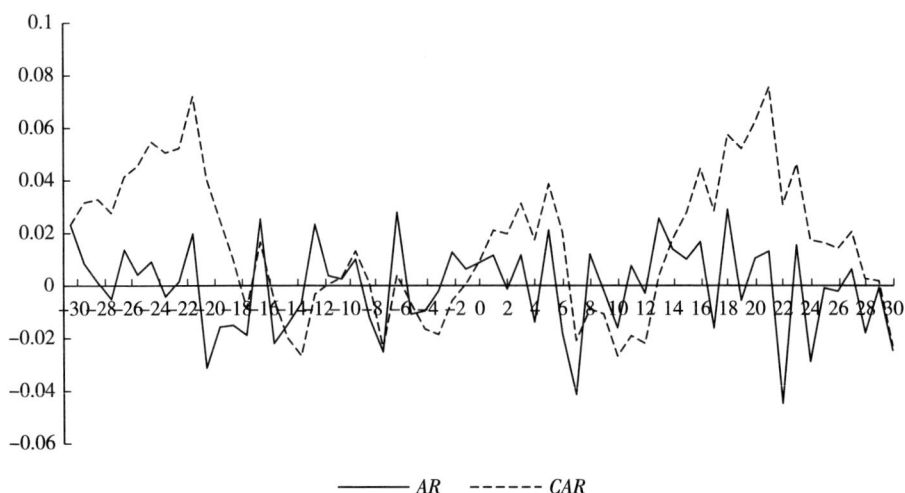

图 12 - 6 事件六窗口期内超额收益变动图

消息对于其股价产生积极的影响，此次境外投资行为给集团带来良好的短期绩效，为股东创造正的并购财富效应。表 12-7 为事件六的市场模型回归分析。

表 12-7　事件六市场模型回归分析

	$Coefficient$	标准误	t 值	P 值	方程显著性	Adjusted R^2	观测值
C	0.001 4	0.001 1	1.29	0.198			
X	0.516 6	0.114 4	4.51	0.000	0.000 0	0.163 7	100

7. 对事件七的短期绩效分析

海大集团于 2017 年 9 月 28 日发布公告，在印度尼西亚成立印尼海大集团农业有限公司。市场日收益率系数大于 0，在 1% 的水平下显著，同时方程显著性为 0.001 9，表明海大集团的个股日收益率和市场日收益率正相关。

从图 12-7 中可以看到，[-30，24] 窗口期的超额收益率一直围绕 0 轴上下波动，同时累计超额收益率为负数，说明整体情况不明朗，资本市场投资者对该事件表现出不明确的态度。需要注意的是，公告日第二十八个交易日显著的超额收益率的产生，可能是因为海大集团 2017 年 11 月 8 日、10 日公布了《海大集团：2017 年 11 月 3 日投资者关系活动记录表》和《海大集团：2017 年 11 月 8 日投资者关系活动记录表》，以投资者和集团高管的对话来介绍集团经营情况等，从而提高投资者的投资信心。因

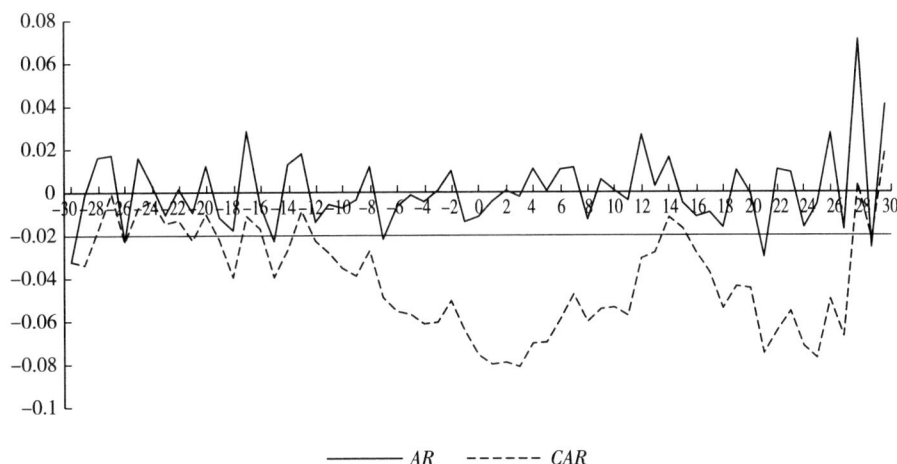

图 12-7　事件七窗口期内超额收益变动图

此，此处的超额收益率和累计超额收益率异常，可忽略不计。使用 Stata 进行双侧 t 检验，得到 $t=-12.8385$，远远小于 1‰ 显著性水平下的左侧临界值 -2.66，累计超额收益率均值显著小于 0，证明公司公布境外投资消息对于其股价产生明显的消极影响。总之，市场的整体反应验证了此次的境外投资事件对集团产生负向的短期绩效，给股东带来负的并购财富效应。表 12-8 为事件七的市场模型回归分析。

表 12-8 事件七市场模型回归分析

	$Coefficient$	标准误	t 值	P 值	方程显著性	Adjusted R^2	观测值
C	0.0018	0.0016	1.17	0.244	0.0019	0.0850	100
X	0.5055	0.1583	3.19	0.002			

8. 对事件八的短期绩效分析

海大集团于 2017 年 12 月 19 日发布公告，在厄瓜多尔成立 HAID (ECUADOR) FEED CIA. LTDA。市场日收益率系数大于 0，在 1‰ 的水平下显著，同时方程显著性为 0.0003，表明海大集团的个股日收益率和市场日收益率正相关。

从图 12-8 中可以看到，[0，4] 窗口期的超额收益率为正数，且公告日当天的超额收益率超过 0.05，说明资本市场受到海大集团境外投资信息的刺激，对此次投资行为进行了积极响应。整个事件窗口期的累计超额收益率几乎为正数，并且在窗口期结束时超过了 0.15。使用 Stata 进行双侧 t 检验，得到 $t=17.9707$，远远大于 1‰ 显著性水平下的右侧临界值

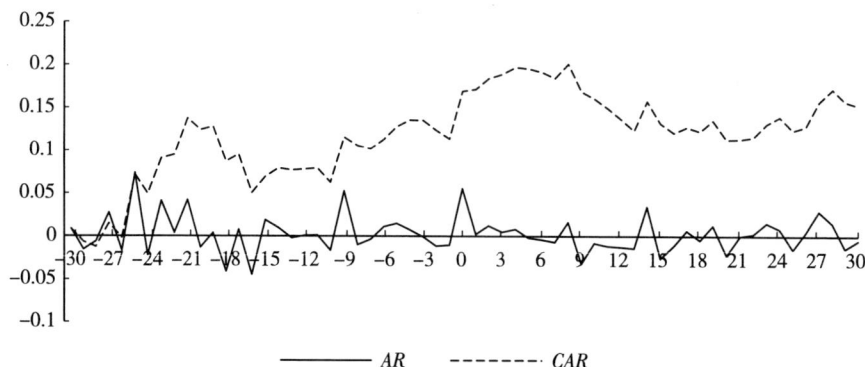

图 12-8 事件八窗口期内超额收益变动图

2.66，累计超额收益率均值显著大于 0，证明公司公布境外投资消息对于其股价产生明显的积极影响。市场的整体反应表明，此次境外投资事件给集团创造了良好的短期绩效，给股东创造了正的并购财富效应。表 12 - 9 为事件八的市场模型回归分析。

表 12 - 9　事件八市场模型回归分析

	Coefficient	标准误	t 值	P 值	方程显著性	Adjusted R^2	观测值
C	0.000 8	0.001 6	0.50	0.618	0.000 3	0.116 1	100
X	0.705 2	0.188 5	3.74	0.000			

9. 对事件九的短期绩效分析

海大集团于 2018 年 1 月 18 日发布公告，在印度尼西亚成立 PT. HAIDA SURABAYA TRADING。市场日收益率系数大于 0，在 1‰ 的水平下显著，同时方程显著性为 0.000 0，表明海大集团的个股日收益率和市场日收益率正相关。

从图 12 - 9 中可以看出，［0，30］窗口期的超额收益率一直围绕 0 轴上下波动，说明投资者对此次境外投资事件表现出不明确的态度。尽管如此，但在整个事件窗口期的累计超额收益率均为正数。使用 Stata 进行双

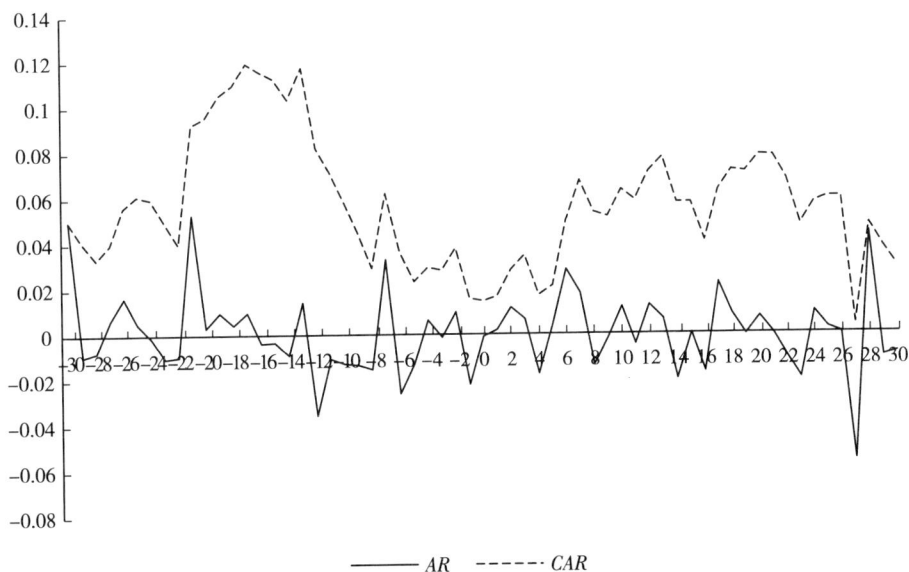

图 12 - 9　事件九窗口期内超额收益变动图

侧 t 检验，得到 $t=15.8898$，远远大于 1% 显著性水平下的右侧临界值 2.66，累计超额收益率均值显著大于 0，证明公司公布境外投资消息对于其股价产生明显的积极影响，给集团带来良好的短期绩效，为股东创造正的并购财富效应。表 12-10 为事件九的市场模型回归分析。

表 12-10　事件九市场模型回归分析

	$Coefficient$	标准误	t 值	P 值	方程显著性	Adjusted R^2	观测值
C	0.001 7	0.001 8	0.92	0.359			
X	0.943 5	0.194 7	4.85	0.000	0.000 0	0.185 1	100

10. 对事件十的短期绩效分析

海大集团于 2018 年 11 月 22 日发布公告，在马来西亚并购 KEM-BANG SUBUR INTERNATIONAL LTD.，在越南并购南洋（越南）水产苗种有限公司。市场日收益率系数大于 0，在 1% 的水平下显著，同时方程显著性为 0.000 0，表明海大集团的个股日收益率和市场日收益率正相关。

从图 12-10 中可以看到，在 [-8, 14] 窗口期的累计超额收益率呈现持续上升趋势，在公告后第 14 天达到最高值 0.136 9，并且在第 30 个交易日结束时超过了 0.10，说明投资者对此次境外投资行为表现出强烈的积极态度。同时也可以发现，累计超额收益率在公告日前 8 天转负为

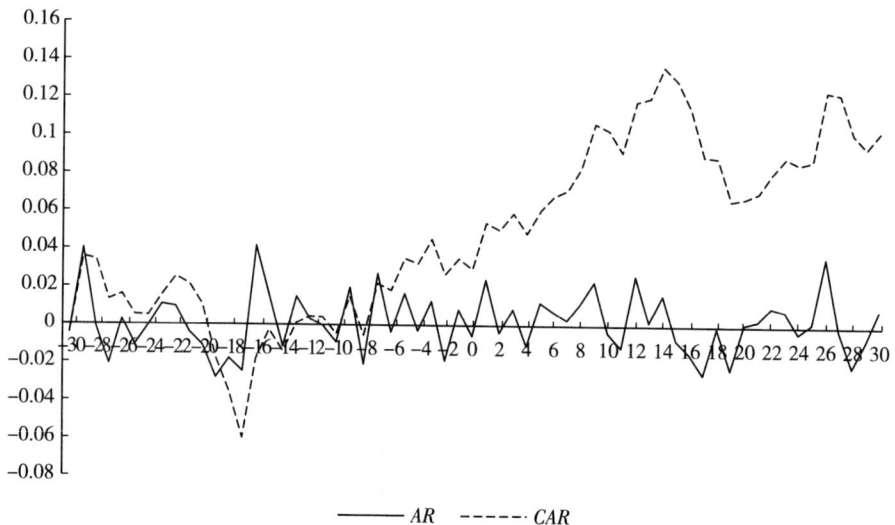

——— AR　------- CAR

图 12-10　事件十窗口期内超额收益变动图

正，可能存在投资信息提前泄露，导致公司股票收盘价提前上涨。使用
Stata进行双侧t检验，得到$t=8.1526$，大于1%显著性水平下的右侧临
界值2.66，累计超额收益率均值显著大于0，证明公司公布境外投资消息
对于其股价产生明显的积极影响。市场的整体反应验证了此次境外投资事
件给集团带来良好的短期绩效，为股东创造了并购财富效应。表12－11
为事件十的市场模型回归分析。

表 12－11　事件十市场模型回归分析

	$Coefficient$	标准误	t值	P值	方程显著性	Adjusted R^2	观测值
C	0.000 4	0.001 7	0.26	0.793	0.000 0	0.271 9	100
X	0.701 0	0.113 8	6.16	0.000			

11. 对事件十一的短期绩效分析

海大集团于2018年12月28日发布公告，在马来西亚成立马来西亚升
龙水产科技有限公司，在越南成立越南海贝生物技术有限责任公司。市场
日收益率系数大于0，在1%的水平下显著，同时方程显著性为0.000 0，
表明海大集团的个股日收益率和市场日收益率正相关。

从图12－11中可以看到，［－6，0］窗口期的超额收益率为正数，说
明可能存在交易消息提前泄露的情况。受到集团境外投资信息的刺激，公
告日（0日）的超额收益率达到了0.035 3，可见该事件的公布有推动股

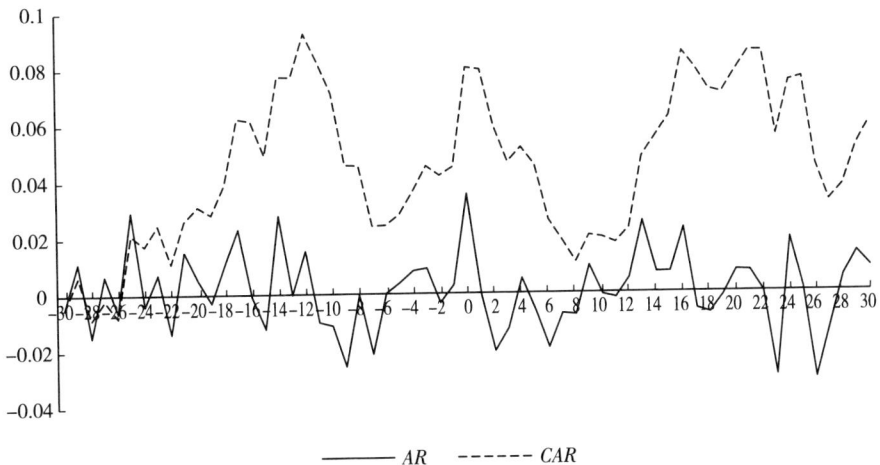

图 12－11　事件十一窗口期内超额收益变动图

价上升的作用。随后投资者的追捧情绪降低，超额收益率围绕 0 轴上下波动。而累计超额收益率在整个窗口期中几乎为正数，并且最终超过 0.06。使用 Stata 进行双侧 t 检验，得到 $t = 13.190\,8$，远远大于 1% 显著性水平下的右侧临界值 2.66，累计超额收益率均值显著大于 0，证明公司公布境外投资消息对于其股价产生明显的积极影响。市场的整体反应验证了该投资事件给集团带来良好的短期绩效，给股东带来正的并购财富效应。表 12-12 为事件十一的市场模型回归分析。

表 12-12　事件十一市场模型回归分析

	$Coefficient$	标准误	t 值	P 值	方程显著性	Adjusted R^2	观测值
C	0.001 2	0.001 6	0.75	0.457			
X	0.861 8	0.098 8	8.72	0.000	0.000 0	0.431 3	100

12. 对事件十二的绩效分析

海大集团于 2019 年 1 月 10 日发布公告，在印度尼西亚成立印尼海兴农科技有限公司。市场日收益率系数大于 0，在 1% 的水平下显著，同时方程显著性为 0.000 0，表明海大集团的个股日收益率和市场日收益率正相关。

从图 12-12 中可以看到，尽管 [2, 9] 窗口期的大部分超额收益率为正数，但随后超额收益率总体呈下降趋势。这说明市场的投资者对此次交易信息先是表现出积极的情绪，而后转为消极的态度，对海大集团成立

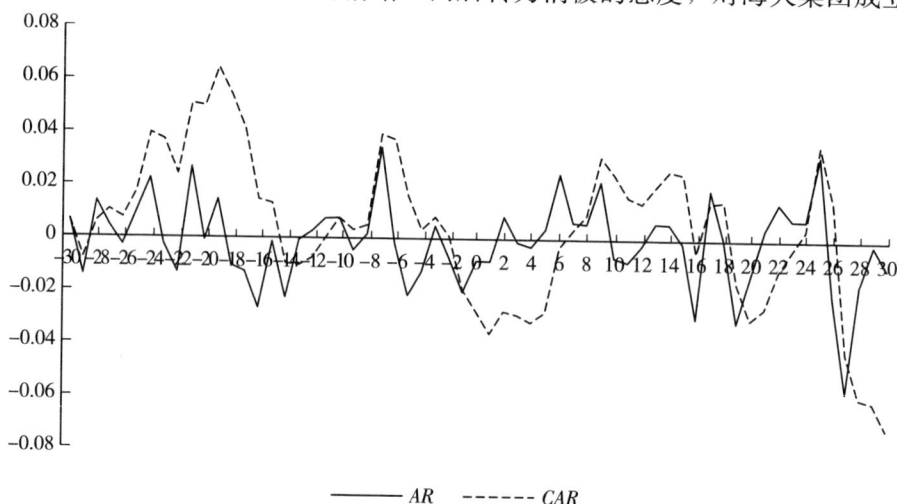

———— AR　------ CAR

图 12-12　事件十二窗口期内超额收益变动图

印尼海兴农科技有限公司缺乏信心。需要注意的是，公告日第二十五个交易日的显著超额收益率的产生，可能因为海大集团在 2019 年 2 月 19 日公布了《海大集团：2018 年度业绩快报》，该快报披露 2018 年度集团经营情况利好的信息，从而吸引了资本市场的投资者，推动了股价的上升。因此，此处的超额收益率和累计超额收益率异常，可忽略不计。使用 Stata 进行双侧 t 检验，得到 $t=1.120\,5$，小于 1% 显著性水平下的右侧临界值 2.66，累计超额收益率均值不显著异于 0。因此，市场的整体反应表明，此次的境外投资事件不对集团产生明显的短期绩效影响。表 12 - 13 为事件十二的市场模型回归分析。

表 12 - 13　事件十二市场模型回归分析

	$Coefficient$	标准误	t 值	P 值	方程显著性	Adjusted R^2	观测值
C	0.002 1	0.001 6	1.32	0.188	0.000 0	0.424 4	100
X	0.832 2	0.096 7	8.60	0.000			

用事件研究法对海大集团境外投资事件进行短期绩效的分析，在选取的 12 个投资成功的事件中，获得正向短期绩效的事件为 7 个，获得负向短期绩效的事件为 4 个，短期绩效影响不明确的事件为 1 个。因此，总体来看海大集团在进行连续境外投资时表现良好，获得的更多是良好的短期绩效。

具体来看，在 2016 年以前，5 个境外投资事件中只有 2 个投资事件的短期绩效为正，占比 40%。而在 2016 年以后，7 个境外投资事件中有 5 个投资事件的短期绩效为正，约占比 70%。这说明，自 2009 年以来海大集团境外投资的表现逐年变好，进行境外投资能给集团带来良好短期绩效的概率在不断地增加。

第四节　海大集团境外投资对企业
长期绩效的影响

一、海大集团境外投资次数对企业股价的累积效应

为进一步探究境外投资次数对海大集团股票价格的累积效应，本书使

用了从 2011 年 6 月 20 日到 2019 年 8 月 23 日的海大集团 1 978 个日股票价格数据。经统计发现，第 2 个到第 11 个境外投资事件的平均间隔时间为 151 天，由此确定以第 1 次境外投资公告日的前第 151 天作为开始时间，第 12 次境外投资公告日后的第 151 天作为结束时间。以企业每日股票收盘价的自然对数（lny）为被解释变量、境外投资次数（x）为解释变量，进行简单线性回归分析，得到的模型为：$lny = 2.591\ 2 + 0.052\ 8x$，其中 $x = 0$，1，2，…，12。

进行 OLS 简单回归的结果表明，境外投资次数在 1% 的显著性水平下明显增加了海大集团的日股票收盘价。具体表现为，每增加一次境外投资，海大集团的日股票收盘价会平均上涨 5.28%。这说明，境外投资次数多，总体上对海大集团股票价格产生正向的累积效应，有利于该公司募集到更多资金，从而更好地实现良好的持续发展。表 12 - 14 为境外投资次数对股票价格的累积效应。

表 12 - 14　境外投资次数对股票价格的累积效应

	$Coefficient$	标准误	t 值	P 值	方程显著性	Adjusted R^2	观测值
C	2.591 2	0.007 3	356.62	0.000			
X	0.052 8	0.001 3	40.00	0.000	0.000 0	0.447 2	1 978

二、关于 *EVA* 评价法

经济增加值在将会计利润调整为经济利润的基础上，从衡量经营者为股东创造了多少财富的角度出发，考虑了资本成本，从而真实地反映了经营者通过生产经营创造的新增经济价值，维护了股东的利益（周仁俊等，2005）。

首先，计算 *EVA* 的公式为：$EVA = NOPAT - TC \times WACC$

（1）税后净营业利润（*NOPAT*）＝营业利润－所得税费用＋［利息支出＋资产减值损失＋开发支出］×（1－企业所得税税率）＋递延所得税负债增加额－递延所得税资产增加额

（2）资本总额（*TC*）＝所有者权益合计＋资产减值准备－在建工程减值准备－在建工程净额＋递延所得税负债－递延所得税资产＋短期借

款＋交易性金融负债＋一年内到期非流动负债＋长期借款＋应付债券＋长期应付款

（3）加权平均资本成本（WACC）＝税前债券资本成本×（1－企业所得税税率）×（债务资本/总资本）＋权益资本成本×（股权资本/总资本）

其次，各个变量的确定。债务资本成本是企业由于使用债权人的资金而给后者支付的补偿。从海大集团上市以来的年度财务报表中可以看到，海大集团的债权人主要是银行，而海大集团每年的流动负债占总负债的比例较大。因此，本书使用中国人民银行公布的一年期流动资金贷款利率，把它作为税前债务资本成本，并以海大集团的企业所得税率为扣除率。

权益资本成本是股东向公司投入资本后要求的补偿。本书采用资本资产定价模型来计算权益资本成本：$Ke=R_f+\beta\times(R_m-R_f)$。

Rf：无风险市场利率。采用中国人民银行规定的一年期存款利率，此时也符合 CAPM 模型中无风险市场利率的机会成本理念。

R_m-R_f：市场风险溢价。中国股票市场具有波动率过大的特点，因此市场风险溢价使用 4%。

β：个股对市场的风险测度。本书的 β 值为沪深市场股票 250 个交易日流通市值加权值。

三、海大集团基于 EVA 评价法的长期绩效分析

海大集团在 2015—2018 年共进行了 9 起境外投资事件，成立了 19 个境外分、子公司，占 2009 年以来该公司境外投资事件的绝大部分。因此，在探讨境外投资对集团的长期绩效影响时，本书选取 2015 年至 2018 年的境外投资事件作为研究重点。在以往的文献中，运用经济增加值评价法都是只针对一起并购事件进行前后几年的绩效研究。但由于本书的研究对象海大集团进行境外投资较为频繁，2015 年至 2018 年每年都有 3～6 起投资事项。经济增加值评价的是公司当年的整体绩效，无法从中区分单次事件对当年绩效的贡献。同时，截至完稿时，海大集团尚未公布 2019 年年度报告，所以在下文中未计算 2019 年的 EVA 值。因此，本书计算 2014

年以来公司的经济增加值，并将 2015—2018 年的 9 个境外投资事件作为一个整体，重点考察事件整体对公司 2015—2018 年 EVA 的影响，对公司绩效的影响。

（1）权益资本成本的确定[①]。表 12-15 为权益资本成本测算表。

表 12-15 权益资本成本测算表

	2018	2017	2016	2015	2014
无风险利率	1.50%	1.50%	1.50%	1.50%	2.75%
β 值	0.894 8	1.277 5	0.947 5	0.984 7	0.635 4
市场风险溢价	4%	4%	4%	4%	4%
权益资本成本	5.08%	6.61%	5.29%	5.44%	5.29%

数据来源：CSMAR 经济金融数据库。

（2）加权平均资本成本的确定。表 12-16 为加权平均资本成本 WACC 测算表。

表 12-16 加权平均资本成本 WACC 测算表

单位：万元、%

	2018	2017	2016	2015	2014
总资本	1 736 566.39	1 316 045.67	683 692.95	818 466.76	509 719.84
债务资本	914 173.78	632 352.72	447 977.83	308 746.93	326 421.47
权益资本	822 392.60	683 692.95	580 811.18	509 719.84	440 156.56
税前债务资本成本	4.35	4.35	4.35	4.35	5.60
权益资本成本	5.08	6.61	5.29	5.44	5.29
所得税税率	25	25	25	15	15
加权平均资本成本	4.12	5.00	6.63	4.78	7.62

数据来源：CSMAR 经济金融数据库，海大集团年度报告。

（3）计算经济增加值。表 12-17 为经济增加值（EVA）测算表。

---

① 篇幅缘故本书省略了税后净营业利润（NOPAT）测算表，以及资本总额（TC）测算表等基础数据计算。

表 12 - 17　经济增加值（EVA）测算表

单位：万元、%

	2018	2017	2016	2015	2014
NOPAT	154 635.92	130 502.99	82 223.99	85 833.67	63 974.36
TC	1 189 436.21	870 506.61	701 665.39	576 005.90	536 502.45
WACC	4.12	5.00	6.63	4.78	7.62
EVA	105 631.15	86 977.66	35 703.58	58 300.59	23 092.87
EVA%	21.45	143.61	−38.76	152.46	100.17

注：*EVA*%表示经济增加值增长率。本期经济增加值增长率＝（本期经济增加值−上期经济增加值）/上期经济增加值。

如果在并购后 *EVA* 较之前大，表明股东能够更好获益，并购绩效为正；如果 *EVA* 较之前数据小，则表明投资资本收益不理想，并购绩效为负；如果企业的 *EVA* 在并购前后并无多大变化，则表明股东投资弥补机会成本，实现正常目标，并购绩效较为理想（岳倩，2018）。

从 2014 到 2018 年，海大集团的 5 个 *EVA* 指标均为正数，说明海大集团的资本回报高于股东的资本成本，为股东创造更多的财富。可以看到，2018 年的 *EVA* 大约是 2015 年的两倍，说明公司进行境外投资后，股东能够更好获益，并购绩效为正。

2016 年的 *EVA* 增长率为负数，可能是由于当年我国发生百年一遇的特大洪灾，养殖业受到了重大打击，饲料行业也遭受巨大损失。尽管海大集团经受住洪灾的考验，全年的业绩保持一定的增长，但 *EVA* 较 2015 年有所减少，股东财富有所损失。2017 年和 2018 年这两年的 *EVA* 增长率均为正数，说明公司 2016 年和 2017 年的境外投资并未使公司的财务状况变差。总的来看，海大集团连续进行境外投资能够增加公司的经济增加值，增加企业价值，为股东创造更多的财富，带来良好的长期绩效。

第五节　结论与建议

一、基本结论

本书通过事件研究法、境外投资次数累积效应和 *EVA* 评价法研究海大集团境外投资对公司绩效的影响。在评价短期绩效方面，通过测算 12 起境外投资信息公布前后 30 天的超额收益率和累计超额收益率来判断事件的发生对股价的影响。结果表明：境外投资对海大集团股市价格总体上有积极的影响，有利于公司进行资产再融资，带来正向的短期绩效。在评价长期绩效方面，通过分析 1 978 个股票价格数据、对比事件整体发生前和发生中的公司 EVA 值，结果表明：境外投资次数对公司股票价格有正向的累积效应，境外投资明显改善了公司的指标——EVA，有助于提高企业价值，带来正向的长期绩效。

二、政策建议

一是海大集团应加大境外被并购企业的整合经营。经验研究表明，收购过程中的收益往往都由被收购企业获得，而收购企业的超额回报则往往是不显著的，这在很大程度上是因为并购后的整合是一个复杂的过程，而一旦整合不成功，收购方就会遭受重大的损失。因此，海大集团应在被并购企业的公司治理、激励机制、业务流程等多个方面贯彻自己成功的企业文化和管理模式，同时也要保留和发扬被并购企业原有的优良传统，从而优化跨国管理，提高国际竞争力，取得更好的经营绩效。

二是海大集团在进行境外投资时应循序渐进。首先开始适当的、有机的扩张，以更好地了解境外市场，逐步建立更强大的投资并购能力。可以先了解境外当地的市场容量、行业发展趋势，寻找当地的团队共同合作。在合作过程中不断发展壮大，以取得更强大的投资并购能力。

三是海大集团应对境外投资的作用有明确的认识，建立清晰的全球化战略。明确每次境外投资的作用、明确每个境外子公司的自身定位，才能从"买全球"到"卖全球"，构建资本国际化和产业国际化的蓝图。建立清晰的全球化战略，融入国家"一带一路"倡议，为我国与"一带一路"沿线国家的贸易合作和国际友谊作出了突出贡献。

四是海大集团应特别重视投资国家（地区）的法律制度，规避法律风险。加强学习、严格遵守投资国家（地区）的法律法规，自觉履行法律义务，与当地政府、民众建立友好的合作关系，这对公司进一步投资和贸易有利。

第十三章 全聚德国际化发展案例研究[①]

第一节 背景研究

一、全聚德公司概况

中国全聚德（集团）股份有限公司（以下简称"全聚德"），作为我国首例服务类"中国驰名商标"，已有一百多年的历史，是我国最具代表性的中华老字号品牌企业之一。目前，公司主营餐饮业务聚焦于鸭胚及其他食品的研发、生产与销售领域。品牌产品主要包括以真空包装原味烤鸭、入味烤鸭等为代表的鸭类包装产品，以鸭休闲零食、京味小吃、鸭肉酥、蛋黄酥等为特色的休闲食品，以及以月饼、汤圆等为代表的节令食品和日常主食。作为老字号品牌企业，全聚德不仅凝结着精湛的百年工匠技艺，也承载着我国优秀传统文化，具有巨大的品牌价值、经济价值和文化价值。当前，全聚德所拥有的"全聚德挂炉烤鸭技艺""仿膳（清廷御膳）制作技艺"已被列入国家级非物质文化遗产名录，"全聚德全鸭席制作技艺""丰泽园鲁菜制作技艺"则被列入北京市区级非物质文化遗产名录。同时，历经多年发展，作为品牌文化传播的重要代表，全聚德还入围过"中国十大文化品牌"等荣誉榜单。2020年全聚德年报数据显示，截至2020年底，公司已开设餐饮门店共计117家，其中全聚德品牌门店107家、仿膳品牌门店1家、丰泽园品牌门店5家、四川饭店品牌门店4家，逐步形成了以全聚德烤鸭为龙头、多品牌协同发展、集400多道特色菜品于一体的全聚德菜系。依托特色鲜明的品牌、匠心传承的宝贵技艺、独具

---

① 案例来源：张新民、王分棉、杨道广《企业境外发展蓝皮书：中国企业境外发展报告（2021）》，社会科学文献出版社，2022年，P335-348。感谢崔波同学整理。

① 案例来源：张新民、王分棉、杨道广《企业境外发展蓝皮书：中国企业境外发展报告（2021）》，社会科学文献出版社，2022年，P335-348。感谢崔波同学整理。

特色的文化优势和专业的管理、技术团队，全聚德已确立了"国内领先的多元化餐饮产业集团"的战略定位，并将在未来重点打造"产品＋服务＋场景"新格局，聚焦"老字号精品门店"打造，落实"一品一策一方案"，逐步形成"正餐做精做优，团膳和休闲简餐适时拓展"的业态组合；同时，积极推进数字化转型，深挖文化，赋能品牌，促进全聚德在"双循环"新发展格局下的高质量发展。此外，伴随我国对外开放层次与水平的提升，品牌国际化已成为全聚德对外投资布局的重要方向。作为我国餐饮领域的老字号品牌和"排头兵"，在"双循环"新发展格局下，全聚德国际化发展将在推动老字号品牌"走出去"、重塑企业国际竞争优势和促进企业高质量发展方面发挥积极的引领示范作用。

二、全聚德境外投资发展历程

全聚德一直在充分发挥老字号品牌优势，在品牌经营国际化方面发挥着示范带动作用，秉承着"立足北京，面向世界，走向世界，利用品牌优势，走规模化、现代化和连锁化经营道路"的发展战略。该部分主要从国内发展历程和国外发展历程两个方面对全聚德发展情况进行梳理和总结（表 13-1、表 13-2）。

表 13-1　全聚德国内发展大事

年份	大事件
1864	全聚德在前门大街的首家烤鸭店铺开业
1952	全聚德实行公私合营
1993	中国北京全聚德烤鸭集团成立
1994	中国北京全聚德烤鸭股份有限公司成立
1997	改制为中国北京全聚德集团有限责任公司
1999	全聚德被国家市场监督管理总局认定为"驰名商标"
2002	前门全聚德烤鸭店年营业收入突破 1 亿元，成为北京首家餐饮亿元店
2004	与首旅集团、新燕莎集团实现战略重组
2005	更名为中国全聚德（集团）股份有限公司
2007	在深圳证券交易所挂牌上市
2008	全聚德挂炉烤鸭技艺被列入第二批国家级非物质文化遗产名录

（续）

年份	大事件
2014	全聚德集团启动新战略："品牌经营＋资本运营"
2020	制定《全聚德集团"十四五"规划纲要》，实施"餐饮＋食品"的双轮驱动战略

资料来源：根据全聚德网站、集团年度报告等相关资料整理。

表 13-2　全聚德国外发展大事件

年份	大事件
1998	在东南亚设立了首家境外全聚德——缅甸仰光店
2004	在东亚设立日本东京新宿店
2008	在大洋洲设立澳大利亚墨尔本店
2017	在北美洲设立加拿大多伦多万锦店
2018	在东亚设立日本东京银座店
2018	在大洋洲设立澳大利亚悉尼店
2019	在欧洲法国设立波尔多店
2019	在北美洲加拿大设立温哥华店

资料来源：根据全聚德网站、集团年度报告等相关资料整理。

1. 国内发展历程

全聚德创建于 1864 年，距今已有一百多年的历史，长期以来，一直都是我国餐饮领域的老字号品牌企业，如表 13-1 所示，在 1864 年至 1952 年期间，全聚德由鸡鸭烤炉铺逐渐发展成为餐饮、做店经营，再进一步发展为北京餐饮界以烤鸭为代表菜品的餐饮企业，并得到了"天下第一楼"的赞誉。1952 年，在政府政策支持下，全聚德率先进行了公私合营，至此，全聚德进入了快速发展的新阶段。1993 年，北京市政府决定成立全聚德集团，从体制上解决前门店、平门店、王府井店的品牌归属问题，并将其作为政府计划单列企业直接归市政府管理，并于 1994 年由全聚德集团等 6 家企业发起设立了北京全聚德烤鸭股份有限公司。1997 年，公司再次按照现代企业制度成功转制为中国北京全聚德集团有限责任公司，并于 2003 年和华天饮食集团合资设立了聚德华天控股有限公司。2004 年，全聚德集团与首旅集团、新燕莎集团实施战略重组，并成为首旅集团餐饮板块企业。2005 年，公司正式更名为中国全聚德（集团）股份有限公司。随后，公司进一步通过收购聚德华天 30.91％的股份的方式实现了企业规模的扩张。2007 年，全聚德正式在深圳证券交易所挂牌上市，这标志着中国首家中华老字号餐饮公司正式登陆 A 股市场，实现了传统餐饮行业和资本市场的直接对接。此时，全聚德已拥有 9 家直营全聚德烤鸭店、61 家特许加盟店、2 个生产基地和 1 个配送中心。同年，在既有规模基础上，为提升品牌定位，全聚德又相继对以"丰泽园饭店"为代表的餐饮领域重要品牌进行收购，进而在业务整合后形成了中高档餐饮品牌系列，历经一系列战略收购和规模扩张后，全聚德多品牌发展战略初现端倪，至此，全聚德进入了一个全新的发展阶段。

2019 年，依托《关于发挥品牌引领作用推动供需结构升级的意见》、商务部《关于推动餐饮业转型发展的指导意见》《关于推动北京老字号传承发展的意见》等重要文件，全聚德重新制定了品牌发展战略，坚持"一牌一策"，进一步促进了企业高质量发展。截至 2020 年，公司已开设餐饮门店共计 117 家，其中全聚德品牌门店 107 家、仿膳品牌门店 1 家、丰泽园品牌门店 5 家、四川饭店品牌门店 4 家，逐步形成了以全聚德烤鸭为龙头、多品牌协同发展、集 400 多道特色菜品于一体的全聚德菜系。

2. 国外发展历程

改革开放以来，依托我国对外开放新格局和老字号振兴工程，老字号企业国际化进程逐步加快，其中，以全聚德为代表的老字号餐饮品牌也开始渐进式地由本地化走向全球化。总体而言，全聚德国际化发展大致可分为"走出去""走进去"和"走上去"三个阶段。

在第一阶段，全聚德国际化发展主要表现为"守正创新"，通过引进国外经营模式，为企业"走出去"积蓄力量。从 1993 年全聚德集团成立之后，公司不断改变以往餐饮领域的单一门店经营模式，并率先在国内实行连锁经营，通过不断增加连锁企业数量的方式，扩大全聚德品牌影响力，这不仅为以后境外企业申请全聚德特许经营提供了先天条件，也为日后特许经营店的集中管理、区位选择积累了宝贵经验。比如，在探索特许连锁模式期间，全聚德确立了"不重数量重质量"的基本原则，建立了立项、签约、培训、配送、开业、督导等一系列的特许经营管理体系和程序。同时，总结出了以《特许经营合同》《商标许可合同》《全聚德主要原料、用品配送合同》《鸭炉租赁合同》《外派人员协议》为基础的合同和文件，以协议合同形式保障了连锁经营模式在中国餐饮领域的落地生根。此外，为更好地在境外推行特许经营模式，加强门店管理，全聚德还制定了商标标识、工服、餐具、专用设备的标准、规范，并积极按照国际标准规范企业管理，为以后企业国际化奠定基础。前期的管理实践和创新对全聚德步入产业化、规模化经营道路起到了促进和保障作用。

在第二阶段，全聚德国际化发展主要表现为"借船出海"，积极依托国家政策支持先行先试，为企业国际化积累境外发展经验，助推企业"走出去"。改革开放以后，在政策支持下，本土企业开始尝试走向世界，寻求和开拓境外市场。与其他境外投资企业不同，得益于自身品牌影响，全聚德早期境外发展更多的是由境外企业申请特许经营权所驱动的，通过对申请企业严格筛选和把关，全聚德逐步形成了依托特许经营加盟店来开拓国际市场的新模式。总体而言，全聚德境外发展起步较早，如表 13-2 所示，1998 年，全聚德采用特许经营模式在东南亚设立了首家境外全聚德——缅甸仰光店。之后，通过境外门店申请、全聚德特许经营方式又分别在日本东京新宿、东京银座和澳大利亚的墨尔本、悉尼设立全聚德特许经营店。

在第三阶段，主要是"价值共创"，突出老字号品牌优势，实现文化价值与经济价值同频共振，进而促进企业高质量发展。与以往"走出去"和"走进去"不同，步入新时代以来，为推动老字号顺应消费升级趋势，更好地弘扬优秀传统文化，全聚德倚重传统元素、新时尚和新技术为产品赋能，不断提升经营的在线化、连锁化、数据化和品牌化水平，进而实现文化价值与经济价值同频共振。比如，以 2017 年 9 月设立的加拿大多伦多万锦店为例，该店是全聚德在北美洲设立的首家门店，与其他门店设计风格不同，该门店通过将石狮、花屏、雕梁、老匾等中国元素融入门店装修风格，将传统中国文化与多伦多现代都市气质巧妙融合。在 2019 年 1 月，全聚德在欧洲设立了首家特许经营加盟店——法国波尔多店，该店则主要参照米其林标准。进行设计和运营，不断将品牌时尚化。在 2019 年底，全聚德温哥华店开业，该店主要采用全新 5D 沉浸式就餐体验，该技术创新在全球尚属首家。

第二节　全聚德公司国际化发展现状与成因

一、国际化发展现状

1. 境外投资环境日趋复杂

近年来，随着我国对外开放层次和水平的不断提升，复杂多变的国际经济环境对本土企业跨境投资活动的影响愈加凸显，同时给企业国际化发展带来了巨大挑战和不确定性。首先，贸易保护主义势力抬头和"逆全球化"思潮泛起。当前，全球经济持续萎缩，境外投资活跃度不断下降，世界正面临"百年未有之大变局"。为解决经济深陷停滞危机，以西方发达国家为代表的发达经济体在全球范围内掀起了新一轮的贸易保护主义，通过改变既有开放政策和贸易规则来扩大自身经济优势。由贸易保护主义和"逆全球化"形成的贸易摩擦不仅会加剧地缘政治关系的紧张局势，还将在相当程度上影响跨境合作氛围，阻滞贸易投资自由化。其次，新冠疫情防控常态化时期，部分经济体对外商投资审查趋严，经济限制性政策持续收紧。受新冠疫情在全球范围内不断蔓延的影响，境外国家纷纷出台应对疫情的限制性举措，这使得全球跨境投资活动受到明显抑制。最后，在经济持续低迷的背景下，为重塑经济优势地位，部分国家对外商投资相关法规，特别是资源和关键技术等敏感领域进行了重要修订，利用延长外商投资审批时间、扩大审查管辖范围、加大审查力度等方式阻滞经济全球化进程。从现阶段境外投资环境来看，受贸易保护主义、单边主义势力抬头，以及新冠疫情防控常态化时期经济封锁政策等因素的影响，国际化发展面临着严峻考验。

2. 境外投资布局趋向多元

基于"立足北京，面向全国，走向世界"的战略定位，近年来，全聚德依托国家"老字号振兴工程"积极延伸产业链和优化全球化布局。截至2020年底，全聚德通过特许经营模式已在东南亚、东亚、北美洲、欧洲等地区设立特许加盟店8家，具体包括缅甸仰光店、日本东京新宿店、日本东京银座店、澳大利亚墨尔本店、澳大利亚悉尼店、加拿大多伦多万锦店、加拿大温哥华店与法国波尔多店。跨国经营不仅有助于全聚德充分利用两个市场、两种资源，还有助于在"双循环"新发展格局下推动全聚德品牌经营国际化，促进企业高质量发展。总体而言，从境外投资区位选择来看，当前全聚德境外投资布局呈现出明显的多元化特点，集中表现为投资地区的多元化。一方面，从投资地区经济发展水平来看，特许经营加盟店不仅包括经济发展程度较高的发达国家，也包括经济发展水平相对较低的国家，这表明，全聚德在门店选取上不仅会积极依托国家"一带一路"倡议来"乘船出海"，还会充分考量地缘邻近所带来的加盟店管理优势。另一方面，为更好地适应消费市场升级和消费主体多元化，餐饮领域国际化水平较高的法国等地区也是全聚德境外布局的青睐对象。因此，不难发现，境外投资地区多元化是全聚德国际化发展的又一特点。

3. 文化价值与经济价值同频共振

中华老字号是在历史传承、社会发展过程中经过长期市场考验所形成的优秀民族品牌，发挥着传播中华民族饮食文化，促进中外友谊发展、交流与合作的纽带桥梁作用。区别于其他境外投资企业，老字号品牌不仅关乎微观企业经济增长，更是国家形象和文化软实力的重要表征。作为入围我国非物质文化遗产名录的代表，全聚德所具有的核心产品、生产工艺和门店建筑具有重要的文化内涵和经济效益。据统计，截至 2020 年，集团已累计接待了世界 200 多位元首和政要，依托亚运会等体育赛事、"一带一路"倡议和中非论坛等国际重大活动，承担美食供应与美食文化交流工作。长期以来，全聚德始终坚持固本培元与守正创新兼顾，运用创新思维打造新时代的餐饮文化精品，将国内优秀传统文化与新时代、新元素融为一体，促使产品迈向年轻化、时尚化和国际化道路。比如，在加拿大多伦多万锦店的装修设计上，全聚德通过添加石狮、花屏、雕梁、老匾等中国元素，将传统中国文化与多伦多现代都市气质巧妙融合；在法国波尔多店的装修设计上，参照米其林标准进行设计和运营。因此，从品牌价值定位来看，文化价值与经济价值同频共振是全聚德国际化的重要特征。

二、全聚德国际化发展动因研究

1. 企业战略驱动下的中国文化传播使命感

企业发展战略是企业基于现实状况和未来趋势，在一定时期内对企业发展方向、发展速度及发展点所作出的重大选择和规划策略，经验证据显示，科学的发展战略不仅能够明晰企业发展目标，还有助于促进企业更好地整合资源，实现高质量发展。长期以来，为充分发挥老字号品牌优势，加快实现企业规模化、现代化和国际化，全聚德始终秉承"立足北京，面向全国，走向世界"的发展战略，通过统筹国际和国内两个市场、两种资源，不断培育企业参与国际合作和竞争的新优势。因此，在该战略指引下，"走向国际"不仅是企业增加产能、开拓市场和拓宽渠道的必然选择，也是契合当前国内国际"双循环"相互促进新发展格局的题中之义。值得注意的是，囿于"中华老字号"企业品牌的特殊性，全聚德国际化路线并非简单地出于利润追逐、市场扩张等经济因素考量，也缘于其强烈的文化传播使命感。毋庸置疑，区别于其他境外投资企业，作为中国餐饮领域的"中华老字号"品牌，全聚德在境外弘扬和传播中国传统文化方面有着天然的优势。

一方面，依托自身独特的生产工艺和数百年的文化积淀，全聚德自身具有丰富的文化价值，更容易在文化传播中形成文化认同，"讲好中国故事"；另一方面，全聚德是中国优秀的民族品牌和传统商业文化的代表，在国际市场具有较大的影响力和消费群体，是中国向世界展示优秀传统文化的重要载体和窗口。由此可见，全聚德走国际化道路并非单一地归因于企业战略，更大程度上在于"老字号"企业战略驱动下的民族文化传播使命感。

2. 国际市场缺位下的品牌经营国际化趋向

伴随经济全球化不断向纵深发展，国际资本流动和产业结构调整步伐加快，产业竞争日趋激烈，为促进本土生产要素在世界范围内流动、提升企业国际竞争能力和拓展经济发展空间，我国在注重"引进来"的同时，也加快实施"走出去"战略。在此背景下，开辟和拓展境外市场成为企业提升市场竞争力的内生动力。然而，长期以来，囿于老字号企业的形成和发展特点，中华老字号在国际化发展过程中一直面临着诸多问题。比如，受区域饮食文化差异等因素影响，以往老字号企业经营往往聚焦于某一特定区域，企业开拓市场渠道的方式非常有限，更多的是依赖于国内各类展会、电子商务平台和专场对接会等，品牌经营国际化明显不足。此外，受限于老字号企业传统经营模式和管理机制因循至今，在一定程度上限制了其产品标准化、规模化发展，特别是品牌宣传和推广乏力，不注重运用独有的文化优势去打造品牌，延伸产业链，这使得我国老字号企业的整体国际市场占有率相对较低。从全聚德国际市场开拓情况来看，尽管全聚德境外投资发展起步较早，而且截至2020年底，全聚德已通过特许经营模式在境外设立8家加盟店，但随着餐饮消费市场持续扩容升级和餐饮品牌不断走向细分化、高端化和国际化，相较于已有的国内市场发展规模，以及境外市场需求强度，全聚德境外市场仍有广阔的挖掘空间和价值。因此，在新形势下，作为我国餐饮行业的老字号品牌企业，开发国际新市场，推动品牌经营全球化是全聚德国际化发展的又一重要诱因。

3. 国家政策引领下的老字号企业"走出去"进程

近年来，我国对外开放格局逐步呈现全方位、多层次、宽领域和立体化的特点，为加快实施开放带动战略，充分发挥人文、地缘、资源等比较优势，我国政府通过建立健全保护与促进老字号发展的支持体系，形成了全社会重视、支持老字号发展的良好氛围，为老字号企业"走出去"提供了宽松的政策环境，大大提升了老字号企业参与国际市场竞争的积极性和主动性。总的来看，政府政策的驱动作用主要体现在以下几方面，一是由政府主导构建的双多边对话机制，为推动区域经济合作和企业品牌国际化提供了平台。依托"一带一路"倡议、国际合作高峰论坛、第三方市场合作新模式等平台，我国积极在复杂多变的国际形势中推动更大范围、更深层次和更高水平的经贸投资合作。因此，双多边合作机制和境外投资自由化政策为全聚德境外投资布局、要素集聚、品牌国际化提供了便利条件。二是积极鼓励老字号企业在餐饮行业国际化方面先行先试。为推动老字号企业不断适应和满足广大居民对其产品和服务的需求，促进其在创新发展中创造更多社会价值、经济价值和文化价值，政府通过政策扶持方式培育一批社会影响广、发展潜力大的知名老字号，为企业"走出去"提供政策支持。三是政府积极建立与市场环境相适应的体制机制。目前，我国以"老字号振兴工程"为代表的相关政策，通过老字号企业在销售、宣传、跨界合作、多元化、IP化方面的引导，为加强老字号产品创新，走国际化、高端化、年轻化路线创造了更多发展机会。

三、全聚德国际化关键因素分析

1. 以文化传播为初心的战略坚定性

当前，随着我国国际地位和综合实力的不断提升，国际社会对我国的关注热度前所未有，在新形势下，"讲好中国故事，向世界展现真实、立体、全面的中国，提高国家文化软实力"，特别是向世界推介宣传优秀传统文化，已成为我国境外投资企业新的使命和方向遵循。作为中华老字号，全聚德依托其独特的产品工艺和厚重的文化底蕴，在传承、延伸和呈现民族传统文化方面一直发挥着文化传播作用，是我国传统文化走向世界的重要名片和互动窗口。相较于其他类型的境外投资企业，长期以来，以传统文化为载体推动品牌经营国际化不仅缘于其特有的文化价值，更是多年来全聚德对以文化传播为初心的战略定位和坚守。

从自身特有的传统文化优势和国际化战略具体实施来看，一方面，通过充分挖掘和开发自身所承载的传统文化，全聚德具有鲜明的民族特色和文化价值，该优势为中国文化传播和走向世界提供了便利。比如，依托以全聚德挂炉烤鸭技艺、全聚德全鸭席制作技艺等为代表的国家级非物质文化遗产和北京市区级非物质文化遗产，以全聚德前门店和和平门店为代表的北京市文物保护单位和北京市爱国主义教育基地，近年来，全聚德不仅荣获了"北京十大影响力企业"，同时被赞誉为"中国十大文化品牌""北京城市名片"。不难发现，独特的传统文化优势使得全聚德具有良好的文化传播条件和品牌价值。另一方面，全聚德国际化成功的关键还在于其聚焦核心优势，以及以文化传播为初心的战略执行的坚定性。自全聚德走上国际化发展道路以来，全聚德始终抓住"文化传播"这一核心，积极统筹文化价值与经济价值的协调统一，而非单纯地追求短期的财务利益目标和企业规模扩张而盲目国际化。以境外特许经营管理为例，为更好地在境外传播优秀传统文化，全聚德在境外加盟店筛选程序环节，不仅会充分考察特许经营加盟店的经营能力，还会严格考察加盟店对传统文化的尊重和传承意愿，从而在最大程度上坚守传统文化的境外传承初心，促进企业国际化过程中的高质量发展。

2. 以国家政策为支撑的发展保障力

自 2006 年商务部实施"振兴老字号工程"以来，我国政府秉持保护与发展并重的原则，积极培育了一批发展潜力大、社会影响广、文化特色浓的老字号企业。毋庸置疑，作为首批入选的"中华老字号"，以国家政策为支撑的发展保障力是推动全聚德顺利"走出去"的重要因素。具体表现在以下三个方面。首先，随着对外开放水平和层次的提高，以我国"一带一路"倡议为代表的国际交流平台为全聚德成功跻身国际舞台提供了良好的政策环境。比如，2008 年由文化和旅游部、工商总局等多个部门联合发布的《关于促进和保护老字号发展的若干意见》显示，在我国进出口配额分配和特许经营许可方面，老字号产品与企业具有优先选择优势，同时，在外事接待、纪念品采购等方面也会优先向老字号品牌企业倾斜，这为老字号企业提升品牌影响力、走出国门提供了有利条件。其次，政府通过鼓励和支持中华老字号在国内外进行保护性商标注册、启动知识产权援助机制项目等形式，大大减少了老字号企业在国际化过程中所面临的抢注侵权行为，大大降低了其在境外的商标专利纠纷发生率和侵权风险。最后，政府还积极开辟通道，鼓励"设立老字号投资资金"项目，从而为老字号企业走向世界提供财政资金支持，进而解决普遍的企业融资难问题。

3. 以产品创新为支撑的核心竞争力

为适应消费市场升级需求和品牌经营国际化，全聚德在保留老字号传统产品和生产工艺的同时，还积极通过先进的生产设备开发新产品，以产品创新为支撑，提升老字号品牌的核心竞争力和国际化水平。比如，以全聚德开发的光影主题餐厅为例，全聚德借助高新技术设计的定制化影音沉浸式体验餐厅不仅融入了新科技和新元素，此外，主题餐厅的设计还结合特有的传统文化元素，将中国富有特色的商业文化、饮食文化融入产品创新中。另外，在当前经济环境中，产品创新带来的经济效益还较好地缓解了新冠疫情所带来的利润下降的压力，激活了新的经济增长点。2020 年，全聚德积极在产品和业务布局上创新，通过重点打造"产品＋服务＋场景"新格局，聚焦"老字号精品门店"打造，落实"一品一策一方案"为老字号品牌赋能。以产品创新为例，为适应消费需求多元化和消费主体年轻化特点，全聚德适时打造鸭类新品，推出了多款休闲零食产品。中秋节期间，公司"因时制宜"，又及时研发了 30 余款品牌礼盒和多口味月饼。此外，全聚德还利用直播带货方式，大胆创新承载新品的营销渠道，从而为产品赋能。

4. 以特许经营为模式的风险可控性

特许经营管理是全聚德境外发展模式的一个重要特征。区别于直接出口、许可生产、合资经营和独立经营等模式，特许经营是指特许者通过商标授权方式，将相关品牌 IP、品牌名称、产品配方等授权给被特许者使用，同时，后者需按照协议向前者支付一定费用的模式。依托该模式，特许方不仅可以通过增加加盟店的方式扩大境外市场规模，还可以借助特许经营建立销售网络，以最低成本迅速地推介和塑造品牌。此外，在该模式下，由于特许经营店需要自负盈亏，这使得境外市场拓展并不会占用总部较多的资金。目前，全聚德利用特许经营模式，分别在日本、缅甸、加拿大、澳大利亚和法国等地区设立了多家特许经营店，较好地实现了集中控制、市场扩张和经济效益的统筹兼顾。此外，在地缘政治动荡、贸易保护主义抬头和逆全球化背景下，境外投资风险不断激增，采取特许经营模式则有助于提升"老字号"企业在国际市场的适应能力，降低境外投资风险。

第三节　全聚德公司国际化的展望与建议

一、全聚德公司国际化展望

中华老字号具有厚重的文化底蕴、极具特色的生产技艺和鲜明的民族特色，老字号在弘扬中国传统文化、实现文化价值与经济价值同频共振方面有着天然的优势，尤其在"双循环"经济新发展格局下，以我国传统民族企业的国际化发展进行案例分析显得尤为必要和重要。基于此，本书以全聚德作为研究对象，采用实地调研与访谈调查法对全聚德国际化发展进行案例研究。总体而言，在当前"百年未有之大变局"大背景下，全聚德国际化发展主要呈现出境外投资环境日趋复杂、境外投资布局趋向多元、文化价值与经济价值同频共振的特点；从全聚德国际化发展动因来看，驱动因素主要包括企业战略驱动、国际市场缺位和国家政策引领三个方面；此外，作为企业国际化的代表性企业，其关键因素则在于全聚德以传统文化为载体推动品牌全球化、以国家政策为导向助力企业"走出去"、以产品创新为支撑提升核心竞争力，以及以特许经营为模式增强风险适应性。

回顾全聚德国际化发展历程、国际化动因及关键影响因素，不难发现，全聚德在推动品牌经营国际化时，机遇与挑战并存。在国际环境日趋复杂，特别是新冠疫情在全球不断蔓延的大背景下，全聚德的国际化发展研究将对我国企业（特别是中华老字号）探索品牌经营国际化具有重要启示和借鉴。

二、全聚德公司国际化建议

1. 健全"老字号"文化传承与保护机制

企业"走出去"成为老字号品牌振兴的重要选择。然而，老字号企业在国际化过程中被侵权抢注的现象也开始不断出现。因此，以全聚德为代表的中华老字号在积极推进品牌经营国际化的同时，还要注重建立健全"老字号"文化传承和保护机制。一方面，企业要提高对民族文化深度挖掘的自觉性和主动性，加强产权保护意识。历经多年发展，老字号往往传承和拥有独具特色的产品工艺和文化底蕴，除经济价值之外，还饱含丰富的文化意义和品牌价值，在文化传播方面更是具有显著的比较优势。因此，企业要在老字号传承、创新过程中，对原有工艺内核给予足够的重视，依托政策支持，继承好、发展好老字号传统特色。另一方面，政府要强化对老字号的境外维权和知识产权布局，为老字号企业境外维权提供支持。比如，政府要积极引导和鼓励老字号企业较早地在境外国家进行专利申请和商标注册，并借助政策指引、专题讲座和集中培训等形式向境外投资企业宣传知识产权保护的重要性和必要性，增强其对自身商标、专利和相关产权的保护意识。同时，创建由政府牵头主导的境外抢注监管预警系统，通过对境外商标注册申请公告的严格监测，及时对既有的商标侵权行为事实加以制止，同时，引导境外投资企业及早进行商标注册备案，形成境外商标品牌保护的"防火墙"。

2. 推动产品技术创新和品牌国际化

在经济全球化背景下，随着互联网信息时代的不断发展，餐饮领域的消费场景与消费主体也开始转向多元化和年轻化。为推动"老字号"企业高质量发展，进一步适应消费升级趋势和市场化需求，"老字号"企业在传承经典的同时，还要注重守正创新，加快产品技术创新，提升品牌国际影响力。一方面，要积极支持中华老字号通过技术改造、工艺创新实现创新与破局，不断给既有核心产品注入科技元素，深度挖掘优秀传统工艺、技术，进而培育出具有国际竞争力和影响力的自主品牌。另一方面，要依托"一带一路"倡议和"双循环"新发展格局，不断延伸产业链条，拓展国际市场。比如，主动利用新技术、新媒体加快中华老字号的数字化建设步伐，实现线上线下融合发展，同时，通过互联网信息技术，不断创新以往传统的经营管理模式、品牌宣传方式，通过走产品国际化、时尚化和年轻化路线，主动适应当前餐饮市场消费升级趋势和多元的市场化需求，从而带动相关产业发展，着力品牌全球化布局。

3. 加大总部对境外特许经营的支持与管理力度

从境外投资模式来看，目前全聚德主要依靠境外特许经营模式来加快自身品牌经营全球化进程，提高国际市场占有率。由于该模式的显著优势，特许方能够较好地扩大规模和规避境外投资风险。然而，限于地理距离、文化差异和人员调度难度较大等因素影响，往往采取经验式、习惯式的管理，难以实现对境外特许经营店的集中控制。因此，随着境外市场的扩张和加盟店数量的增加，总部还必须加大对境外特许经营的管理和支持力度。具体而言，为加强境外特许经营加盟店在日常管理、生产标准、服务质量等方面的标准化，全聚德总部单位要严格依循双方签署的特许经营合同协议，对境外特许经营门店进行定期或随机抽检与培训管理，实现总部与境外加盟门店在规范标准上的高度一致性，并在企业价值文化和观念上达成共识。此外，不断依托总部先进的生产工艺和成熟的运营管理经验，通过对境外特许经营店进行人员培训或派驻总部技术人员的方式加强对境外加盟店的管理，并根据加盟店所在环境量身定制相应的培训方案，从而避免老字号独特的生产工艺和产品在境外市场出现参差不齐，甚至走形变样的情形。因此，为提升境外市场竞争力，全聚德除了在前期加强对加盟店的资格预审，还要注重后期加大对世界各地加盟店的支持和管理力度。

4. 注重企业文化价值与经济价值同频共振

作为我国餐饮领域的老字号品牌和入选国家非物质文化遗产的重要企业，全聚德一直承担着传承中华优秀传统文化和传统技艺的重任，尤其是在打造我国国际化样板企业中具有积极的引领示范效应。因此，区别于其他境外投资企业，老字号企业在国际化进程中，不仅需要积极适应境外市场，创造经济效益，还需要传承好、保护好、发展好其所承载的传统文化，着力解决品牌经营国际化所面临的文化价值和经济价值的非一致性冲突。比如，在"双循环"新发展格局下，需要以市场为导向并坚持文化保护与经济发展并重、继承与创新并举的原则，从而为本土民族企业的品牌经营营造有利的政策环境，同时，促进老字号企业在参与国际竞争过程中积极实现经济价值与文化价值的协调统一。

第十四章　农业对外直接投资：资源依赖与风险规避？[①]

第一节　问题提出

一、农业对外直接投资的相关研究

农业"走出去"战略的实施推动农业对外投资的快速发展，也使得关于农业对外投资的研究引起了学者们的关注。Andrea Bues（2012）提到境外投资的发展具有对自然资源、对教育和知识以及对政府支持的依赖的三个关键特征。相关学者（王超平，2017；韩振国等，2020）通过对我国农业对外直接投资的投资现状以及特点分析归纳，探讨农业"走出去"的积极作用，指出目前存在的一些问题并提出相应的政策建议。

在农业对外直接投资的区位选择研究方面，学者王方方（2012）通过分解中国对外直接投资的结构得出企业会随投资成本的降低增加境外投资。汪晶晶等（2017）认为东道国的农业资源禀赋、农业外资开放程度、农产品贸易依存度、制度质量以及市场容量和潜力均影响中国对外直接投资的区位选择。Junxiang Miao 等（2019）分析了区位优势、资源禀赋优势、政策支持优势和基础设施优势对农业境外投资的影响。詹琳等（2020）借助对"一带一路"沿线国家直接投资迅速发展，系统研究中国农业企业境外投资区位选择问题，认为企业的区位选择首先取决于企业的投资动机。高道明等（2020）揭示了中国在收入高低不同的国家投资动机和区位决策模式，研究认为中国农业投资被资源禀赋丰裕的国家所吸引，

① 节选自华南农业大学马秋雅同学的毕业论文《广东省农业"走出去"风险预警与防范——基于贝叶斯网络分析》第五章的内容，并作调整与修改。主要参与人：马秋雅、朱穗昌、李尚蒲。

对高收入国家看重已形成的资源开发能力，对低收入国家则看重资源开发潜力。而钟文晶等（2020）则从心理距离的主体行为研究视角探讨我国企业对外农业直接投资区位决策的影响机制，认为通过政策引导或者信息披露可"助推"企业对外农业直接投资区位决策效率。段小梅等（2020）提到在投资区域选择上，经贸合作区是中国进行产业结构调整和产业全球布局的重要平台，是促进中国和东道国经贸合作双赢的重要载体。

在农业对外直接投资的影响因素研究方面，陈伟（2014）利用近 10 年中国农业 OFDI 数据确定当前为投资的第Ⅱ阶段，并发现农林牧渔增加值、农产品进口额、农业外资流入、农业技术人员与农业 OFDI 呈正向关系；杨娇辉等人（2015）研究发现中国 OFDI 具有风险偏好性只是个假象，控制了 OFDI 的比较优势和自然资源之后发现中国企业在对外直接投资中是风险规避者。张亚男等学者（2015）研究发现自然资源丰富和政治稳定性因素是地方国有企业 OFDI 流入的重要影响因素。中国 OFDI 的流入倾向于资源依赖（王永钦等，2014；宋勇超，2013；冯晓玲等，2015）。Rashid IMA、Bakar 等（2016）认为高收入发展经济体中的市场规模对农业 OFDI 影响显著。汪晶晶等（2017）发现东道国的农业外资开放度、通信能力以及与中国的地理距离等对中国农业对其投资有重要影响。张振、马翠萍等（2017）得到农业生产率是农业对外直接投资的关键影响因素，而农业产业规模、政府的参与度以及政策方面支持为重要影响因素。Junxiang Miao（2019）从农产品贸易结构和贸易流动模式入手，发现在后 WTO 时代下，农业对外投资有所增长。随着全球经济一体化进程的加快，我国农产品出口频频遭遇绿色壁垒，Weina Cai（2020）主要分析了绿色壁垒对我国农业境外投资的负面影响及其原因。

在农业对外直接投资动机研究方面，Chen 等（2017）利用现场调查与深度访谈的数据资料，得到宏观方面动机为稳定国内战略性农产品的供给，而微观方面动机为市场资源寻求与先进技术应用导向，中国企业的农业对外直接投资对东道国和中国都是一个双赢的局面。中国农业企业通过区域合作优化对外投资结构，以借助金融业发展提升资本效率来提升中国农业对外投资的成效（操龙升，2017）。

通过梳理有关学者对外直接投资以及农业对外直接投资的研究，可以看到针对对外直接投资的研究较为丰富，主要集中在 OFDI 的进入模式、投资动因、区位选择、影响因素、投资动机等方面。在进行对外直接投资影响因素研究时，很多学者从宏观角度、微观角度，从东道国角度、母国角度，从"一带一路"等区域角度，分析了诸多因素对对外直接投资的影响。总体而言，对外直接投资的研究热点目前集中于"一带一路"、非洲等对外投资活跃区域，研究的角度由宏观转到更为微观的角度，集中于关于企业、行业的讨论，研究的切入点更为多样。而针对农业对外直接投资相关问题的研究，由于该领域投资开始较晚，所以相较于对外直接投资研究，农业对外直接投资的研究总量较少，大多研究聚焦于"一带一路"、粮食安全视角下的相关特征、现状、战略分析。

二、对外直接投资风险因素的研究

国内外学者对对外直接投资风险的相关研究主要集中在风险分类、风险与对外直接投资的影响分析方面。关于风险分类和衡量，主要集中在政治风险和经济风险的研究。Mcgowan（2009）等从跨国投资项目决策的角度出发，构建了包括政治风险和经济风险的对外直接投资矩阵决策模型。Holburn（2010）认为企业对外投资扩张战略中对东道国政策风险的敏感度较低，可通过寻求风险更大的东道国进行投资，以利用它们的政治能力获得和捍卫有吸引力的地位或产业结构。中国 OFDI 更偏好于"一带一路"国家中政治风险比较高的国家（李建军等，2018；韩民春，2017），也更倾向于腐败程度较高的国家（付韶军，2018）。政治风险的研究相比来说较多，而且造成中国企业对外直接投资损失的主要原因之一是政治风险。但有学者持相反意见，认为中国企业对外直接投资并不一定会趋向于政治风险低的国家（李丽丽、綦建红，2017）。关于经济风险方面，东道国的经济风险大小与中国的对外直接投资呈负相关关系，对中国的对外直接投资起抑制作用（胡兵等，2012；王海军、齐兰，2011）。而且来自发展中国家的经济风险对我国对外直接投资的影响更为显著（高明等，2012）。关于金融风险方面，沈军、包小玲（2013）研究发现对于有股票市场的非洲国家，金融风险越大，中国 OFDI 流入越多。李平等（2017）研究发现汇率实际波动风险对资源寻求型 OFDI 起显著的抑制作用。直接研究国家风险与 OFDI 关系的研究也不多，学者们对其关系的结论也不统一。

风险与对外直接投资的影响分析研究，刘晓光等（2016）用动态面板模型检验双边政治关系与东道国制度环境间的交互影响，认为政治关系风险在企业对外直接投资中起到一定的优化补充效应。赵青（2016）和韩民春等（2017）通过国际投资引力模型、面板校正误差（PCSE）方法估计东道国政治风险、文化距离和双边关系对我国对外直接投资的影响。Merli Margaret Baroudi（2017）提到政治风险保险对跨境投资企业的重要性。Barclay E. James（2017）认为东道国政策的稳定性、东道国投资者在东道国的领先经验以及主要投资者的股权结构影响境外投资。许阳贵等（2019）分析中国与"一带一路"沿线国家贸易规模受到经济发展水平、市场规模、政治制度风险、贸易畅通性、便利性、中国对外直接投资、民间文化交流紧密度的影响。对外直接投资风险方面国内外学者侧重风险分类及风险对投资影响的研究，这为更加全面详细的风险预警奠定了基础。

第二节　数据、模型与实证分析

一、样本选择

考虑到 2007 年前中国农业对外直接投资规模较小且数据缺少，以及 2019 年以来国际形势变动和新冠疫情影响及数据缺少问题，本书选取 2007 年至 2018 年我国农业境外投资国家作为研究样本，研究东道国投资风险（简称国家风险）对我国农业对外投资的影响，这 47 个国家分别为：阿根廷、阿拉伯联合酋长国、埃塞俄比亚、安哥拉、澳大利亚、巴基斯坦、巴西、保加利亚、玻利维亚、博茨瓦纳、俄罗斯、厄瓜多尔、法国、菲律宾、刚果、圭亚那、哈萨克斯坦、荷兰、吉尔吉斯斯坦、加拿大、柬埔寨、津巴布韦、老挝、马达加斯加、毛里塔尼亚、美国、孟加拉国、秘鲁、缅甸、莫桑比克、瑞士、沙特阿拉伯、斯里兰卡、苏丹、塔吉克斯坦、泰国、坦桑尼亚、委内瑞拉、乌克兰、新加坡、新西兰、牙买加、以色列、印度、印度尼西亚、英国、越南。

本书探讨国家风险对我国农业对外投资的影响，并从经济风险、政治风险、社会风险以及双边关系风险四个维度的细分领域风险来探讨其对我国农业对外投资的影响程度。对于东道国投资风险要素的衡量，本书选取来源于 PRS 集团的《国际国家风险指南》的风险等级评分，而关于经济风险、政治风险、社会风险以及双边关系风险四个维度的风险数据，来源于《国际国家风险指南》和中华人民共和国外交部官方网站。

二、变量选取

1. 被解释变量

中国农业对外直接投资量，用 OFDI 表示。本书采用《中国对外农业投资合作分析报告》当中中国对各国对外直接投资情况。为避免流量数据短期波动对结果造成影响，选用报告中农业 OFDI 的存量数据。在数据处理上，统一使用美元作为货币单位，单位为万美元，并对数据进行取对数，数值越大说明其对外直接投资水平越高。

2. 核心解释变量

国家风险，用 Risk 表示。数据为从《国际国家风险指南》中获得的国家风险评级指数，并加以参考借鉴《中国海外投资国家风险评级报告》。ICRG 对每个国家的风险进行评分，国家风险的评分越高，在该国投资的风险越低。在数据处理上，本书对评分取倒数，国家风险的值越大，表示风险越高。

维度风险，用 DR 表示。借鉴《中国境外投资国家风险评级报告国家风险指南》的风险评级体系，涵盖经济基础、偿债能力、社会弹性、政治风险和对华关系五大指标，考虑到与农业对外投资的相关性和数据的可靠性，本书的 DR 设置为政治风险、经济风险、社会风险及对华双边关系。①经济风险（ER），选取通货膨胀风险、汇率稳定风险、偿债风险等 8 个指标。②政治风险（PR），选取政府稳定性、军事干预政治、官僚主义等 6 个指标。③社会风险（SR），选取宗教紧张局势、种族矛盾、法律与秩序等 6 个指标。以上三类维度风险指标数据选自 ICRG 定期发布的风险指数，并将这些指标评分相加得到相应的风险评分。分数越高，对应的风险越低，在数据处理上本书对评分取倒数，即风险分数越高，风险越大。④双边关系风险（RR），国与国之间的双边关系狭义上看是政治关系。潘镇等（2015）将狭义双边关系定义为维护经济安全，扩大国际影响力等战略国与国之间结成的政治亲疏关系，本书借鉴张建红等（2012）用高层互访、建交时间因素对我国对外投资的影响来量化双边关系，一是高层互访。借鉴张建红、姜建刚（2012）方法，国家最高领导人（总统、主席）互访得2分，其他领导人互访得1分（包括第三国会晤），以特定年份访问次数乘以得分来衡量。二是建交时间。以该年度两国建交年份的存量来衡量，建交时间从中国政府网站获取。双边关系评分由两个指标得分加总，并对评分取倒数处理，即双边关系分数越高，风险越大。

3. 控制变量

资源禀赋，用RES表示。其包括人均耕地资源（PAL）与人均水资源（WR）。关于耕地资源，雷瑞（2017）认为境外农业资源区位选择中，东道国的投资政策和耕地资源禀赋是关键因素。国外耕地资源的当期供给是中国耕地资源的潜在供给缺口（马述忠等，2015），耕地资源丰裕的国家是我国境外投资的目标国。然而，也有学者认为中国民营企业对外直接投资往往倾向中国投资较为集中的地区，其投资动机中并没有显著的资源寻求性，而是以市场获取为主要目的（Zhang et al，2013；余官胜和林俐，2014）。东道国的经济发展水平低会制约对外投资的市场机会，中国对非洲等欠发达国家或地区的直接投资呈现出显著的资源寻求型动机，市场寻求型动机不显著（Andrew，2015）。本书基于认为农业对外直接投资更加倾向于向自然资源丰富地区进行投资。因此，要素禀赋变量选取了影响农业生产的两个重要因素耕地资源和水资源作为控制变量。在数据处理上，人均耕地以公顷为单位，人均水资源以立方米/年为单位。

FDI开放度（OPEN），即FDI存量占GDP比例。经济开放度是衡量一个经济体（国家或地区）对外经济开放程度的综合性指标，体现一个国家或地区的经济与世界经济的联系、接轨和融合程度。学者（王海军等，2013）认为东道国市场开放程度的加深能促进中国OFDI的流入。而王玉华等（2010）运用VAR模型研究认为贸易开放度和投资开放度对不同的国家经济增长的影响效果也是不同的。

农业增加值（AVA），衡量的是一国的农业生产能力以及占一个国家经济的比重，它的数值越大，该国的农业生产能力越强。同时表明农业对一个国家经济发展的重要程度越强。农户农业投资动力受到农户生产能力与效率的正向激励（黄莉、王定祥等，2021）。为了避免单位量纲的干扰，本书选择农业增加值占 GDP 比重作为农业增加值的替代变量。

清廉指数（CPI），反映的是一个国家政府官员的廉洁程度和受贿状况，对东道国的清廉指数评分越高，在该国家投资的风险越低。腐败普遍存在于不同国家和地区，权力寻租是经济政策制定与实施过程中腐败滋生的重要原因，且寻租活动的发生会扭曲政府资源配置（董有德，2020），大多数研究表明，政府官员的清廉程度会对经济增长乃至投资吸引产生正向显著影响。

东道国基础设施（HCI），用人均耗电量来表示，单位为人均百千瓦时。Azam 等学者认为基础设施对外商直接投资有积极和显著的影响（Azam，Muhammad，2014）。董有德等（2020）实证检验了东道国腐败治理程度影响基础设施从而吸引中国 OFDI，结果也表明中国 OFDI 对"一带一路"国家的基础设施存在正向效应。

4. 引力变量

东道国生产总值（GDP），即反映东道国的投资需求能力。根据 Dunning（1981）投资理论，一国对外直接投资随着东道国经济发展水平的提高而逐渐增加。因此东道国生产总值越大其投资潜力就越大。中国生产总值（CGDP），即反映中国对该国投资需求的规模和能力。一国对外直接投资随着本国经济发展规模和发展能力的提高而逐渐增加。在数据处理上，统一使用美元作为货币单位，单位为万美元，并取对数，数值越大说明其生产总值越高。

我国与东道国距离（DIS），本书用四个维度的距离衡量，包括地理距离、经济距离、文化距离、制度距离。

①地理距离（GDIS），即中国与东道国首都地理距离，单位为千米。陈岩（2014）、韩民春（2016）等学者认为地理距离对中国投资会有负影响。在地理距离较近的国家投资会减少收益前景的不确定性，经营难度因地理距离增加而增加，即表明地理位置是影响国际直接投资流向和分布的重要因素。

②经济距离（EDIS），是指国与国之间的经济差距，这种差异会给国家或地区的交往带来影响。至于产生何种影响，学者们有着不同的看法，有的认为国家间的经济差距会使两国存在需求差，从而产生推动贸易与投资的正面影响，而有的认为会抑制需求从而降低国家间的交往与贸易。本

书考虑到我国因人口规模大而经济的体量较大，采用国与国之间的人均GDP差距的绝对值作为经济距离。

③文化距离（CDIS），文化距离越大，文化协调成本越可能大于文化整合成本，因而增加了企业对外投资风险，部分学者研究表明文化距离对境外投资有负向影响，而蒋冠宏（2015）实证表明文化距离对中国企业对外投资的影响呈U形曲线特征。本书借鉴Hofstede总结出的衡量文化差异的6个指标的方法，基于数据完整度，使用其中的4个维度（即权力距离、个人主义与集体主义、不确定规避、男性主义与女性主义），建立KS指数文化距离公式，即$CD_j = \sum_{i=1}^{4} \{(I_{ij} - I_{ic})^2 / V_i\} / 4$，$CD_j$表示中国与第$j$个国家的文化距离；$I_{ij}$表示第$j$个国家在第$i$个文化维度上的取值；$I_{ic}$表示中国在第$i$个文化维度上的取值；$V_i$是两国在第$i$个文化维度上取值的方差（$i=1$，2，3，4）。

④制度距离（SDIS），国家之间会由于政治体系、环境和治理方式的差异对双方的交流产生影响。部分学者（潘镇，2006）认为制度距离会对双边贸易产生负向影响。本书借鉴万伦和高翔（2014）使用世界银行发布的全球治理指数，将国家制度划分为话语权和责任、政治稳定性和不存在暴力、政府效率、规管质量、法治和腐败控制六个方面来衡量制度距离，并参考其计算方法，使用全球治理指数计算各国制度指标与我国制度指标的差距，具体公式为：

$$D_S = \frac{1}{6} \sum_j \left| \frac{I_{ij} - I_{cj}}{\max I_{ij} - \min I_{ij}} \right| \qquad (14-1)$$

其中，D_S为中国与其他国家的制度距离指标，I_{ij}为其他国家各维度的制度距离指标，I_{cj}为中国各维度制度指数。

式子还采取最大值和最小值的偏差来衡量其相对差异，最终得到中国与其他国家之间的制度距离。以上四个距离变量以地理距离为基本指标，经济距离、文化距离、制度距离放在稳健性检验中。表14-1为变量解释和数据来源。

表14-1 变量解释和数据来源

类型	变量	解释	数据来源
被解释变量	OFDI	我国农业对外投资量	《中国对外农业投资合作分析报告》

（续）

类型	变量	解释	数据来源
解释变量	RISK	东道国国家风险	《国际国家风险指南（ICRG）》
	PR	政治风险	ICRG
	ER	经济风险	ICRG
	SR	社会风险	ICRG
	RR	双边关系风险	中国政府官网及新闻媒体
控制变量	WR	人均水资源	世界银行数据库（WDI）
	PAL	人均耕地资源	WDI
	AVA	农业增加值	WDI
	OPEN	东道国开放度	WDI
	CPI	清廉指数	WDI
	HCI	基础设施	WDI
引力变量	GDP	东道国生产总值	WDI
	CGDP	中国生产总值	WDI
	GDIS	地理距离	CEPIII 数据库
	EDIS	经济距离	WDI 数据库
	CDIS	文化距离	Hofstede 数据库
	SDIS	制度距离	世界银行《全球治理指标》（WGI）

三、引力模型构建

引力源于物理学，引力模型的含义是物体间的引力与质量正相关，与距离负相关。Tinbergen（1962）首次利用引力模型研究双边贸易的决定因素，他发现双边贸易流量与两国 GDP 成正比，而与距离成反比，证明了用引力模型研究双边贸易的可行性。国内学者用引力模型研究中国对外直接投资的区位选择（蒋冠宏等，2012；王娟等，2011；王胜等，2013）和影响因素对不同发展阶段国家的投资动机（闻开琳，2008；祁春凌，2013），并得到与现实情况较为吻合的检验结果。本章节的基准模型采用投资引力模型，为将中国农业对外直接投资与自变量之间存在的非线性关系转换成线性关系，以减少异常点以及残差的非正态分布和异方差性，修改后得到的引力模型方程如下：

$$\ln(OFDI_{it}) = \alpha + \beta_1 RISK_{it} + \beta_2 \ln(WR_{it}) + \beta_3 PAL_{it} + \beta_4 OPEN_{it} +$$
$$\beta_5 AVA_{it} + \beta_6 CPI_{it} + \beta_7 HCI_{it} + \beta_8 \ln(GDP)_{it} +$$
$$\beta_9 \ln(CGDP_{it}) + \beta_{10} DIS_{it} + \varepsilon_{it} \qquad (14-2)$$

$$\ln(OFDI_{it}) = \alpha + \beta_1 DR_{it} + \beta_2 \ln(WR_{it}) + \beta_3 PAL_{it} + \beta_4 OPEN_{it} +$$
$$\beta_5 AVA_{it} + \beta_6 CPI_{it} + \beta_7 HCI_{it} + \beta_8 \ln(GDP)_{it} +$$
$$\beta_9 \ln(CGDP_{it}) + \beta_{10} DIS_{it} + \varepsilon_{it} \qquad (14-3)$$

其中，i 表示国家，t 表示时间，ε_{it} 为随机干扰项，β_i 为相应的系数。$OFDI_{it}$ 为被解释变量（中国农业对外直接投资量），核心解释变量为 $RISK$（东道国国家风险）、DR（维度风险），包括 ER（经济风险）、PR（政治风险）、SR（社会风险）和 RR（双边关系风险）；控制变量为 RES（自然资源），包括 WR（人均水资源）和 PAL（人均耕地资源）、$OPEN$（开放度）、AVA（农业增加值）、CPI（清廉指数）、HCI（东道国基础设施）；引力变量为 GDP（东道国生产总值）、$CGDP$（中国生产总值）和 DIS（与东道国的距离），DIS（距离）包括 $GDIS$（地理距离）、$EDIS$（经济距离）、文化距离（$CDIS$）和制度距离（$SDIS$）。

四、数据处理与检验

1. 数据处理

为缩小变量间的数量级，需要对变量 $OFDI$、WR、GDP、$CGDP$、$GDIS$ 和 $EDIS$ 取对数处理。相关变量描述性统计如表 14-2 所示，$OFDI$ 的最小值和最大值相差大，标准差有 0.605 2，表明中国 $OFDI$ 的投资额大小不一，相差很大。国家风险（$RISK$）均值 0.235 4，标准差只有 0.008 1，表明各国的风险水平相差不是特别大，风险大的国家位于南亚、非洲、南美洲。四个维度风险 PR、ER、SR、RR，标准差最大的是政治风险（PR），最小的是经济风险（ER），说明各国的政治风险水平相差较大，经济风险相差较小。在资源禀赋方面，被投资国的人均水资源和人均耕地最大值和最小值相差较大，说明被投资国拥有的人均资源规模不一，差异较大。从东道国的开放程度（$OPEN$）而言，最小值和最大值相差较大，说明各国对外开放程度不同，且中位数靠近最小值，说明大多数国家开放度不高。从农业人均增加值和东道国基础设施的数据可以看出，

较大部分的被投资国基础设施和农业水平不算发达。清廉指数均值约为4.710 2，而最大值和最小值相差较大，说明部分国家的腐败程度相差较大。从东道国GDP最大值和最小值来看，表明各个国家经济发展水平差距比较大。东道国GDP与我国GDP的均值相比相差较大，说明我国的经济规模较大，对投资国的投资需求较大。从距离的四个维度来看，均值最大的两个距离变量为经济距离和地理距离，说明被投资国与我国经济和地理距离有一定的差距。制度距离和文化距离的中位数更接近最小值，说明大部分国家制度距离和文化距离与我国较接近。

表 14 - 2　描述性统计

变量	均值	标准差	最小值	最大值	中位数	样本数
lnOFDI	8.677 3	0.605 2	6.828 7	10.232 9	8.236 2	146
RISK	0.235 4	0.008 1	0.222 7	0.261 5	0.236 1	146
PR	0.294 6	0.166 7	0.269 5	0.352 3	0.294 9	146
ER	0.232 1	0.006 0	0.219 9	0.251 1	0.232 5	146
SR	0.283 1	0.018 2	0.257 4	0.334 2	0.283 3	146
RR	0.248 9	0.034 4	0.162 8	0.352 9	0.251 8	146
lnWR	8.578 9	2.098 4	2.818 3	12.786 4	7.395 9	146
PAL	0.422 5	0.534 6	0.000 1	2.134 1	2.119 3	146
OPEN	3.611 8	5.959 8	0.047 9	30.842	1.715 5	146
AVA	10.480 7	10.029 4	0.030 0	44.331	5.931 5	146
CPI	4.710 2	2.544 0	1.500 0	9.500 0	3.500 0	146
lnHCI	7.709 3	1.516 2	4.049 8	9.670 3	7.999 0	146
lnGDP	7.811 7	2.050 9	3.025 7	12.230 2	8.045 7	146
lnCGDP	11.475 7	0.335 8	10.477 2	11.821 1	11.613 6	146
lnGDIS	8.893 2	0.566 4	7.752 2	9.867 7	9.014 9	146
lnEDIS	8.719 7	1.100 8	5.805 6	12.181 4	8.741 7	146
CDIS	1.889 2	1.322 6	0.055 5	5.039 4	1.397 3	146
SDIS	0.872 8	0.786 1	0.004 9	2.368 7	0.167 5	146

2. 数据平稳性检验

由于一些非平稳的序列常常会表现出共同的变化趋势，而并不是本身就有一定的直接关联。因此，为避免出现"伪回归"现象，增加回归结果的可信度，在模型参数估计之前，再次对变量进行数据平稳性检验。本书

分别采用 LLC 检验、PP - Fisher 检验和 Hadri - LM 检验进行面板单位根检验，LLC 检验、Hadri 检验检验界面数据间是否存在同质性根的情形。而 PP - Fisher 检验是用在检验截面数据间是否存在异质单位根情形。结果如表 14 - 3 所示，所有变量均通过 LLC 检验、PP - Fisher 检验和 Hadri - LM 检验。因此，整体可以认为所有变量均通过面板单位根检验，各指标数据具有平稳性，下文可以进行有效的回归分析。

表 14 - 3　数据平稳性检验

检验形式	LLC 检验	PP - Fisher 检验	Hadri - LM 检验
lnOFDI	−5.651 2***	71.796 4***	5.347 9***
RISK	−4.216 2***	91.249 2***	6.386 0***
PR	−9.227 4***	64.431 7***	6.935 2
ER	−15.503 0***	82.827 6***	5.616 4***
SR	−15.574 1***	49.995 2**	4.989 5***
RR	−4.624 6	105.667 0***	7.830 3***
lnWR	−284.075 0***	130.300 0***	6.315 3***
PAL	−3.137 3***	78.178 4***	6.663 9***
AVA	−3.907 8***	58.409 5***	6.845 8***
OPEN	−11.372 7***	102.100 0***	6.696 8***
CPI	−4.023 1***	77.720 2***	4.737 8***
HCI	−5.816 5***	103.834 0***	7.628 8***
lnGDP	−2.199 3***	90.830 1***	6.681 2***
lnCGDP	−2.752 5***	114.119 0***	7.259 9***
lnGDIS	−2.264 2**	50.405 8***	4.079 5***
lnEDIS	−2.778 8***	104.326 0***	6.546 3***
CDIS	−4.342***	76.952 0***	5.097 3***
SDIS	−3.590***	60.864 0***	7.990 4***

注：***、**、* 分别表示在 1%、5%、10%水平下显著。

五、基本模型实证结果

1. 模型检验

分为混合回归模型、固定效应模型和随机效应模型三类，本书在进行固定效应模型估计的同时先对模型（1）进行 F 检验，再进行豪斯曼检验，检验结果如表 14-4：检验结果显示 F 统计量为 4.52，P 为 0，显著拒绝原假设，认为使用固定效应模型优于混合效应模型；再进行豪斯曼检验，统计量为 109.51，P 为 0，说明拒绝原假设，认为固定效应模型优于随机效应模型。为了保证回归结果的稳健性，本书在进行其他几个距离变量回归时均在固定效应模型基础上展开。

表 14-4　面板模型检验结果

检验方式	统计量	P
F 检验	4.520 0	0.000 0
豪斯曼检验	109.51	0.000 0

2. 计量解释

表 14-5 中列（1）是使用固定效应模型进行回归的结果，在控制 4 个距离变量后的模型结果显示：国家风险（RISK）的系数均在 1% 的显著性水平下为负，说明东道国国家风险和农业对外直接投资呈显著负相关，投资该国风险越小，越容易吸引我国农业对外投资的流入。东道国风险会显著影响我国农业投资的流入。

在农业对外投资的资源禀赋中，水资源（WR）在控制了四个距离变量后仍显著为正，说明我国农业对外投资是水资源依赖型的，而对于耕地资源并不显著依赖，甚至是抑制，本书认为可能由于我国农业"走出去"整体规模不大，对东道国耕地的依赖程度并不显著。在其他变量中，东道国的开放程度（OPEN）在 1% 的控制水平下均显著为正，说明东道国开放程度越高，吸引我国农业投资流入越多。基础设施（HCI）估计系数均显著为负，我国农业投资与东道国基础设施负相关，本书认为基础设施耗电量的高低与工业化程度相关，我国农业投资更倾向于到工业化程度较低的国家。

在引力变量中，东道国生产总值高低意味着农业市场需求的大小，生产总值（GDP）在 10% 的控制性水平下，系数显著为正，说明东道国的市场潜力正向显著影响我国农业境外投资。我国的生产总值意味着对该国投资供给的规模和能力，国内生产总值（CGDP）在其中三个距离变量的控制下显著为正，说明我国农业对外投资受我国经济规模的正向影响。

在四个距离变量中，地理距离和经济距离的系数符号为负号，说明在地理经济上的物质距离与我国农业对外投资呈负相关关系，其中经济距离在5％的显著性水平下为负，说明我国农业对外投资受与东道国的经济差距的影响，与东道国经济差距越小，越吸引我国农业投资的流入。文化距离和制度距离的系数为正，说明在文化制度上的文明距离与我国农业对外投资呈正相关关系，其中文化距离在5％的显著性水平下为正，说明文化距离显著正向影响我国的农业境外投资，在文化层面，与东道国文化距离越大，越能吸引我国的农业对其投资，本书认为文化文明的差异会增强投资吸引力，从而会影响投资行为。

表 14 - 5　基本模型回归结果

变量	固定效应模型			
	（1）	（2）	（3）	（4）
RISK	−0.205 8***	−0.681 6***	−0.232 8***	−0.195 4***
	（−2.520 0）	（−2.290 0）	（−2.880 0）	（−2.410 0）
lnWR	0.041 8**	0.038 1**	0.043 5**	0.037 9**
	（1.770 0）	（1.690 0）	（1.850 0）	（1.690 0）
PAL	0.036 9	−0.018 0	−0.073 8	−0.005 7
	（0.260 0）	（−0.120 0）	（−0.520 0）	（−0.040 0）
OPEN	0.030 9***	0.027 7***	0.031 1***	0.029 5***
	（2.980 0）	（2.590 0）	（3.050 0）	（2.750 0）
AVA	−0.008 6	−0.003 1	−0.007 3	−0.007 6
	（−1.110 0）	（−0.400 0）	（−0.980 0）	（−0.960 0）
CPI	0.010 1	0.003 5	0.014 2	0.030 0
	（0.270 0）	（0.090 0）	（0.380 0）	（0.670 0）
HCI	−0.005 88***	−0.003 9**	−0.006 1***	−0.006 5***
	（−2.190 0）	（−1.780 0）	（−2.290 0）	（−2.200 0）
lnGDP	0.060 2**	0.068 3**	0.056 1**	0.071 5**
	（1.670 0）	（1.720 0）	（1.620 0）	（1.780 0）
lnCGDP	0.311 2**	0.176 1	0.321 5**	0.289 1*
	（1.770 0）	（1.270 0）	（1.860 0）	（1.670 0）
lnGDIS	−0.098 7			
	（−0.940 0）			

（续）

变量	固定效应模型			
	(1)	(2)	(3)	(4)
ln*EDID*	−0.114 9***			
	(−2.000 0)			
CDIS			0.108 5***	
			(2.170 0)	
SDIS				0.182 3
				(1.300 0)
C	17.177 7***	14.679 9***	17.051 5***	15.839 1**
	6.180 0	5.830 0	6.350 0	5.870 0
N	145	146	145	146
R^2	0.454 2	0.451 4	0.477 6	0.449 0

注：***、**、*分别代表1%、5%和10%的统计显著性，下同。

六、多维风险模型估算结果

从表14-6基本模型回归结果可知，东道国国家风险显著负向影响我国农业境外投资，东道国经济风险、政治风险和社会风险同样负向影响着企业境外投资水平。同时，基于我国与东道国的政治关系亲疏角度，把对华双边关系也考虑进多维度风险中。在模型处理上，为避免引力距离与多维度风险存在一定相关性，检验了多维度距离变量的显著性，本书将文化距离作为引力变量引入经济风险（*ER*）和政治风险（*PR*）模型中。同样，将经济距离引力变量引入社会风险和双边关系风险模型，为了确保模型回归结果的稳健性，本书对以下几个维度风险的回归均建立在固定效应模型上。

表14-6　基本模型实证结果

	(1)	(2)	(3)	(4)
ER	−0.208 6***			
	(−2.160 0)			
PR		−0.456 3		
		(−0.890 0)		

（续）

	（1）	（2）	（3）	（4）
SR			−0.090 6**	
			（−1.650 0）	
RR				−0.451 8***
				（−2.140 0）
lnWR	0.043 7**	0.044 2**	0.043 7**	0.330 0**
	（1.830 0）	（1.820 0）	（1.820 0）	（1.690 0）
PAL	−0.029 0	−0.100 2	−0.112 6	−0.090 8
	（−0.200 0）	（−0.680 0）	（−0.760 0）	（−0.590 0）
OPEN	0.031 1***	0.034 4***	0.033 6***	0.026 0***
	（2.990 0）	（3.280 0）	（3.220 0）	（2.380 0）
AVA	−0.007 4	−0.006 3	−0.004 3	−0.008 4
	（−0.980 0）	（−0.790 0）	（−0.540 0）	（−1.000 0）
CPI	−0.003 0	−0.014 1	−0.027 4	−0.015 1
	（−0.080 0）	（−0.340 0）	（−0.660 0）	（−0.400 0）
HCI	−0.004 6**	−0.004 2**	−0.005 2**	−0.004 2**
	（−1.780 0）	（−1.750 0）	（−1.840 0）	（−1.660 0）
lnGDP	0.045 6	0.066 9**	0.005 2**	0.028 4**
	（1.130 0）	（1.690 0）	（1.640 0）	（1.660 0）
lnCGDP	0.329 5**	0.349 2***	0.344 0***	0.312 0**
	（1.870 0）	（1.970 0）	（1.960 0）	（−1.760 0）
CDIS	0.114 2***	0.100 1***		
	（2.240 0）	（1.910 0）		
lnEDIS			−0.112 5***	−0.165 5***
			（−2.110 0）	（−2.710 0）
C	16.402 3***	13.044 4***	14.272 3***	14.154 9***
	（5.640 0）	（5.280 0）	（5.640 0）	（6.100 0）
N	145	145	145	146
R²	0.457 5	0.458 5	0.432 7	0.421 5

多维度模型回归结果发现核心变量经济风险（ER）、社会风险（SR）、双边关系风险（RR）系数均通过显著性检验，显著为负，说明我

国农业境外投资受经济风险、社会风险和双边关系影响，经济和政治风险越小，越吸引我国农业境外投资，双边关系风险越小，双边关系越好，越吸引我国农业境外投资。东道国政治风险对我国农业境外投资有负向影响，但不显著。

其他控制变量与基本模型回归结果基本一致，参数符号方向基本一致，说明固定效应模型的面板数据回归结果是稳健的。东道国水资源（WR）、开放程度（OPEN）对我国农业境外投资有着显著的正向影响；东道国的基础设施对我国农业有显著的负向影响。在引力变量上，东道国（GDP）和我国（CGDP）表示的投资市场需求和供给对我国农业投资有正向显著影响。文化距离变量（CDI）在1%的显著性水平下显著为正，说明文化距离对我国农业境外投资有显著的正向影响。

七、异质性检验

首先，为验证东道国国家风险对我国农业境外投资的影响是否存在异质性，并考虑到样本数据问题，本书将样本总体按照社会发展水平指数将东道国进行分类，分为发展中国家和发达国家。其次，在上文多维风险模型中政治风险并不显著，在此验证东道国国家风险下的政治风险维度是否在发展中国家和发达国家中存在异质性问题。无论对于发展中国家还是发达国家而言，东道国国家风险均显著反向影响我国农业投资的流入，但是发达国家的国家风险对我国农业境外投资的流入影响更显著。在政治风险中，发现发展中国家的政治风险影响并不显著，但是发达国家的政治风险显著地负向影响着我国的农业境外投资，可能的解释是发达国家官僚主义、军事干预、政治霸权主义风险会显著影响我国的投资意向。

其次，异方差检验。由于本章节涉及的47个国家的面板数据存在大N小T型的，一般需要检验是否存在异方差。严重的异方差问题会影响模型估计和模型检验，因此本书使用异方差怀特检验对其自变量进行检验，得到结果为 X^2（65）$=82.36$，$P=0.0718>0.05$，不拒绝原假设，认为模型不存在异方差，模型估计结果有效。表14-7为基于东道国发展水平的异质性检验。

表 14-7 基于东道国发展水平的异质性检验

	发展中国家	发达国家	发展中国家	发达国家
RISK	−0.160 0**	−0.227 1***		
	(−1.920 0)	(−2.350 0)		
PR			−0.147 4	−0.551 3***
			(−0.330 0)	(−3.070 0)
lnWR	0.088 9***	0.001 0	0.070 7***	0.064 5
	(2.710 0)	(0.020 0)	(2.570 0)	(1.250 0)
PAL	−0.110 4	0.180 9	−0.154 6	0.149 3
	(−0.590 0)	(1.620 0)	(−0.800 0)	(1.330 0)
OPEN	0.064 6***	0.055 3**	0.054 91***	0.076 2**
	(2.650 0)	(1.720 0)	(2.760 0)	(1.840 0)
AVA	−0.012 2*	−0.120 6	−0.013 7*	−0.021 8
	(−1.660 0)	(−1.370 0)	(−1.750 0)	(−0.280 0)
CPI	−0.111 6**	0.175 5*	−0.100 0*	0.099 8*
	(−2.210 0)	(1.690 0)	(−1.870 0)	(1.660 0)
HCI	−0.005 4**	−0.014 5***	−0.005 1**	−0.013 4***
	(−1.660 0)	(−4.150 0)	(−1.830 0)	(−3.970 0)
lnGDP	0.102 5***	0.050 4	0.103 0***	0.072 7
	(2.880 0)	(0.460 0)	(2.690 0)	(0.700 0)
lnCGDP	0.477 9***	0.165 1	0.541 2***	0.047 6
	(2.190 0)	(0.450 0)	(2.490 0)	(0.130 0)
lnGDIS	−0.109 5	−0.625 0	−0.145 1	−0.564 6
	(−1.200 0)	(−0.910 0)	(−1.560 0)	(−1.130 0)
C	17.920 5***	6.014 9**	14.643 1***	31.003 6***
	(5.980 0)	(2.010 0)	(5.120 0)	(4.960 0)
N	95	51	95	51
R^2	0.528 7	0.386 4	0.507 7	0.646 1

第三节 结论与建议

本书选取 2007—2018 年我国对各国的农业对外直接投资面板数据，

利用投资引力模型研究了东道国国家风险对中国农业 OFDI 流入的影响。主要结论有如下三点：

第一，东道国的国家风险能够显著影响我国农业 OFDI 的流入，我国农业对外直接投资具有较强风险规避意识，重视投资国的风险，风险越小，中国农业 OFDI 的流入量越大。因此，关注农业企业"走出去"面临的风险问题，为农业"走出去"做好预警与防范举措，提高农业"走出去"生产效率，降低境外投资风险极为重要。

第二，在多维度风险中，东道国经济风险、社会风险以及双边关系风险会显著影响我国农业 OFDI 的流入，而对于政治风险，在发展中国家和发达国家对我国农业境外投资的流入影响不同，发达国家的政治风险对我国农业 OFDI 影响显著，而发展中国家并不显著。

第三，在其他控制变量中，发现东道国的资源禀赋对中国农业 OFDI 流入存在分化，东道国耕地资源对我国农业投资流入并不显著，而水资源能够显著影响我国农业投资的流入。本书认为，由于我国农业对外投资的总体规模比较小，东道国的耕地资源问题并不成为我国农业投资的主要限制条件。而水资源是农业发展的必要因素，因此水资源是农业对外投资发展的限制因素。东道国的开放程度对我国农业 OFDI 有显著正向影响。基础设施对我国农业 OFDI 有显著的负向效应，分析认为我国具备技术、资金优势的企业更倾向于到工业化程度低、农业生产效率较低的国家，以自身技术优势形成自身效率优势和成本优势。

第四，东道国 GDP 和我国 GDP 代表的投资需求与供给情况对我国农业 OFDI 有正向作用。在距离变量中，地理经济上的物质距离与我国农业对外投资呈负相关关系，我国农业对外投资受与东道国的经济差距的显著负向影响。在文化制度上的文明距离和制度距离与我国农业对外投资呈正相关关系，其中文化距离显著正向影响我国的农业境外投资，本书认为文化文明的差异会增强投资吸引力，从而会影响投资行为。

据此，由于本书是基于东道国风险要素对全文展开分析的，因此提出如下政策建议：①从政府角度，我国政府应该重视农业对外直接投资的风险因素，尤其是经济、社会和双边关系风险，应该完善境外投资风险预防与保险机制。对于各省地方政府应根据具体的境外投资情况构建更详细具体的风险预警和防范机制。同时政府部门应设立投资国投资风险信息平台，利用驻外机构收集东道国的风险信息，为"走出去"企业提供境外风险的信息便利。②从企业角度，企业在进行境外投资前，借助驻国机构平台提供的风险信息要对东道国风险做全面评估，最好形成企业的一套对外直接投资的风险预警和防范机制，时刻监视风险动态。其次，通过多元化经营、金融支持、保险服务等，降低农业"走出去"风险。

第十五章 基于贝叶斯法的农业"走出去"风险预警与防范[①]

第一节 研究背景

一、对外直接投资风险预警研究

风险预警方法研究方面，张鹏（2012）运用多层次分析法和模糊综合评价法评估我国境外投资风险等级。陈菲琼等（2012）、李春花（2013）分别通过人工神经网络法与 BP 神经网络法构建境外投资风险预警模型，为境外投资企业提供宏观层面的风险预警建议。赵威（2012）则借鉴 Miller 的 PEU 评级模型和 Brouthers 的 PEU2 评价模型建立风险识别体系，并对对外投资风险等级进行评估和采取针对性的措施。陈菲琼等（2012）、李春花（2013）均通过神经网络法构建境外投资风险预警模型。李一文等（2014）通过调查分析中国非金融对外投资的 347 个企业的对外投资风险，为中国企业境外投资提供风险预警建议。Ruilian Zhang 等（2017）运用模糊综合评价模型系统地识别 CPEC 地区涉及的环境和社会风险因素并进行风险预警。除了以上对风险预警模型的研究，部分学者还提出构建预警信息系统，李飞（2012）构建了前、中、后期一体化的预警流程图。张友棠、闵剑（2012）从微观企业角度出发，构建了涵盖财务、技术和管理等多个风险测度维度的风险预警定位系统。Heerman K（2020）通过参数化模型的方法估计生产率和贸易成本分布的参数，为全球农业贸易和生产模式适应政策变化做出更为明智的预警。

---

① 节选自华南农业大学马秋雅同学的毕业论文《广东省农业"走出去"风险预警与防范——基于贝叶斯网络分析》第四、六章的内容，并作调整与修改。主要参与人：马秋雅、Boris Choy、李尚蒲。

关于境外投资风险预警研究较少，主要集中在采用神经网络法、模糊综合评价法、案例分析法等。上述这些方法各有优劣，其中，神经网络法需要大量的历史数据，同时需要消耗大量的时间和人力；模糊综合评价法则对指标个数有要求，当指标过多时，权重无法确定，预警效率容易受到影响；案例分析法则有可能存在泛化性限制、主观性、时间和资源消耗，缺乏可比性和潜在偏差。

二、对外直接投资风险防范研究

风险防范研究方面，徐莉（2012）、聂娜（2016）通过分析内源性风险、外源性风险产生的耦合效应构建我国对外投资风险防范机制。赵丽娟、杨涛等（2013）针对我国对外投资如何进行有效的风险防范提出了加强国家间文化交流、国际化经营人才培养和国际化经营能力的风险防范策略。施淑蓉（2014）、米家龙等（2015）从宏观、中观和微观三个角度构建关于政府层面、部门协会层面、企业层面的一体化风险防范系统。太平等（2015）从国家开放型经济体制视角对我国企业对外投资提出风险防范措施。学者朱兴龙（2016）以中铝、三一、华为三个典型企业作为案例分析我国企业"走出去"风险，并提出防范举措。赵德森（2018）则是根据东道国城镇化水平、人力资本水平、金融发展水平三个维度构建风险测度模型，分析东道国风险形成的机理并提出防范举措。

针对对外投资风险防范体系相关的研究，主要集中在宏观、中观、微观角度或者通过案例分析的方式，大部分研究没有较具体和针对性的防范体系，且风险防范效率不高。尤其在农业对外投资风险预警与防范研究领域，缺少一套相对完整、体系化的风险管理系统。

三、贝叶斯网络方法与应用的研究

贝叶斯网络是建立在图论和概率论基础上的一种定性和定量分析充分结合的不确定性问题推理方法，最早由学者 Judea Pearl 于 1988 年提出。胡春玲（2013）进一步探讨贝叶斯网络的精确推理法和近似推理法，并对其运用范围加以比较。李硕豪（2014）则从数据的完备与否角度分析针对数据类型不同的网络结构学习法，同时对贝叶斯网络结构学习的未来发展方向进行分析。

贝叶斯网络方法应用方面，学者们将其应用在控制银行风险、财务风险、项目风险、期权风险等领域，并得到有效验证。陆静（2012）、薄纯林等（2008）、郭春香等（2009）分别将贝叶斯网络法运用到银行的零售业务和信用风险管理中，构建了有效的风险预警系统。赵文平等（2015）将贝叶斯网络法引入企业财务风险控制中，其风险预警模型的有效性得到验证。Vahid Khodakarami（2014）、Kumar Sharma（2015）在评估企业项目的成本风险时引入贝叶斯网络推理法，使其与传统概率风险分析法相结合以评估企业项目风险情况。王顺洪、颜欢（2017）在跨国铁路项目的政治风险预警模型引入贝叶斯网络结构法，以此识别境外投资的政治风险情况。Yasushi Ota 等（2020）将贝叶斯推理法用来解决 Black - Scholes 模型中期权定价问题，以期能够在金融市场寻求套利机会。

其他领域的应用方面，Trucco 等（2008）将贝叶斯网络法运用到海运方面的风险管理，解决关于组织和人力等复杂因素的风险概率计算问题。翟胜（2015）则将不确定性分析作为贝叶斯网络理论基础，将其运用到电池生产线的风险系统。刘承刚（2016）把贝叶斯网络运用到软件项目风险模型，评估企业在营销服务平台项目管理中存在风险问题。Li Taishun 等（2019）利用贝叶斯模型的参数先验分布和参考样本的后验分布对试验风险进行诊断和监测。贝叶斯网络方法的应用广泛，不断被拓展应用在控制银行风险、财务风险、项目成本风险、期权套利等多个领域，并在多个领域的应用中得到有效验证，其具有区别于其他预警方法的小样本运行、高效性、实用性等优点。

四、文献评述

综观已有研究成果，农业对外投资的研究是比较少的，而农业对外投资风险预警方面的研究更是少之又少。在对外投资风险因素、风险预警与防范研究方面，现有研究多集中在研究各类风险对境外投资的影响。风险预警的相关研究并不多，且在摸索阶段，并未形成统一的派别，而已有的预警方法存在一定的局限性。风险防范体系研究主要集中在宏观、中观、微观角度或者通过案例分析的方式，大部分研究并没有针对性的防范体系，且防范效率不高。由于贝叶斯网络方法具有针对小样本、可识别性和高效性等优点，因此，国内学者不断将其拓展应用在控制银行风险、财务风险、项目成本风险、期权套利领域等多个领域，并在多个领域的应用中得到有效验证。

从以上对外直接投资的研究现状和研究的不足之处可看出，对外投资领域的研究并没有形成相对完善的风险预警体系，特别是在农业对外投资领域。且当前对外投资预警方法受数据量和指标多样化限制等，预警效率不高。而贝叶斯网络法区别于其他预警方法具有小样本运行、高效性、实用性等优点，并且随着建立在贝叶斯网络法上的预警模型在更多的领域得到了有效验证，本书尝试构建基于风险管理贝叶斯网络法的广东省农业对外投资风险预警模型。

第二节　农业对外直接投资风险传导机制

一、风险分类与风险防范

风险指在特定情况下，发生某个事件的不确定性，一方面指收益的不确定性，另一方面指成本或代价的不确定性。对外直接投资风险是风险的一种具体形式，指企业在对外投资项目时面临的不确定性，导致企业在生产、经营、管理等方面造成损失，具有客观性、损失性、可评估性、复杂性和多样性等特征。局限于数据获取，本章节主要针对政治风险、经济风险、社会风险、农业行业风险（市场风险和自然风险）、企业（经营）风险等进行评估。

1. 政治风险

政治风险是指由于各种政治力量的利益博弈而使跨国企业在东道国的投资遭受某种不利结果的可能性，是对外直接投资风险中最重要的一类风险。该风险源于东道国（或母国）政府行为，包括发生战争和内乱导致的风险、征收和国有化倾向所导致的风险、与投资国的睦邻关系好坏的风险、投资国政府政策的执行质量好坏的风险等。政治风险的研究始于20世纪60年代，学者们普遍认为政治风险与东道国政府对商业运营的干预有关。随着经济全球化的不断推进，各国纷纷以各种方式吸引和鼓励外来投资，跨国企业已经较少遇到极端型政治风险。

2. 经济风险

经济风险是指东道国货币利率政策、金融政策等经济政策调整所引起的风险。经济风险是跨国企业面临的各种风险，例如：东道国产业政策的调整、利率和汇率的变动风险、货币转移限制与货币兑换风险、主权国家信用风险、经济衰退与金融危机发生的风险等。

3. 社会风险

社会风险源于东道国非政府方面并对外国企业可能构成价值损害的社会行为。受文化、宗教、风俗习惯、价值观念等因素的影响，从事跨国经营的外国企业常常遇到来自东道国各组织出于就业、环保等方面的排挤和抵制。因此，农业对外直接投资中社会风险主要表现为：法律司法效力风险、社会公平性风险、产权保护程度风险、资源环境保护风险等。当社会风险导致政府相关政策的变化，则意味着农业对外投资社会风险环境恶化。

4. 农业行业风险

农业行业风险包括农业市场风险和农业特有的自然风险。市场风险是指由于农产品市场价格的不利变动或者急剧波动而导致价值变动的风险。自然灾害风险是指自然灾害等给受灾国造成经济损失，从而直接或间接地给外国企业的正常经营带来负面影响的可能性。这种负面影响既表现在自然灾害直接损害企业建筑物和导致员工人身伤亡，又可能影响东道国市场环境、增加物流运输成本、破坏原有的企业供应链或降低产品消费能力等。

5. 企业（经营）风险

企业（经营）风险指企业在资金、技术、管理等多方面遇到的风险。企业风险主要表现在：经营层对国外的法治环境、经营环境不熟悉，自身风险管控能力不足。包括合同违约风险、特许经营权受到限制等风险等。中国企业是国际组织和某些国家合规执法的重点对象，其中，农业境外投资活动更易引发东道国监管部门的合规调查，意味着农业境外投资是合规风险较为集中的行业之一（祝宁波、王镭，2022）。

风险预警指通过收集相关的信息来监控风险因素的趋势，并评价各种风险状态偏离预警线的强弱程度，向决策层发出预警信息并提前采取预警举措。对外直接投资风险的预警是指企业在投资项目时能够在风险损失发生之前，对风险进行预测和报警。对外直接投资风险防范则是指对风险的控制，即在计算出风险预警之后采取相应的措施来消除或降低风险发生的范围及危害程度。风险预警与防范的目的就是为了控制风险，消除或减少风险带来的损失。风险防范是指为降低或消除企业对外直接投资的风险，采取一系列降低风险的措施以降低企业经营收益的损失。风险防范机制是指企业所构建的风险防范与风险治理的管理机制，其运行需要相对灵活的企业治理结构，我国农业对外直接投资企业可借鉴国外相对成熟的企业的做法，建立一套包含风险识别、评估、预警、应对的完善的风险防范机制。

二、风险管理相关理论

1. 内部控制理论

1911 年，科学管理之父泰勒提出了企业要加强内部的组织管理，形成了内部控制理论的雏形。1988 年，美国注册会计师协会发布《审计准则公告第 55 号》，首次使用"内部控制结构"，即从企业内部环境、会计制度着手提出一整套控制程序。1992 年，美国国家虚假财务报告委员会发布了《内部控制-整合框架（COSO）》，该报告首次系统地提出了内部控制的目标和模式，被认为是企业内部控制理论最具权威性的组织框架。

COSO 报告突出了风险控制企业内部控制中的地位，认为风险评估是企业内部控制的关键环节，这一观点得到了业内的普遍认可，并迅速在美国及其他发达国家的跨国企业中得到了广泛应用。COSO 报告指出，相比于国内企业和中小型企业，经济全球化的快速发展使得大型跨国企业面临的市场环境越来越激烈，企业面临的经营管理风险也越来越多，企业要做好内部控制，首先要识别这些风险，包括风险来源、类别、影响程度等。因此，企业需要将生产、销售、财务等活动整合到一个统一的控制框架之内。企业内部控制的核心目标是通过控制企业内部各要素和各环节来帮助企业在减少企业运行风险的前提下实现企业既定的绩效目标，而非为了控制而控制。

2. 发展战略理论

发展战略理论是关于企业如何发展的战略理论体系，从企业和国家的视角关注了境外投资发展战略，对于国内企业具有指导意义，起到了境外投资的前期预警作用，可有效规避投资风险和提升企业效益。发展战略理论认为，我国企业境外投资不仅是经济全球化的趋势所在，也是我国当前经济发展阶段的内在要求。理论具体论述了企业境外投资发展战略中的主体战略、目标战略、行业战略和区位战略等。其中，主体战略是指开展境外投资的企业类型，包括大型国有企业、民营企业、中小企业等；目标战略有四个，即扩大国际市场、获取自然资源、降低生产成本、学习先进技术；行业战略区分了发展中国家和发达国家，对于发达国家而言要侧重于高科技产业，而发展中国家则要侧重于发展制造业；区位战略分为对发达国家和对发展中国家的境外投资。

3. 风险防范与管理的方法

在金融方面，预测、控制风险的纯粹技术型手段繁多。国际上，关于政治风险评估和识别技术包括，全球著名的美国摩根保证信托公司的国别评估报告、评分等级法；1975年联邦德国经济研究所制定的预先报警系统；一些国际风险评估专门机构所提供的风险指数，如国家风险国际指南、弗兰德指数、欧洲货币国家风险等级表和日本公司债券研究所的国家等级表等。对于汇率风险则主要借助于过滤规则和市场动向指数等方法对汇率进行尽可能准确的预测，并在此基础上，采用一些公司金融的基本交易工具予以防范和规避。而对于经营风险则主要通过德菲尔法、头脑风暴法以及幕景识别法等基本工具来识别潜在和期望风险，并采取风险规避、风险自留、风险抑制和转移等方法来实施风险管理。同时，不少研究是基于案例研究分析了境外直接投资的来源，例如：澳美加等国家主导的国际投资竞争新规则，提出的所谓国际投资"中立原则"以及安全审查制规则改变，致使我国农业境外投资面临着更多的风险与不确定性。

三、风险传导路径及传导效应

对外直接投资风险传导路径是按照"风险源——风险事件——风险载体——风险路径——风险接收者"路线进行传导的，风险损失也是风险传导的结果。风险事件作为风险的诱因，它的发生会触发风险源释放风险流（政治风险、经济风险、社会风险、行业风险、企业风险，自然风险除外），然后风险流借助不同载体包括资金、人员、物质、信息再通过风险路径包括业务链、资金链、利益链三种风险路径进行风险传导，最后到达风险接收者造成风险损失。对外直接投资风险传导过程存在以下三种效应，包括连锁效应、耦合效应、破窗效应。图 15-1 为风险预警机制运行流程图。

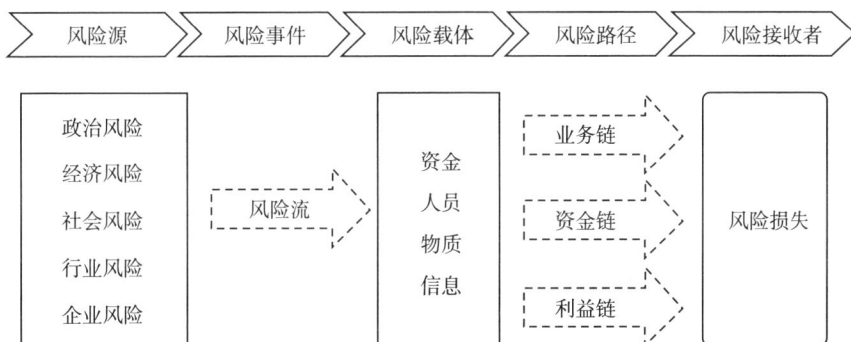

图 15-1　风险预警机制运行流程图

1. 连锁效应

连锁效应指在同一个系统中，各个因素存在普遍联系，一种因素的变化引起了一系列相关因素的连带反应，如因素 A 的变化引起了因素 B 的变化，而因素 B 的变化又引起了因素 C 的变化等。对外直接投资项目中，风险传导中的连锁效应指可能会引发与之相关的环节或部门出现异常，并引出一连串的风险损失。从传导路径来看，消除传导风险路径的风险因素或者切断风险路径的某些环节便可控制风险损失的发生。

2. 耦合效应

耦合效应是指两个或以上的因素通过相互作用而彼此影响从而联合起来产生增力的现象。在对外直接投资风险的传导中，存在直接或间接的风险节点相互影响，使得传导过程中的风险强度增大。当风险强度未被放大之前对其进行风险监控，提前预警风险，必要时采取应对举措，从而降低风险损失。

3. 破窗效应

破窗效应指环境中的不良现象如果被放任存在，会诱使人们仿效，出现更差的结果。应用在对外直接投资风险中，指如果对外直接投资企业发生了风险事件后任其发展，将会传递更多纵容发生的信息，导致更多风险事件的发生。这种风险效应告诉我们要及时对风险因素进行消除，对风险事件进行解决、分析。从风险传导效应方面分析，连锁效应告诉我们风险预警与防范的复杂性和及时性，耦合效应和破窗效应说明了对外投资风险预警的重要性和必要性，这三个效应都说明了风险预警和防范要从风险因素、传导要素入手，识别并监控风险源、风险传导过程都是降低风险发生的有效方法。

第三节　农业 OFDI 风险预警：基于贝叶斯网络分析

一、预警机制原理

1. 贝叶斯定理

贝叶斯推断是指人们根据不确定的信息做出估计、推断各种结论发生的条件概率推断。贝叶斯推理有利于人们认知概率信息规律，并对人们的行为决策起到指导作用，表述如下：

$$P(Z_i \mid A) = \frac{P(Z_i)P(A \mid Z_i)}{\sum\limits_{j=1}^{n} P(Z_j)P(A \mid Z_j)} \qquad (15-1)$$

贝叶斯定理：A 和 Z 为随机变量，假设条件为 $A=a$，证据为 $Z=z$，在考虑证据之前的 $A=a$，$P(A=a)$ 为先验概率，而考虑了证据后，事件 $A=a$ 的概率估计为 $P(A=a \mid Z=z)$ 为后验概率，先验与后验概率关系为：$P(A=a \mid Z=z) = P(A=a) \times P(Z=z \mid A=a)/P(Z=z)$。

贝叶斯定理适用于计算离散事件的概率，而连续变量间的概率关系需要贝叶斯公式来定义。贝叶斯公式：根据前述假设证据 $Z=z$，假设 Y 为一个关注变量，则有 $P(Y \mid Z=z) = P(Y) \times P(Z=z \mid Y)/P(Z=z)$，$P(Y)$ 是 Y 的先验分布，$P(Y \mid Z=z)$ 是 Y 的后验分布，$P(Z=z \mid Y)$ 为 Y 的似然函数，$P(Z=z \mid Y) = L(Y \mid Z=z)$，而 $P(Z=z) = \sum P(Y)P(Y)P(Z=z \mid Y)$，$P(Z=z)$ 不依赖 Y，故 $P(Y \mid Z=z) \propto$

$P(Y)L(Y \mid Z = z)$，即后验分布与先验分布和似然函数的乘积成正比。

2. 贝叶斯网络方法原理

贝叶斯网络是随机变量节点和节点间边线组成的有向无圈图，也是联合概率分布的图式表达。网络结构学习是从一组给定的数据中寻找出变量节点间的依赖关系，然后通过集中学习计算网络结构。只有在确定了网络结构后才能自动学习代表节点间相互依赖关系的条件概率参数。在贝叶斯网络结构中，边线箭头一边指向子节点，另一边指向父节点。如果没有父节点，则称为根节点。每个节点的概率分布代表网络结构和参数。

贝叶斯网络的数学表达式为：

$$BNs = <G, \theta > 0 \qquad (15-2)$$

其中，G 表示有向无圈图，由节点和箭线组成，其中节点表示随机变量 S_1，S_2，S_3，$\cdots$，S_n，节点间的箭线代表节点间的依赖关系，如从节点 S_1 到节点 S_2 箭线表示 S_1 对 S_2 有直接的因果影响；θ 为网络结构参数，$\theta = \{P(S_i \mid \pi x_i) \mid 1 \leqslant i \leqslant n\}$（$\pi x_i$ 表示节点 S_i 的父节点集）。

3. 预警机制特点

（1）系统性。基于贝叶斯网络的风险预警机制将风险预警的流程作为一个大的系统来研究，这个系统包括风险指标的选取、数据的量化、风险的传导、风险预警机制的运行以及对预警模型结果进行分析并提出防范建议。

（2）可行性。风险预警主要指对潜在的不确定性风险因素进行识别、发现并预防，预警的目的主要是将风险规避掉或是控制在可接受范围内，整个预警过程的可操作性极为重要，而基于贝叶斯网络的风险预警方法具有可操作性和较高的指导价值。

（3）动态性。在风险预警机制运行过程中，针对不同阶段的风险变化，整个预警模型会迅速调整，并能对各类风险实时监控与预警。

二、风险预警的运行机制

风险预警运行机制是指对风险要素进行监控、反应、调整及反馈的一整套体系化的预警机制，文中包括对风险指标的设定、问卷风险数据的量化、警报值的设定、预警结果分析及针对性防范措施的提出。整个详细预警过程设置如下：第一，在参考文献及专家建议的基础上结合广东省农业对外直接投资现状综合考量一级、二级风险指标的设置，形成风险调研问卷，邀请具有农业境外投资经验的村庄干部及境外投资项目管理人员填写风险问卷；第二，根据风险指标问卷数据进行量化，经规范性处理得到二级指标 H、M、L 风险的概率分布数据；第三，综合考虑专家意见和借鉴相关文献，设定风险阈值；第四，通过构建风险预警模型对风险数据进行处理和运行，预测出一级风险指标和总风险指标数据；第五，系统根据设定阈值判断总风险是否超过阈值以及是否发出警报，并把风险状况反馈到风险管理部门。

基于贝叶斯网络的风险预警运行机制可用于政府部门、企业管理部门等机构在农业对外直接投资环境下，通过收集农业对外投资的风险数据构建风险预警模型，在有效的风险运行机制下监测风险的变动趋势，评估整个地区在对外直接投资方面所处的风险状态，判断是否偏离设定的风险阈值，若超过可向风险控制部门发出预警信号。这个风险预警机制不仅可用于对前期风险状况的观察，也可对未来风险进行监测，是一个动态持续的过程。同样，它不仅可以为政府机构分析农业对外投资风险现状提供依据，同时可以让那些即将或正在进行境外投资的农业企业对面临的境外投资风险情况有个动态、整体的把握。图 15-2 为风险预警机制运行流程图。表 15-1 为农业对外直接投资风险预警评价指标。

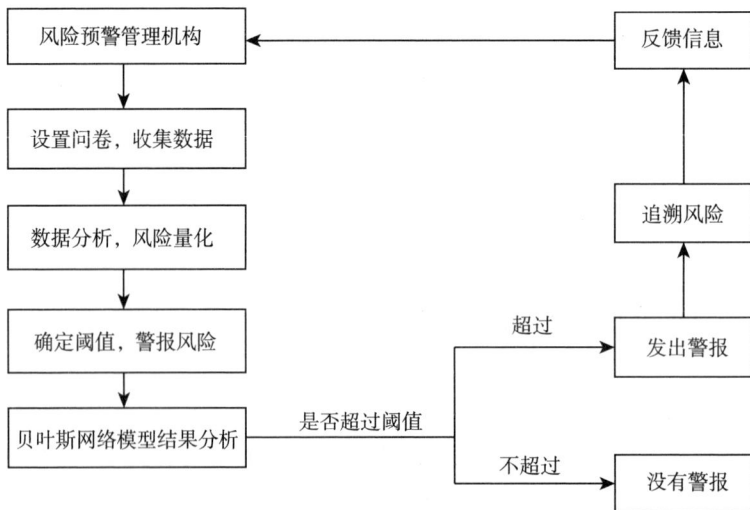

图 15-2　风险预警机制运行流程图

表 15-1　农业对外直接投资风险预警评价指标

一级指标	二级指标	指标解释	指标来源
政治风险	内外部冲突	内外部冲突（社会、种族、宗教），发生战争和内外动乱的风险	BTI、WGI
	政府违约风险	政府有效性，有效性执行质量	WGI（世行）
	征收和国有化倾向	东道国政府以很小的代价采取一系列措施对国外企业进行非法占有	WGI
	与中国睦邻关系	包括投资受阻程度，双边政治关系，贸易依存度，免签情况	中国商务部、CEIC、WGI
经济风险	主权信用评级	评级机构对国家主权信用的评级，是对政府偿债责任的信用履行与能力的判断	国际风险评级报告（2019）
	利率和汇率变动等金融风险	利率、汇率等变动风险	MIGA
	货币转移和兑换风险等管制	货币转移和兑换风险等管制	MIGA
	经济衰退和金融危机	包括 GDP 增长、通货膨胀、负债率、失业率	WEO、CEIC、WDI
社会风险	法律效力风险	法律司法效力风险（含争端解决机制）	UNODC
	社会安全风险	社会平等与安全性	BTI、WDI
	私有产权保护	政府对私有产权保护程度	BTI
	资源环境政策	对环境议题的重视	BTI
行业风险	农业行业市场风险	农产品市场价格的不利变动或者急剧波动而导致价值变动的风险	MIGA
	农业自然风险	因自然力不规则变化导致危害经济	MIGA
企业风险	特许经营权风险	经营使用权，包括商标、专利在内的有形的、无形的使用权利	MIGA
	合同违约风险	存在双方因不同原因导致违约可能，从而不能执行合同的风险	MIGA

三、风险预警模型设计

贝叶斯网络结构的风险分析模型主要有三个部分，分别是模型输入、网络结构构建、模型输出。模型输入是指设置总风险指标及一二级指标节点，并将处理规范后的风险问卷数据赋值给二级指标。网络结构构建指结合专家意见和贝叶斯推理得出各节点网络结构和参数。模型输出是通过结构训练、参数学习后得到对外投资一级指标和总风险指标的概率分布。

本节采用贝叶斯网络分析软件 GeNle2.3 建立广东省农业对外投资风险预警模型，主要基于以下思路：第一，结合专家问卷、相关文献设置风险节点变量。第二，输入已进行量化后的父节点（二级指标）的风险数据。第三，结合专家意见和参数学习确定节点变量间的参数关系，构建网络结构。第四，通过参数学习算出子节点（一级指标和总指标）的参数值。第五，通过贝叶斯网络风险预警模型结果判断出每个节点（风险要素）存在的风险概率，并得到农业对外投资总指标的最终风险值。图 15-3 为基于贝叶斯网络的风险预警模型结构。

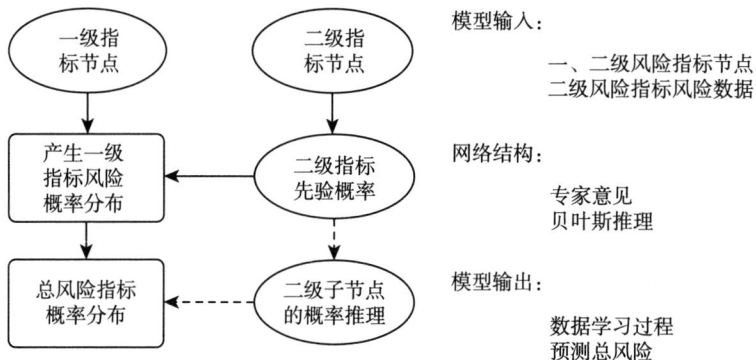

图 15-3　基于贝叶斯网络的风险预警模型结构

四、模型、数据与阈值

1. 风险指标的选取

风险预警指标的选取考虑了以下原则：一是相关性，即与预警目标的紧密联系程度；二是可获得性，即获取风险数据的容易度；三是全面性，即指标覆盖的范围等。根据广东省农业对外投资风险现状，发现在经济、政治、社会、农业行业及企业层面存在较多的风险。考虑到数据的可收集性及可行性，本书在广东农业"走出去"预警模型中主要采用以下指标：

（1）政治风险。细分为发生战争和内乱的风险、投资国政府政策的执行质量、征收和国有化倾向、与中国睦邻关系四个风险指标。

（2）经济风险。细分为主权国信用评级、利率和汇率变动等金融风险、货币转移限制和兑换风险等管制、经济衰退和金融危机四个风险指标。

（3）社会风险。细分为法律司法效力风险、社会公平性、产权保护、资源环境保护政策四个风险指标。

（4）农业行业风险。细分为农业市场风险和自然风险两个风险指标。

（5）企业风险。细分为特许经营权风险和合同违约风险两个风险指标。

本书将政治风险、经济风险、社会风险、农业行业风险和企业（经营）风险作为农业对外直接投资风险预警模型的一级指标，并将一级指标的细分风险作为二级指标。在网络结构中，父节点和子节点分别为二级指标和一级指标。在已知二级风险指标概率分布数据下估算一级风险指标数据，再依次估算出广东省农业对外投资总风险数据。

2. 数据来源

本书的风险指标数据源于广东省农业农村厅课题《广东省农业"走出去"研究》的调研问卷，问卷发放并收集于 2019 年 11 月至 2020 年 7 月，选取广东省具有农业对外投资经验（境外劳务派遣）的村庄干部及参与投资项目人员[①]共计 155 余人进行风险问卷调研，所整理得到的 155 份有效问卷数据作为模型的原始数据来源，并将风险指标进行量化处理后得到预警模型的先验概率数据[②]。表 15-2 为风险指标评估标准。

---

① 由于疫情影响，问卷调研有限。村庄问卷覆盖广东省 15 个市（包括地级和县级市）26 个镇的 77 个村庄，每个村庄 1~2 位村干部参与问卷调研。

② 本书将村干部与项目人员的纸质版问卷、具有境外投资经验农户（主要集中在潮州饶平县和湛江地区）及研究对外投资的专家学者电子问卷共 592 份数据进行量化处理后，作为判断风险指标之间影响程度的训练集。

表 15-2　风险指标评估标准

风险程度	高风险	较高风险	中等风险	较低风险	低风险
评估标准	发生概率与影响程度极大	发生概率较大或影响程度较大	发生概率、影响程度中等	发生概率较小或影响程度较小	发生概率与影响程度都极小

3. 指标设定

本书将问卷风险指标依据风险指标量化标准分为高、中、低三个风险等级，广东省农业"走出去"村庄干部与专家问卷数据的风险概率如表 15-3 所示。

表 15-3　风险指标概率数据

单位:%

一级风险		二级风险	H 高风险概率	M 中等风险概率	L 低风险概率
（P）政治风险	P1	内外部冲突	33.78	41.89	24.32
	P2	政府违约风险	27.03	60.14	12.84
	P3	征收和国有化倾向	20.95	47.97	31.08
	P4	与中国睦邻关系	41.22	38.51	20.27
（E）经济风险	E1	主权信用评级	31.76	50.68	17.57
	E2	利率和汇率变动等金融风险	14.86	58.78	26.35
	E3	货币转移和兑换风险等管制	16.22	58.78	25.00
	E4	经济衰退和金融危机	31.08	49.32	19.59
（S）社会风险	S1	法律效力风险	29.73	53.38	16.89
	S2	社会安全风险	35.81	45.95	18.24
	S3	私有产权保护	39.86	52.03	8.11
	S4	资源环境政策	40.54	43.92	15.54
（A）行业风险	A1	农业行业市场风险	27.03	51.35	19.59
	A2	农业自然风险	35.81	46.62	16.89
（C）企业风险	C1	特许经营权风险	29.05	51.35	21.62
	C2	合同违约风险	36.49	50.00	14.19

4. 风险阈值设定

风险阈值是对风险设定的一个界值，当数据超过这个设定值时，就对此类风险发出警报信息。一般的设置方法有文献参考法、比较法和专家征询意见法三种。阈值包含了不同设定者的风险偏好，本书在参考文献和专家意见的基础上对风险阈值指标进行设置。

当某类风险状态处于高（H）、中（M）、低（L）风险的概率分别为a_1、a_2、a_3时，根据文献及专家意见给予相应的权重为 1/2、3/10、1/5。A 的取值范围为［20，50］，在 A 取值区域内设置四个数字 25、31、38、45 作为阈值。最后根据 A 值所处的取值范围判断不同的风险等级。当 A 值处于［20，25］范围内，则表示处于低风险程度，无须发出警报和采取任何举措。当 A 处于［25，31］范围内，则表示风险程度较低，无须发出警报和采取措施。当 A 处于［31，38］范围内，则表示风险程度中等，发出轻微警报，需要采取一定的措施。当 A 处于［38，45］范围内，则表示风险程度较高，此时发出警报，应立即采取适当举措。当 A 处于［45，60］范围内，则表示处于高风险程度，发出强烈警报，应立即采取紧急举措。

五、风险预警机制的运行

1. 构建贝叶斯网络结构

本书通过贝叶斯网络结构学习法，结合专家知识法构建广东省农业对外直接投资风险预警模型，这样的好处是可以自动分析数据间的联系程度从而建立农业风险指标之间的关联，同时也可以结合专家意见进行调整。这个网络结构图是由工具 GeNIe2.3 通过自有的处理算法自动生成网络结构，再结合专家意见对关联节点进行调整，最终得到广东省农业对外投资贝叶斯网络结构图（图 15-4）。

构建广东省农业"走出去"风险指标的贝叶斯网络结构主要由节点和箭线组成，父节点包括第一层的二级风险指标，子节点包括第二层的一级风险指标和第三层的总风险指标。二级指标细分为内外部冲突指标（P1）、政府违约风险指标（P2）、征收和国有化倾向指标（P3）、与中国睦邻关系（P4）、主权信用评级（E1）、利率和汇率变动等金融风险（E2）等 16 个指标；一级指标细分为政治风险（P）、经济风险（E）、社会风险（S）、行业风险（A）、企业风险（C）等 5 个指标；总指标节点为广东农业对外直接投资风险总指标（T）。

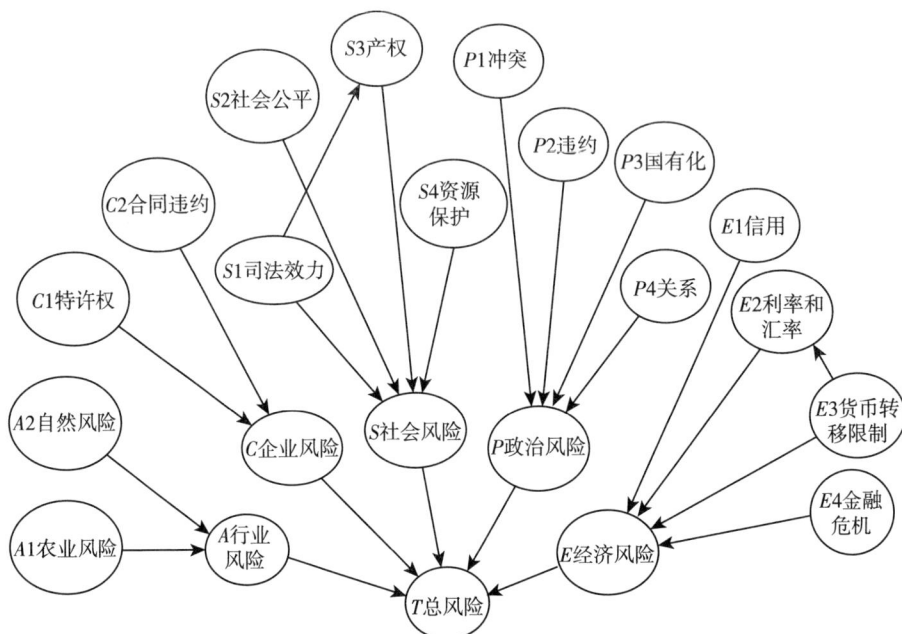

图 15-4　广东省农业对外投资贝叶斯网络

贝叶斯网络结构中每个节点都有三种不同的风险状态，分别为高风险（H）、中等风险（M）和低风险（L）。箭头线段表示各个风险要素间的风险关联情况。如结构图中，"主权信用评级（$E1$）"节点、"利率和汇率变动等金融风险（$E2$）"节点、"货币转移限制和兑换风险等管制（$E3$）"节点、"经济衰退和金融危机（$E4$）"节点与"经济风险（E）"节点有因果关系，即前四个风险可导致经济风险的发生。

2. 贝叶斯网络参数学习

在贝叶斯网络结构运行的 GeNIe2.3 工具中将二级指标风险数据输入后，由风险评估数据与节点变量匹配后，通过参数学习得到政治风险（P）、经济风险（E）、社会风险（S）、行业风险（A）、企业风险（C）5个一级指标节点和总风险指标节点的概率分布数据（图 15-5）。

在广东农业对外投资贝叶斯网络结构中参数学习到的一级风险及总风险指标的风险概率分布为：政治风险（P）节点在 H、M、L 风险状态概率值分别为 23%、57%、20%；经济风险（E）节点在 H、M、L 风险状

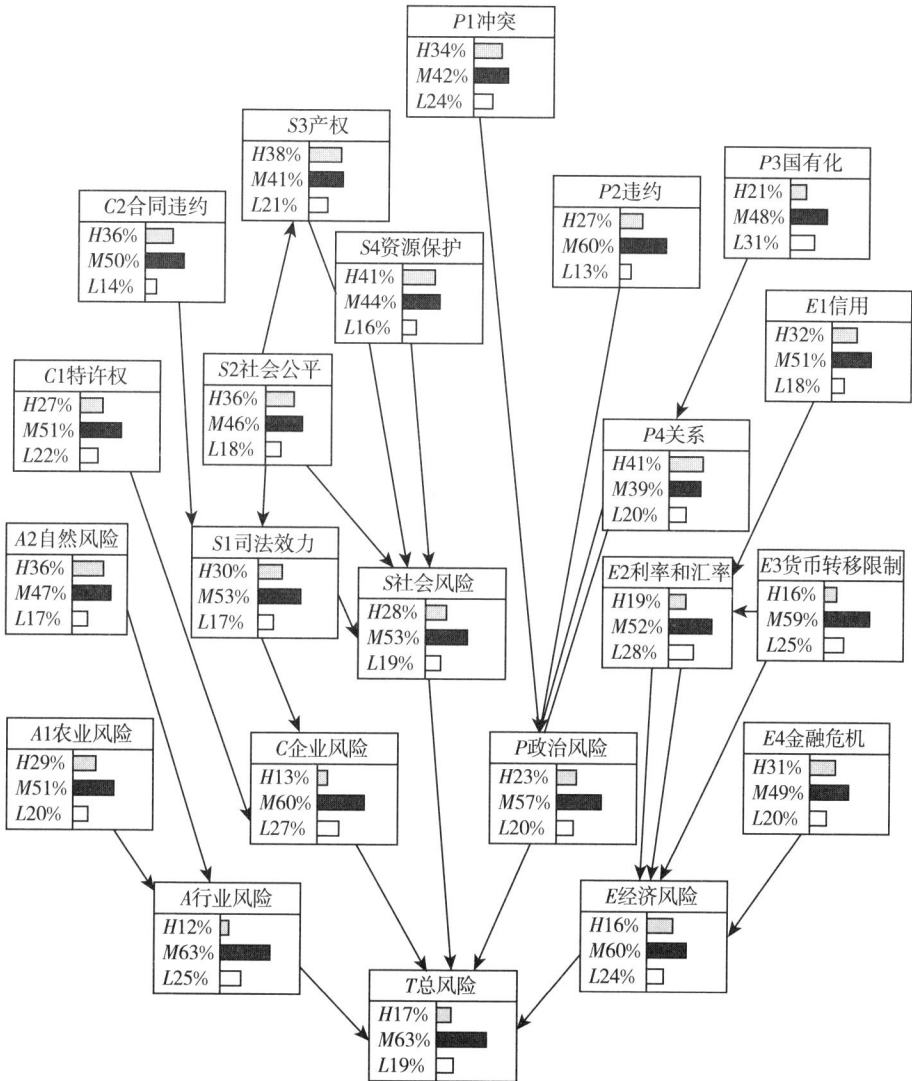

图 15-5 广东农业对外直接投资贝叶斯网络参数学习结果

态概率值分别为 16%、60%、24%；社会风险（S）节点在 H、M、L 风险状态概率值分别为 28%、53%、19%；行业风险（A）节点在 H、M、L 风险状态概率值分别为 12%、63%、25%；企业风险（C）节点在 H、M、L 风险状态概率值分别为 13%、60%、27%；总风险（T）节点在 H、M、L 风险状态概率值分别为 17%、63%、19%。

六、风险预警模型结果分析

广东省农业"走出去"村庄干部与专家问卷数据整理与量化后得到的二级指标风险状态概率分布情况与贝叶斯网络参数学习中得到的政治风险、经济风险、社会风险、农业行业风险、企业（经营）风险及总风险的风险状态概率分布情况如表15-4。

表15-4 广东省农业对外直接投资风险概率结果

序号	风险种类	H 高风险（%）	M 中风险（%）	L 低风险（%）	综合值
(P)	政治风险	23	57	20	32.60
$P1$	内外部冲突	34	42	24	34.40
$P2$	投资国政府政策的执行质量	27	60	13	34.10
$P3$	征收和国有化倾向	21	48	31	31.10
$P4$	与中国睦邻关系	41	39	20	36.20
(E)	经济风险	16	60	24	30.80
$E1$	主权信用评级	32	51	18	34.90
$E2$	利率和汇率变动等金融风险	19	52	28	30.70
$E3$	货币转移限制和兑换风险等管制	16	59	25	30.70
$E4$	经济衰退和金融危机	31	49	20	34.20
(S)	社会风险	28	53	19	33.70
$S1$	法律司法效力风险	30	53	17	34.30
$S2$	社会公平性	36	46	18	35.40
$S3$	产权保护	38	41	21	35.50
$S4$	资源环境保护政策	41	44	16	36.90
(A)	农业行业风险	12	63	25	29.90
$A1$	农业行业市场风险	29	51	20	33.80
$A2$	农业自然风险	36	47	17	35.50
(C)	企业风险	13	60	27	29.90
$C1$	特许经营权风险	27	51	22	33.20
$C2$	合同违约风险	36	50	14	35.80
(T)	总风险	17	63	19	31.20

其中，风险综合值是参考相关文献与结合专家意见得到的，设置的风险阈值公式如下：综合值＝1/2×高风险概率（H）＋1/3×中等风险状态（M）＋1/5×低风险状态（L）。阈值范围是在参考他人的研究的基础上进行设置的，具有一定的主观性。随着研究的进一步深入，阈值的标准是可以不断完善的。本书阈值设定的综合值区域范围［20，50］，并在区域内设置25、31、38、45四个阈值，不同的阈值区间表示所处风险程度不同，并根据所在阈值区间判断是否需要发出警报信息和是否采取紧急措施。

表 15－5　广东省农业对外投资风险阈值标准

阈值范围	风险程度	是否发出警报	是否采取措施
［20，25］	低	否	否
［25，31］	较低	否	否
［31，38］	中等	是，轻微警报	是
［38，45］	较高	是，警报	是
［45，50］	高	是，严重警报	是

从表 15-4 可得各风险指标的综合值，政治风险的综合值为 32.6、经济风险为 30.8、社会风险为 33.7、农业行业风险为 29.9、企业风险为 29.9，综合值越高表示风险程度越大，相应的风险威胁程度也越大。将一级风险指标按照风险从大到小排序，依次为：社会风险、政治风险、经济风险、农业行业风险、企业风险。根据风险阈值标准（表 15－5），政治风险的综合值为 32.6，处于中等风险程度，需要发出警报并及时采取相应措施；经济风险综合值为 30.8，处于较低风险程度，无须发出警报，但其主权信用风险、经济衰退和金融危机风险综合值处于中等风险程度，需要引起关注；社会风险综合值为 33.7，处于中等风险程度，需要发出警报信息并及时采取防范措施；农业行业风险的综合值为 29.9，风险程度较低，无须发出警报信息，但其下级指标处于中等风险水平，需要引起相关部门关注并做好防范；企业风险的综合值为 29.9，风险程度较低，无须发出警报信息，但其下级指标特许经营权风险和合同违约风险需要引起企业关注。

广东省农业对外投资处于中等风险程度的是政治风险、社会风险两种。针对处于中等风险水平的政治风险，需要发出轻微警报引起政府和企业的注意，政治风险的下级指标中内外部冲突风险、投资国政府政策执行质量风险、征收和国有化倾向风险与中国睦邻关系好坏风险都处于中等风险水平，需要引起相关部门重点关注并采取必要的防范措施。针对处于中等风险水平的社会风险，其下级指标中东道国的法律司法效力风险、产权保护风险、社会公平性风险、资源环境保护政策风险等指标均处于中等风险程度，需要发出警报引起相关人员注意，也需要采取必要的防范举措。

广东省农业对外投资总风险处于高风险（H）的概率为17%；中等风险（M）发生概率为63%；低风险（L）发生概率为19%，总风险综合值为31.2。根据风险阈值标准，广东省农业对外投资风险处于中等风险，应该发出轻微警报，并需要根据一二级指标的风险情况采取针对性防范措施。

虽然一级风险指标经济风险、农业行业风险、企业风险的风险程度处于较低水平，但总风险指标处于中等风险水平。由于风险的传导会随时间、环境变化而变化，甚至风险会在传导过程中出现偏差，导致连锁效应、耦合效应、破窗效应的出现从而放大风险威力、造成巨大损失，因此需要相关部门对风险状态进行实时监控。

第四节　广东省农业境外投资风险防范的对策建议

一、广东省农业"走出去"的政治风险现状及防范举措

广东省农业对外投资政治风险处于中等风险水平，需要发出轻微警报引起政府和企业的注意，并采取相应的防范措施。政治风险的下级指标中发生内外部冲突风险、投资国政府政策执行质量风险、征收和国有化倾向风险、与中国睦邻关系好坏风险都处于中等风险水平。那么，针对广东省农业"走出去"政治风险现状提出关于政治风险的防范举措如下。

从政府角度：①建立广东省投资风险信息平台，利用驻外机构收集东道国的政治风险信息，如政府的信用度，内外冲突情况等，评估东道国实时风险情况，完善对政治风险指标的评价。②加大广东省农业"走出去"保险费用补助，扩大保险范围，加大政治风险的保费力度，为企业提供经

济补偿。③加强广东省与进行农业投资的东道国的利益融合，可通过与东道国企业合营合资，采购当地原材料，利用当地人工等方法加强利益融合，从而降低政治风险。④与投资国签订投资协议，保护我国农业"走出去"企业在东道国投资的利益。

从企业角度：①了解东道国政治风险的具体情况，利用驻国机构或风险评级机构发布的信息做好政治风险评估工作。②应了解多种政治风险保险产品，进行相应风险的投保，加强政治风险防范。③可通过多边投资担保机构（MIGA）了解东道国的战争内乱、征收等风险信息，必要时购买其承保的相关类型的保险。④选择在投资机会和市场机会有利的国家进行投资，尽量避免到政治风险高、法律制度体系不完善的国家去寻求机会。

二、广东省农业"走出去"的社会风险现状防范

广东省农业对外直接投资社会风险处于中等风险水平，需要发出轻微警报引起相关部门注意，也需要采取一定的防范举措。在社会风险的下级指标中东道国的司法法律效力风险、产权保护风险、社会公平性、资源环境保护指标均处于中等风险程度。那么，针对广东农业"走出去"社会风险现状提出的关于社会风险的防范举措如下。

从政府角度：①在投资集中地建立境外法律援助中心，同时利用境外侨胞资源，为企业解决各种关于产权、技术保护等纠纷。②广东省政府可牵头成立境外投资的中介服务咨询机构，助力扶持企业设立风险管理咨询机构。③广东省对外机构争取设立农业对外投资援助资金，引导农业企业在境外投资布局，特别是在合作贸易区进行投资，通过建立全球化市场格局分散风险。④鼓励"走出去"企业提高守法意识的同时尽量采取有效的机制维护农业企业的境外利益，降低境外投资的社会风险。

从企业角度：①在投资前需要了解东道国的文化习惯、法律制度，同时提前培养项目人员适应这种文化差异。②可通过雇佣当地劳动力来加强企业的文化融入，增强企业本地化的文化氛围。③企业可通过给当地农民进行农业技术知识指导、开展慈善活动、扶助贫困农民等行为树立良好的企业形象，给东道国留下好印象。④可通过企业结盟、合资等形式抵抗社

会风险。

三、广东省农业"走出去"的经济风险现状防范

广东省农业对外直接投资政治风险处于风险较低水平，无须向相关部门发出警报。但是，在经济风险的下级指标中东道国的信用风险、经济衰退风险指标处于中等风险水平，为避免风险进行加速传导，需要对这两个指标进行关注，提前采取防范预防举措。

那么，针对广东农业"走出去"经济风险现状提出关于经济风险的防范如下，从政府角度：①注重对东道国的经济发展水平、信用程度、经济风险程度分析并分享在风险信息平台，以便供企业在投资中选择合适的投资策略。②广东省政府应加强对农业对外投资主要地进行公关策略，在投资形式上鼓励企业尽量采取合资形式。从企业角度：①企业应随时关注并搜集东道国的汇率、通货膨胀等指标防范金融风险，可以通过购买期货期权对冲掉农产品风险。②企业应收集东道国信用风险信息防范风险，或采取多东道国投资策略，降低非系统性风险。③针对汇率等风险，可以投保货币保险进行风险分散，在结算方式上可选取多次多种货币等方式进行结算。

第十六章 政策建议

第一节 重视顶层设计，提升我国参与全球农业治理话语权

一、讲好中国故事，融入全球语境，增强农业境外投资舆论管控能力

我国应积极融入全球语境，采取应对举措，增强境外农业投资的舆论管控能力，巩固我国农业境外投资成果。积极提供应对全球农业治理失灵的中国方案，及其国际关注的粮食危机、减贫发展、生态气候等问题的理论和案例研究。

在中国—联合国粮农组织（FAO）南南合作框架中，中国上报的"中乌农业合作园区"经验被纳入"南南合作减贫案例库"，并入选由联合国粮食及农业组织评选的"全球减贫案例征集活动获奖案例"。

加强境外农业投资国的舆情跟踪研究，关注 FDI 吸纳国家的风俗人情。尤其要摒弃国内投资思维方式——"见物不见人"，在充分了解风俗民情的基础上，积极主动履行企业国际社会责任，注重项目当地的环境保护。在加强与当地政府密切合作的同时，强化与当地民间组织及社会居民的沟通与交流，跟踪当地社会舆情，提升境外农业投资的舆论管控能力。

二、强化与多边机构合作，发挥影响力

加强与联合国粮农组织、联合国贸发会议等多边机构的合作，在全球语境下采取积极行动并发出中国声音，传达中方价值，及时上报中国境外农业投资相关数据，消除外界偏见与猜疑，让世界了解中国境外农业投资

项目事实上与其他农业投资国本质上毫无区别。

随着"一带一路"倡议、G20、APEC、金砖国家合作、RCEP协定框架等新型国际治理平台的涌现，为中国农业"走出去"成为全球农业治理重要议题提供了难得的机遇。我国可以借助各类多边合作机制，在"负责任投资原则"下探讨合作议题，不断提升我国参与全球农业治理的话语权。而且，需要发挥我国在多边机构中的影响力。中国作为"一带一路"倡议的发起国，在"亚投行"和"丝路基金"中均有较大的话语权，并且在亚太经合组织等多边组织中均有一定的影响力。利用好中国在多边组织中的影响力，推进农业贸易自由化，有助于减少潜在的农业贸易投资壁垒给中国农业境外投资造成的障碍。

三、制定相关投资保护的国内法和保险制度

国内法虽然不能通过中国执法力量去境外强制执行，但为政府间处理境外利益纠纷提供了谈判筹码。更为重要的是，随着中国在国际制度中参与规则制定能力的增强，国内法将有助于中国对国际问题的司法救济或采取应对措施。在国际层面，应继续推动缔结双边或多边司法协定，为中外当事人合法权益提供高效、快捷的司法救济。

建立境外投资保险制度。承担的险别包括外汇险、征用险和战争险，三种风险可一并投保，也可分险别单独投保。同时，可以通过多边投资担保机构提供相应的服务，以世界银行的MIGA（多边投资担保机构）为例，为私人投资者提供政治风险担保，并向成员国政府提供投资促进服务，推动外商直接投资流入发展中国家。

四、完善农业"走出去"信息平台，发挥驻外使领馆作用

亟须加强国内的部级、省部之间的协调，形成支持农业境外投资的政策合力。商务部和农业农村部作为该项工作的核心业务部门，应牵头建立跨部委的农业境外投资建设协调机制，共同搭建面向重点国家的农业投资合作平台，以创建境外农业合作示范区为重要政策抓手，推进产业链向境

外延伸。

推动各省市政府对农业境外投资的信息采集工作，对"走出去"农业企业的建设投资给予政策、资金、信息等综合支持。再次，发挥驻外使领馆的作用，加强与驻在国的关系，通过信息调研和协调服务等措施保护中方农业企业的利益。

五、加强交通、互联网等建设领域的合作

提高中国海运能力和加强港口基础设施建设。提高中国与全球航运网络连通程度，推动中国航运系统向信息化、智能化和现代化方向发展，增加集装箱货物吞吐量，提高船舶装卸效率，提升中国海洋运输能力，加强港口建设便于农产品出口。尤其，需要考虑中国与 RCEP 成员国之间的交易效率问题。关注贸易潜力大的地区，例如：澳大利亚、新西兰等农产品应积极扩展陆航国际运输渠道，通过提高海洋运输能力和完善港口基础设施可以缩短运输时间，减少时间和不确定性相关的贸易成本，降低农产品到岸价格，从而促进中国农产品出口贸易。进一步完善中国同主要经贸伙伴国家的互联互通网络，为农产品贸易的可持续发展夯实硬件基础。

第二节　农业企业境外直接投资的政策建议

一、全产业链建设为主要战略、顺应国际贸易与投资规则

中国农业境外投资时，既要学习发达国家跨国企业对外投资的立足点，重视粮食和农作物的种植、生产，还要注重加工、物流等综合体系建设，以全产业链统领发展步伐。同时，分重点、有计划制定部分优先环节发展，其他环节适时跟进。一方面，强化国内生产支持环节与境外生产支持环节的协调与互动，利用国外生产项目带动中国相关农机、农资生产，借助国内优势资源支持东道国开展农业生产与投资。另一方面，关注农作物国际物流问题，低成本、高效的物流系统是激励企业开拓国际市场的基石。

顺应国际贸易与投资规则，在境外耕地投资方面一定要谨慎，符合母国和国际机构的规则。联合国粮食与农业组织（FAO）牵头制定了《国家粮食安全范围内土地、渔业及森林权属负责任治理自愿准则》，倡议各国对征地规模予以限制。而FAO下属机构粮食安全委员会牵头制定《促进农业和粮食系统负责任投资原则》，围绕着是否应该避免大规模土地转移等议题各国展开了激烈的较量。

二、农业企业"抱团出海"与农业产业链周边扩散

"一、二、三产业融合发展"是具有中国特色的农业发展理念，曾写入第三届《二十国集团农业部长会议公报》，为全球农业治理提供了中国方案。中国农业企业对外投资不能局限于企业内部资源，忽视了产业链上具有互补效应的企业，应该展开资源整合。我国境外农业投资项目却存在以种植业为主的全球农业产业链布局，大部分项目停留在产业链低端领域，在全球农业产业价值链定位分工不明确，与建立投资与贸易为一体的全球农产品供应链和贸易投资战略管理体制仍然有较长一段距离。为适应新时代中国农业"走出去"与"一带一路"倡议的发展要求，增强中国在全球农产品市场的话语权，中国参与全球农业产业链和价值链重构，拓展参与全球化的广度与深度是必然趋势。

中国农业企业大部分处于产业链上游，不少农业企业的国际市场运作能力远远低于生产能力，根本无法与国际大型跨国公司开展竞争。"抱团出海"是中国农业企业对外直接投资的有效途径，所谓的"抱团"是要形成企业联合体，或者以企业经营互补的形式提供专业化服务，进而提升产业链各环节的综合实力。

三、以农业产业园区为政策抓手，协调境内外农业产业园区有效衔接

重点培育具有国际竞争力的大型农业企业和农业产业园区，调动民营农业企业走出去的积极性。各地应积极响应"加强培育具有国际竞争力的大粮商和农业企业集团"，同时国家应加大对农业企业资金的支持，加大

农业产业基金扶持境外农业，使其有资金进行周转，进而可以扩大企业的规模。鼓励企业集群投资，鼓励国有企业与民营企业以股份合作，设立共同基金等方式开展合作。

我国商务部与联合国开发计划署驻华代表处在 2019 年联合开展的调研表明，我国建设的境外园区 45% 获利。因此，今后我国要推动农业境外园区围绕"全产业链"和"高质量"转型发展，通过政策引导、典型示范，建设一批嵌入东道国农业产业链、运营效益良好的高质量农业境外园区。

我国可以通过国内优质农业产业园区培育，孵化农业境外园区，把这一经验和模式向东道国推广。目前，我国建设的 50 个农业境外园区中，部分园区的龙头企业带动能力较强，全产业链建设起点较高，因而能够迅速产生良好的经济和社会效益。发挥"有为政府"作用，完善农业境外园区建设的多层次协调机制。首先，加强双边协调，通过共建"一带一路"、中非合作论坛等机制，进一步丰富和完善双边、多边农业合作机制，围绕粮食安全、农业投资、农业贸易、农业技术标准等进行充分协调，使高水平跨境农业园区成为特殊政策的优先实施平台。在此基础上，与园区驻地东道国政府部门建立协调委员会，定期协调、解决合作中的关键问题。

四、夯实农业科技支撑、大力推进本地化经营

先进的农业技术和应用推广能力是我国农业对外直接投资的优势，也是实现长期可持续发展的前提条件。一是重视提高农作物种植、生产和加工环节的技术水平，同时较高的农业技术水平有助于掌握主动权，增加风险规避能力。我国农业企业可以借鉴跨国公司的管理方式，在国内保留加工设备、种子生产等环节，确保产业链上游的技术安全，逐步将技术载体等中下游环节转移到东道国。二是以东道国的技术需求为重点，强化对农机装备、作物栽培、育种等研发投入，充分利用现代技术，提升农产品质量，强化种质资源库建设，优化对外农业开发的竞争力与可持续发展能力。三是农业企业强化国际惯例，建立学习型组织，研究我国农业境外投资的战略契机，"干中学""竞争中学"，不断地向国外先进农业企业取经。四是全面提高开放型经济水平，整合利用国内外资源，即我国农业企业可

以通过参股或者与相关科研机构合作，得到国内外科技资源的支持，保持企业境外竞争优势。

五、强化定向金融支持力度，关注农业境外投资风险

农业境外投资项目周期长，受自然条件、技术适应性、国际市场价格波动等因素影响显著，往往面临无法事先预料的"非常规风险"，农业企业仅依靠自身进行风险管理将致使投资项目对资本市场缺乏吸引力。随着农业全球化进一步深化，国际农产品贸易将会更加不平衡，全球农业资源与高附加值产业环节竞争将会更加激烈。应当加大对农业境外投资采取诸如定向降息与投融资税收优惠等措施的金融支持力度，构建农业境外投资信息服务与风险评估机制，统筹中国农业产业安全与国际化发展需求，有针对性地给予重点扶持，发展一批大中型农业企业，使其成为在各农业产业环节内具有国际影响力与主导地位的跨国企业，为中国粮食安全与农业产业安全提供有力保障。

农业对外直接投资涉及很多发展中国家，这些国家金融条件不完善、融资成本较高，短期内实现商业化运作较为困难。中国农业企业不仅要利用好自身金融资源，提升金融资源整合能力。随着"一带一路"不断深化，融资主体交流和合作扩大，传统多边金融机构（世界银行、国际货币基金组织）、开放性金融机构（亚洲基础设施投资银行、金砖国家新开发银行、国家开发银行）、政策性金融机构（中国进出口银行、中国农业发展银行）、专项投资基金（丝路基金、中非基金）、商业性金融机构、产业基金、商业财富管理机构、主权财富基金机构等作用日益明显。农业企业需要充分利用各种金融工具，提升产融结合水平，探索新合作模式，解决融资困难问题。

加大财政支持力度和金融支持，完善对境外投资企业的信贷、贴息支持以及农业保险制度。中共中央、国务院发布的农业境外投资政策文件中多次强调，各地政府要完善境外投资管理制度体制和风险保障机制。广东省政府需要支持符合条件的"走出去"企业发行企业债券，进入国内国际资本市场，以提高规模发展的机会。完善税收政策，减免进口关税，积极推动农业境外多边合作。同时，还应完善保险制度，增加农业外资保险的

种类，为"走出去"的农业企业提供更多的保险选择，并结合广东省的财政现状，适当地为"走出去"的企业承担部分保险费用，以减轻企业的负担。

六、重视农业对外直接投资的风险防范与风险评估

完善风险防范与信息平台建设，科学安排境外投资的实施方案。从政府角度，应重视农业对外直接投资的风险因素，完善境外投资风险预防与保险机制。广东省可根据具体的境外投资情况构建更详细具体的风险预警和防范机制，同时设立投资国投资风险信息平台，利用驻外机构收集东道国的风险信息，为"走出去"企业提供境外风险信息，精准评估境外投资风险与方案筛选。从企业角度，企业可在进行境外投资前，借助信息平台对东道国境外投资风险做出全面评估，最好形成企业的一套对外直接投资的风险预警和防范机制，时刻监视风险动态。此外，企业通过多元化经营、本地化经营和购买相应保险，亦可降低农业"走出去"风险。

完善农业"走出去"管理制度体制。中共中央、国务院多次提及各地政府要建立"境外投资信息共享机制"和"以备案为主的境外投资管理制度体制"。为此，广东省政府应统一管理协调机制，使其权力尽可能集中领导，手续流程便捷化。提高信息采集标准化程度，对获得农业信息渠道进行优化整改与规范统一，增加信息的准确性和及时性。

七、大力推动本地化经营、树立企业良好社会形象

我国农业对外投资取得一定的成就，同时也面临着不少的问题与挑战。比如中外法律和习俗不同引发的纠纷，以及单一开发，影响当地生态环境，给企业和国家带来的负面影响。为了实现企业合规合法进行农业境外投资，规避风险，实现境外投资的可持续性，原农业农村部农村经济研究中心于2018年编制了《中国农业境外可持续投资指引》。倡议企业重视社会责任，规范投资、生产行为，关注环境和各方面权益，提升企业形象。

中国农业境外投资企业在保证正常经营的前提下，适度参与东道国基

础设施建设，为东道国人民创造更好的工作、生活环境，提高经营的便利性，扩大消费市场。中国农业境外投资企业应该坚持可持续发展理念，将资源开发与资源培育相结合，提高土地利用效率，实现互利共赢。为了加快农业"走出去"步伐，企业探索组织结构变革，用集团化协同方式统领各子公司，用事业部制构建境外业务与国际公司，本地化思维提升企业适应能力，顺应数字化变革对境外经营的要求，提高企业的创新性、适应性和协同性。此外，企业作为农业境外投资的主体需要关注品牌化，重视产品质量，研发特色品种，推动农产品由品质营销转变为品牌营销，不断树立企业良好社会形象。

参 考 文 献

安鑫，2018. 隆平高科引入私募股权融资案例研究 [D]. 乌鲁木齐：新疆财经大学.

薄纯林，王宗军，2008. 商业银行操作风险的损失类型及分布 [J]. 改革 (3)：119-124.

操龙升，2017. 中国农业对外投资区位选择研究 [J]. 河南社会科学，25 (3)：56-62.

曹安，2016. 我国农业对外直接投资现状分析 [J]. 天津农业科学，22 (11)：68-73.

陈恩，王方方，扶涛，2012. 企业生产率与中国对外直接投资相关性研究——基于省际动态面板模型的实证分析 [J]. 经济问题 (1)：58-63.

陈菁泉，王永玲，张晶，2021. 考虑社会责任的跨国企业对外投资社会政治风险防控博弈分析 [J]. 系统工程理论与实践，41 (1)：147-162.

陈绍志，2015. 中国林产品贸易形势与人造板产业发展趋势分析 [J]. 国际木业，45 (2)：1-4.

陈伟，2014. 中国农业对外直接投资影响因素研究 [J]. 华东经济管理，28 (3)：45-50.

陈岩，翟瑞瑞，郭牛森，2014. 基于多元距离视角的中国对外直接投资决定因素研究 [J]. 系统工程理论与实践，34 (11)：2760-2771.

陈弋，2017. 原料奶生产形势和乳制品进口趋势分析 [J]. 中国奶牛 (3)：48-51.

陈珍波，2012. 中国上市公司跨国并购经营绩效研究 [J]. 经济论坛 (10)：79-84.

程广燕，2015. 中国肉类消费特征及 2020 年预测分析 [J]. 中国农村经济 (2)：76-82.

程国强，2014，朱满德. 中国农业实施全球战略的路径选择与框架政策 [J]. 改革 (1)：109-123.

程小茹，李尚蒲，2019. 安琪酵母境外投资绩效分析 [J]. 山西农经 (8)：8-11，13.

程小茹，朱穗昌，胡凝，李尚蒲，2018. 肉类加工行业境外投资与公司绩效的分析 [J]. 新疆农垦经济 (3)：50-56.

程中海，张伟俊，2017. 要素禀赋、对外直接投资与出口贸易：理论模型及实证 [J]. 世界经济研究 (10)：78-92.

崔永梅，赵妍，于丽娜，2018. 中国企业境外并购技术整合路径研究——中国一拖并购 McCormick 案例分析 [J]. 科技进步与对策，35 (7)：97-105.

丁燕楠，2016. 全球海洋渔业格局与投资趋势分析 [J]. 海洋开发与管理 (9)：59-64.

董有德，唐毅，张露，2020. 东道国腐败治理、基础设施建设与中国对外直接投资 [J]. 上海经济研究 (12)：101-112.

窦海桦，2018. 中国企业连续境外并购的绩效研究［D］. 广州：广东外语外贸大学.

范宣丽，何忠，伟刘芳，2016. 乳制品进口激增背景下中国乳制品加工企业时空变化及影响因素研究［J］. 世界农业，（1）：127－135.

方旖旎，2015. 后危机时代中国企业境外农业投资研究［J］. 农业经济问题，36（10）：53－59，111.

冯晓玲，张亚男，2015. 中国企业 OFDI 的区位选择研究［J］. 财经问题研究（11）：107－113.

付韶军，2018. 东道国政府治理水平对中国 OFDI 区位选择的影响——基于"一带一路"沿线 59 国数据的实证分析［J］. 经济问题探索（1）：70－78.

高道明，田志宏，黄德海，2020. 中国企业境外农业投资的区位决定因素分析［J］. 中国农村经济（11）：113－130.

高鸿宾，2016. 关于目前奶业形势和未来走势的判断［J］. 中国奶牛（6）：5－9.

顾露露，Robert Reed，2011. 中国企业境外并购失败了吗？［J］. 经济研究，46（7）：116－129.

管志杰和公培臣，2015. 中国林业对外投资区域选择：可持续发展的视角［J］. 干旱区资源与环境（6）：20－24.

郭春香，李旭升，2009. 贝叶斯网络个人信用评估模型［J］. 系统管理学报，18（3）：249－254，260.

郭虹，2005. 资源约束下我国对外直接投资的区位选择［J］，科技进步与对策，（7）.

郭旭红，陈三攀，2014. 经济开放度的再测算与中国经济增长［J］. 华东经济管理，28（11）：47－52.

韩俊，2014. 中国粮食安全与农业走出去战略研究［M］. 北京：中国发展出版社.

韩民春，江聪聪，2017. 政治风险、文化距离和双边关系对中国对外直接投资的影响——基于"一带一路"沿线主要国家的研究［J］. 贵州财经大学学报（2）：84－91.

韩振国，杨静，李晶，2020. 新中国 70 年农业"走出去"的历程探究［J］. 世界农业（6）：104－109，119.

何涌，陈之雨，2023. 地方政府隐性债务是否促进企业对外直接投资？——基于融资能力和土地价格扭曲视角［J］. 投资研究，42（5）：139－160.

胡冰川，2017. 2016 年中国奶业发展：述要与展望［J］. 中国奶牛（3）：44－47.

胡兵，涂春丽，2012. 人民币汇率与中国对外直接投资——基于跨国面板数据的实证分析［J］. 当代经济研究（11）：77－82.

胡春玲，胡学钢，吕刚，2014. 一种贝叶斯网络结构学习的混合随机抽样算法［J］. 计算机工程，40（5）：238－242.

黄莉，王定祥，李伶俐，2021. 环境禀赋、农业投资与农户生产效率［J］. 西南大学学报（社会科学版），47（1）：72－82.

黄丽丽，綦建红，2018. 中国企业从出口到 OFDI 的渐进国际化——基于不确定性的视角

［J］. 南方经济（1）：115-132.

黄祖辉，陈立辉，2011. 中国农业企业汇率风险应对行为的实证研究——基于企业竞争力
　　视角［J］. 金融研究（6）：97-108.

江珊，2018. 广东海大集团5年后境外全产业链总投资将超42亿元［N］. 南方日报，
　　2018-10-26（GC02）.

姜小鱼，陈秧分，2023. 农业对外投资布局对母国参与全球价值链的影响——基于社会网
　　络分析视角［J］. 华中农业大学学报（社会科学版）（3）：44-53.

蒋冠宏，蒋殿春，2012. 中国对外投资的区位选择：基于投资引力模型的面板数据检验
　　［J］. 世界经济，35（9）：21-40.

赖晓敏，张俊飚，张蕙杰，张昭，2019. 中国种业科技"走出去"的现状分析与对策思考
　　［J］. 中国工程科学，21（4）：53-59.

雷瑞，2017. 东南亚国家农业投资潜力与我国农业"走出去"策略［J］. 农村经济（4）：
　　80-85.

李建军，李俊成，2018. "一带一路"倡议是否增进了沿线国家基础设施绩效？［J］. 兰州
　　大学学报（社会科学版），46（4）：61-73.

李京文，李洪英，2015. 母国对中国境外投资的影响因素研究——基于行业视角的冗余分
　　析［J］. 经济与管理研究（10）：99-104.

李丽丽，綦建红，2017. 政治风险规避与中国企业的OFDI策略选择［J］. 财经研究，43
　　（1）：110-121.

李尚蒲，黄尹婷，2016. 农业企业境外投资对企业绩效的影响——以光明乳业为例［J］.
　　新疆农垦经济（9）：78-83.

李社潮，2018. 农机市场深度下行中上市公司的良策［J］. 农业机械（6）：38-42.

李治，王东阳，胡志全，2020. "一带一路"倡议下中国农业企业"走出去"的现状、困
　　境与对策［J］. 农业经济问题（3）：93-101.

刘晓光，杨连星，2016. 双边政治关系、东道国制度环境与对外直接投资［J］. 金融研究
　　（12）：17-31.

卢慧颖，2016. 走出去让林业经济更稳健［J］. 中国绿色时报. 2016.3.10 B01.

卢骏，2018. 中信农业基金"闪购"巴西种子业务［J］. 中国外汇（2）：45.

陆静，王捷，2012. 基于贝叶斯网络的商业银行全面风险预警系统［J］. 系统工程理论与
　　实践，32（2）：225-235.

罗威，2015. 我国传媒行业上市公司并购绩效研究［D］. 昆明：云南大学.

马婧媛，2018. 我国农机类上市公司资产质量趋势分析——以一拖股份为例［J］. 中国农
　　业会计（7）：38-42.

马述忠，叶宏亮，任婉婉，2015. 基于国内外耕地资源有效供给的中国粮食安全问题研究
　　［J］. 农业经济问题，36（6）：9-19，110.

毛志方，陈守东，孙彦林，2019. 政府清廉、财政政策与经济增长 [J]. 财经理论与实践，40（1）：118-122.

裴秋蕊，卢进勇，2019. 中国对外直接投资动机趋势变化研究——基于单边引力模型及面板数据的实证分析 [J]. 经济问题探索（7）：111-121.

邱明红，2017. 论粮食的政治属性 [D]. 昆明：云南大学.

沈军，包小玲，2013. 中国对非洲直接投资的影响因素——基于金融发展与国家风险因素的实证研究 [J]. 国际金融研究（9）：64-74.

宋勇超，朱延福，2013. 互利共赢还是以邻为壑——以 FDI 区位选择的第三方效应为视角 [J]. 当代经济科学，35（3）：101-108，128.

太平，李姣，2018. 中国企业对东盟国家直接投资风险评估 [J]. 国际商务（对外经济贸易大学学报）（1）：111-123.

屠巧平，马李杨，2014. 基于 EVA 的中国国有企业境外并购绩效评估——以中海油田服务公司境外并购为例 [J]. 改革与战略，30（3）：117-120.

汪晶晶，马惠兰，唐洪松，戴泉，2017. 中国农业对外直接投资区位选择的影响因素研究 [J]. 商业经济与管理（8）：88-97.

王方方，赵永亮，2012. 企业异质性与对外直接投资区位选择——基于广东省企业层面数据的考察 [J]. 世界经济研究（2）：64-69，89.

王海军，齐兰，2011. 国家经济风险与 FDI——基于中国的经验研究 [J]. 财经研究，37（10）：70-80.

王浩，陈前恒，朱葛军，2013. 中国企业境外农业投资行为分析——基于企业的深度访谈调查 [J]. 农村经济（1）：65-69.

王建邦，石春连，2009. 中国林业可持续发展与林业产业国际化 [J]. 中南林业科技大学学报（社会科学版），3（1）：16-19，30.

王磊，刘丽军，宋敏，2014. 基于种业市场份额的中国种业国际竞争力分析 [J]. 中国农业科学，47（4）：796-805.

王晓东，2012. 基于 EVA 的我国上市公司境外并购绩效研究 [D]. 石家庄：河北经贸大学.

王永钦，杜巨澜，王凯，2014. 中国对外直接投资区位选择的决定因素：制度、税负和资源禀赋. 经济研究，49（12）：126-142.

吴慧香，李星翰，2019. 农种业连续并购绩效评价研究——以隆平高科为例 [J]. 中国农业会计（9）：20-21.

吴秀，刘龙腾，杨子江，2015. 新形势下远洋渔业企业经济效益分析——以中水集团为例 [J]. 安徽农业科学（35）：328-331，350.

项本武，2005. 中国对外直接投资决定因素与经济效应的实证研究 [M]. 北京：社会科学文献出版社.

谢红军，吕雪，2022. 负责任的国际投资：ESG 与中国 OFDI [J]. 经济研究，57（3）：83-99.

谢小玲，2014. 中外种子企业商业成长模式比较研究 [D]. 杭州：浙江大学.

熊楚熊，2010. 企业经营效率分析——资产周转率分析 [J]. 财务与会计（理财版）（8）：51-53.

许阳贵，刘云刚，2019. 中国与"一带一路"沿线国家贸易及其影响因素 [J]. 热带地理，39（6）：855-868.

颜妍，2017. 事件研究法在天山纺织并购案中的应用 [J]. 经济论坛（4）：86-87.

杨博，2019. 隆平高科连续并购绩效研究 [D]. 西安：西安工业大学.

杨海燕，黄赟，2017. 主并公司实现并购绩效了吗？[J]. 投资研究，36（3）：74-84.

杨娇辉，王伟，王曦，2015. 我国对外直接投资区位分布的风险偏好：悖论还是假象 [J]. 国际贸易问题（5）：133-144.

杨娇辉，吴婉雯，王伟，黄新飞，2017. 中国 OFDI 区位分布的东道国汇率因素判断 [J]. 金融经济学研究，32（5）：40-51.

岳倩，2019. 我国三大石油企业境外并购绩效评价 [D]. 厦门：华侨大学.

翟雪玲，张雯丽，原瑞玲，王慧敏，2017. "一带一路"倡议下中国农业对外合作研究：主要国家投资环境与企业发展实绩 [M]. 北京：经济管理出版社.

詹琳，杨东群，秦路，2020. 中国农业企业对"一带一路"沿线国家对外直接投资区位选择问题研究 [J]. 农业经济问题（3）：82-92.

张华光，2020. 2019 年农机市场分析研究 [J]. 江苏农机化（1）：49-52.

张俊，2014. YZ 种业公司营销策略研究 [D]. 合肥：安徽大学.

张为付，2006. 中国企业对外直接投资的区位选择和路径安排 [J]，国际贸易问题（7）.

张永强，单宇，高延雷，张泽浩，2016. 粮食安全背景下我国种子产业发展现状研究 [J]. 农业经济（6）：12-14.

张智磊，2015. 农机制造业须加快"走出去"步伐——访全国人大代表、中国一拖集团董事长赵剡水 [J]. 当代农机（3）：22-23.

赵明，杨孟卓，2019. 中国与"一带一路"沿线国家农业机械产品出口效率及贸易潜力研究——基于随机前沿引力模型的实证分析 [J]. 世界农业，481（5）：47-54.

赵文平，王园园，张一楠，周达培，2015. 基于贝叶斯网络的上市公司财务风险预警模型 [J]. 财会月刊（23）：66-69.

周露露，2017. 境外并购对公司经营绩效的影响研究 [D]. 南京：南京农业大学.

周仁俊，喻天舒，杨战兵，2005. 公司治理激励机制与业绩评价 [J]. 会计研究（11）：26-31，96.

朱穗昌，胡凝，程小茹，2018. 乳制品行业境外投资与公司绩效的关系 [J]. 新疆农垦经济（8）：86-92.

朱显灵，2007. 中国农业机械化的起步：1950—1960 [D]. 合肥：中国科学技术大学.

朱增勇，2012. 世界和主要肉类生产国的消费结构分析 [J]. 农业消费展望 (6)：51 - 55.

Asiedu E，Lien D，2010. Democracy，foreign direct investment and natural resources [J]. Working Papers，84 (1)：99 - 111.

Attig，N.，N. Boubakri，S. El Ghoul，and O，2016. Guedhami，Firm Internationalization and Corporate Social Responsibility [J]. Journal of Business Ethics，134 (2)，171 - 197.

Barclay E. James，Paul M. Vaaler，2017. Experience，Equity and Foreign Investment Risk：A PIC Perspective [J]. Management International Review，57 (2).

Benabou，R.，and J，2010. Tirole，Individual and Corporate Social Responsibility [J]. Economica，77 (305)，1 - 19.

Buckley P J，Doh J P，Benischke M H，2017. Towards a renaissance in international business research? Big questions，grand challenges，and the future of IB scholarship [J]. Journal of International Business Studies，48 (9)，1045 - 1064.

Calhoun M A，2002. Unpacking liability of foreignness：identifying culturally driven external and internal sources of liability for the foreign subsidiary [J]. Journal of International Management，8 (3)：301 - 321.

Campbell J T，Eden L，Miller S R，2012. Multinationals and corporate social responsibility in host countries：Does distance matter? [J]. Journal of International Business Studies. 43 (1)，84 - 106.

Deepak K. Datta & George Puia，1995. Cross - border Acquisitions：An Examination of the influence of Relatedness and Cultural Fit on Shareholder Value Creation in U. S. Acquiring Firms [J]. Management International Review，35 (4)：337 - 359.

Dyck A，Lins K V，Roth L，et al，2018. Do institutional investors drive corporate social responsibility? International evidence [J]. Journal of Financial Economics，131 (3)，693 - 714.

Eisenhardt K M，Graebner M E，Sonenshein S，2016. Grand challenges and inductive methods：Rigor without rigor mortis [J]. Academy of Management Journal，59 (4)：1113 - 1123.

Feldman E R，Amit R R，Villalonga B，2016. Corporate divestitures and family control [J]. Strategic Management Journal，37 (3)：429 - 446.

Flammer C，2018. Competing for government procurement contracts：The role of corporate social responsibility [J]. Strategic Management Journal，39 (5)：1299 - 1324.

Foss N J，Saebi T，2017. Fifteen years of research on business model innovation：How far have we come，and where should we go? [J]. Journal of Management，43 (1)：200 - 227.

Hillman A J，Withers M C，Collins B J，2009. Resource dependence theory：A review

[J]. *Journal of Management*, 35 (6): 1404 - 1427.

Kaplan R S, Norton D P, 1992. The Balanced Scorecard - Measure That Drive Performance [J]. *Harvard Business Reviews*, 70 (1): 187 - 204.

Kari E. R. Heerman, 2020. Technology, ecology and agricultural trade [J]. *Journal of International Economics*, 123.

Kaul A, Luo J, 2018. An economic case for CSR: The comparative efficiency of for - profit firms in meeting consumer demand for social goods [J]. *Strategic Management Journal*, 39 (6): 1650 - 1677.

Limin Luo, Zhen Qi, Paul Hubbard, 2017. Not looking for trouble: Understanding large - scale Chinese overseas investment by sector and ownership [J]. *China Economic Review*, 46.

Priem R L, 2007. A consumer perspective on value creation [J]. *Academy of Management Review*, 32 (1): 219 - 235.

Randall Morcka & Bernad Yeungb, 1992. Internalization: An Event Study [J]. *Journal of International Econnomics*, 33 (1 - 2): 44 - 56.

Rau D, Flores L, Simha A, 2017. Strategic planning, organizational learning, slack, and firm performance [J]. *Academy of Management Proceedings*, 2017 (1): 10364.

Satoru S, 2015. Sustainable meat consumption in China. [J]. *Journal of Integrative Agriculture*, 14 (6): 1023 - 1032.

Schilke O, Hu S C, Helfat C E, 2018. Quo vadis, dynamic capabilities? A content - analytic review of the current state of knowledge and recommendations for future research [J]. *Academy of Management Annals*, 12 (1): 390 - 439.

Weina Cai, 2020. Green Barriers to Chinese Agricultural Trade [J]. *Scientific Journal of Economics and Management Research*, 2 (7).

Zhou Z Y, Tian WM, Malcolm B, 2008. Supply and demand estimates for feed grains in China. [J]. *Agricultural Economic*, 39 (1): 111 - 122.

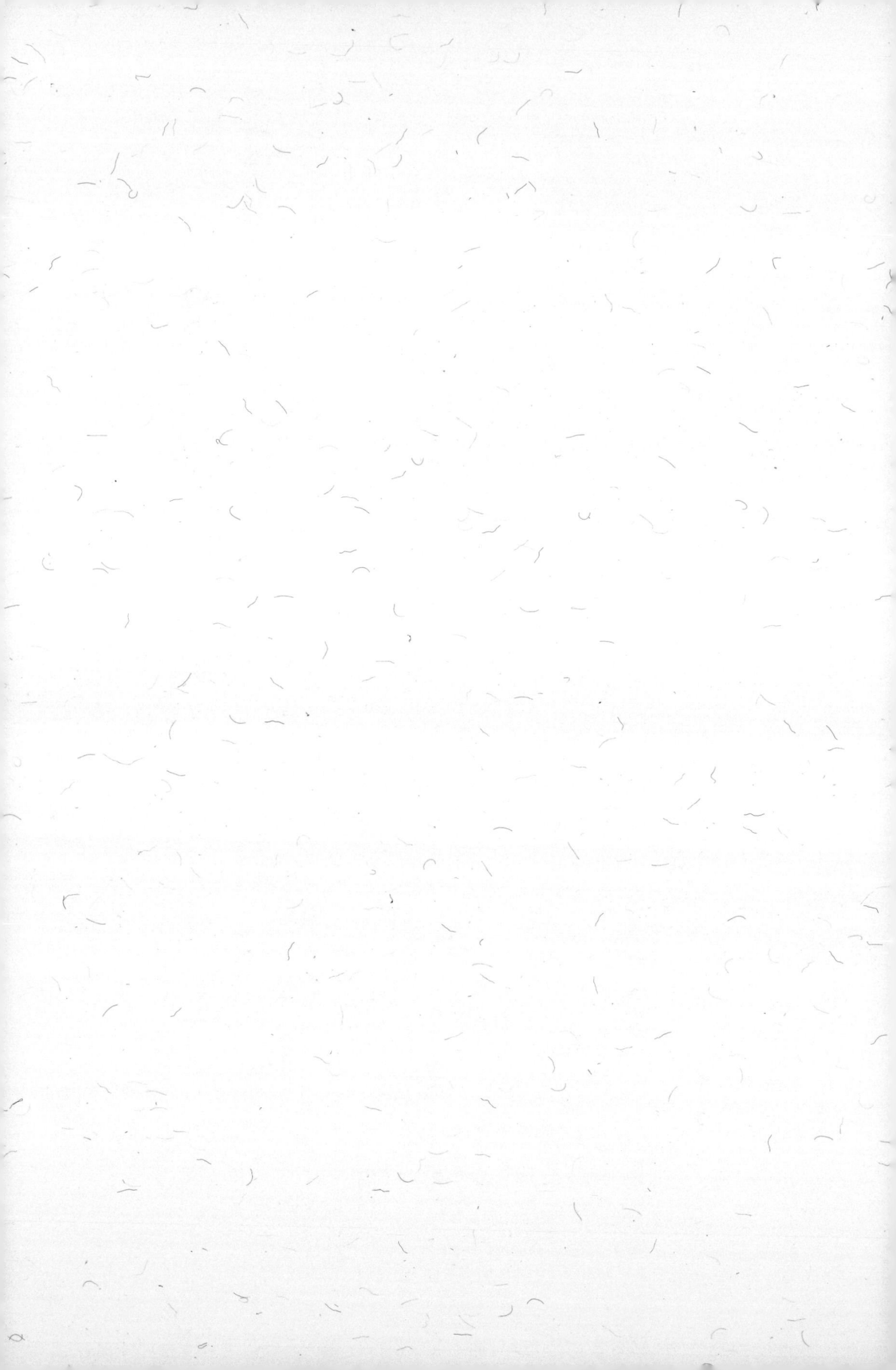